ランチェスター
戦略
「営業」大全

福永雅文

日本実業出版社

はじめに

営業の仕事で成果を持続的に上げ続けるために一番大切なことは何でしょうか？　営業員の気合いや対人関係能力や体力でしょうか。もちろん、必要です。ですが、それら個々の営業員の質や活動量は戦術レベルのことです。戦略が間違っていては、いくら営業員が頑張っても、その成果は限定的です。個々の営業員の奮闘努力を実り多いものにするもの、それが戦略です。営業で一番大切なことは戦略なのです。

目標と戦略と戦術

ここで戦略と戦術の違いを明らかにしておきましょう。**戦略とは目標達成のためのシナリオと資源の最適配分**です。目標を達成するために、いつ、どの地域の、どの販売チャネルの、どの顧客層の顧客に、何の商品を売るのかといったシナリオを描く。シナリオを実行するヒト、モノ、カネ、時間などの資源を最適に配分する。このように、何をやるのかを決めることを戦略といいます。

戦術とは戦略シナリオを実行する手段です。何をやるのかが戦略ならば、どのようにやる

【図表0-1】目標、戦略、戦術

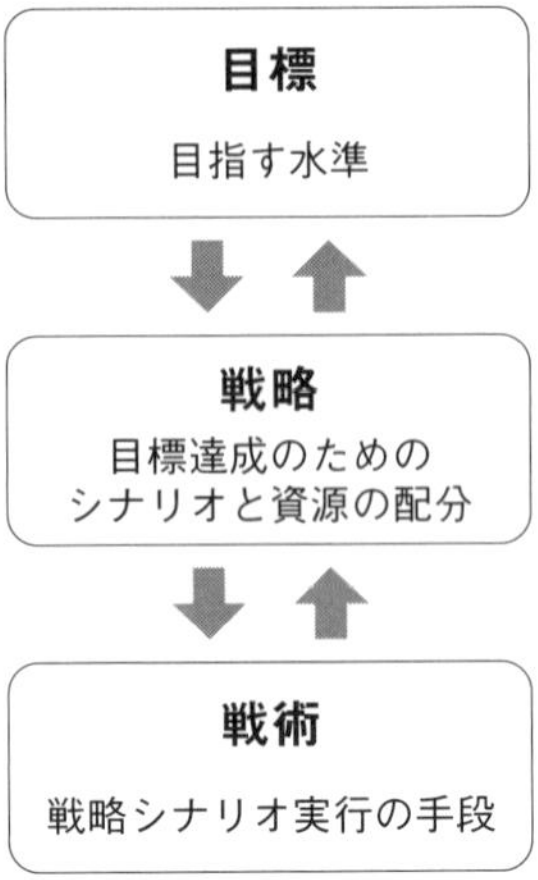

のかが戦術です。どの顧客を狙うのかを決めるのが戦略ならば、狙った顧客をどのように攻略していくのかが戦術です。商談スキルなど営業員の適正な活動内容です。攻略が上手でも、狙う顧客を間違えていては成果が出ないわけです。

もちろん、どんなに優れた戦略を描いても戦術という行動を伴わなければ絵に描いた餅です。また、目標は上から与えられるだけではなく、顧客最前線の営業部門、営業員からの提案とすり合わせて決めていくことで、達成する確率も高まります。

つまり、**目標と戦略と戦術は三位一体**なのです。どれもなければ成り立たず、相乗効果を発揮したときに大きな成果を生みます。その要となるのが戦略です。しかし、売上や利益の目標はあっても、後は気合いと対人関係能力と体力で頑張れ！　とハッパをかけるだけの会社が多いのが現実です。戦術強化で目標達成をしようとしています。肝心かなめの戦略なしでは目標は達成できず、営業現場は疲弊し、若手営業員も育ちません。

本書の構成

本書は、営業の仕事で成果を持続的に上げ続けるために一番大切な戦略について、営業管理者、営業員向けに書きました。わが国において競争戦略・販売戦略のバイブルといわれるランチェスター戦略をもとに解説していきます。

世に戦略の理論は様々ありますが、ランチェスター戦略は日本人コンサルタントが確立したものです。科学の根拠があり、シンプルでわかりやすく、実務的であることから豊富な実績があり、成果が実証済みです。

本書は全6章で構成しています。第1章の戦略基本編は、戦略の原理原則を解説します。原理原則を知らずして営業戦略は立てられません。第2章からは戦略の実務を体系だって順に解説していきます。第2章の市場参入戦略編は、営業員にとって大切な製品戦略に重点を置いて解説します。第3章は地域戦略編、第4章は販売チャネル戦略編です。第5章のシェアアップ戦略編は、営業活動を通じてどのようにシェアを上げていくのか、目標、戦略シナ

【図表0-2】本書の構成

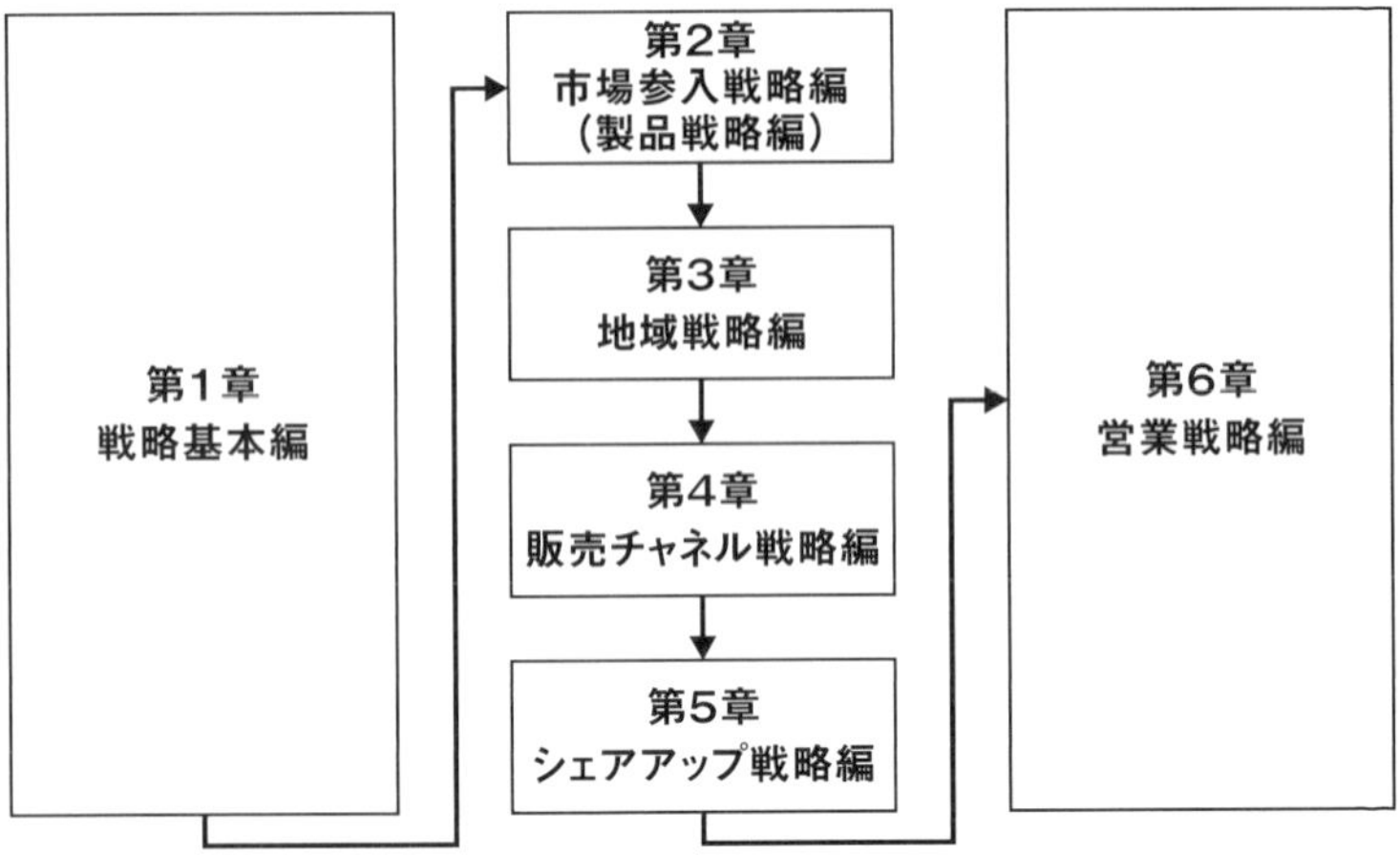

リオ、ターゲット顧客の選定方法を解説します。第5章までで、いつ、何の商品を、どの地域の、どの販売チャネルの、どの顧客層の顧客に売るのかの戦略が策定できます。最後の第6章の営業戦略編で、そのシナリオを実行する営業活動の最適化について解説します。戦術レベルの実践ノウハウも解説します。

本書の使い方、類書との違い

筆者は独立開業して20年を超えたランチェスター戦略コンサルタントです。これまで多くの経営者、営業管理者、営業員に、ランチェスター戦略を指導原理としたコンサルティングや研修などを行なってきました。同時に、ランチェスター戦略を構築した故田岡信夫先生の遺志を受け継ぐ特定非営利活動法人ランチェスター協会で2005年より研修部長も務め、同協会認定インストラクターの育成にも携わってきました。

営業管理者や営業員が、成果を持続的に上げ続けるために一番大切なランチェスター戦略をどのように学ぶのが最も効果的で効率的なのか。筆者が追求していった結果、次の3点の重要性を感じます。

1. ランチェスター戦略の全体像と、理論の展開や関連を理解したうえで個々の理論や用語を位置づけなければ理解は深まらない。網羅的な書籍が必要。だが、クイックに学べるものであるべきである。

2. ランチェスター戦略の用語や数値には独自のもの（構造シェア、42%……）や、独特な意味で使っているもの（弱者、強者、ナンバーワン……）がある。用語の定義を事例や図解でわかりやすく解説すべきである。その用語を必要なときに必要な項目を即座に検索できる索引があるとよい。

3. 一つの用語を4ページ程度で完結させるような構成にすれば、忙しい営業員の学習がはかどる。たとえば、社内勉強会を行なう。会議のなかで5分間一つのテーマについて共有する。カバンに常備しておき隙間の時間に一つのテーマを読むなど。学習の理解度をチェックできるテストがあるとよい。

これらの問題意識から本書は全6章でランチェスター用語を中心に74項目で学ぶランチェスター戦略の営業の書籍となりました。74という数字はランチェスター戦略七つのシンボル目標値の上限目標値です。市場シェアの最終目標値で、もうこれ以上とらなくてよい。むしろ、とらないほうがよいという意味の数値です。営業戦略づくり、戦略的な営業活動を行なううえで営業管理者や営業員は74項目を押さえれば充分であると応用して、74項目にまとめました。

網羅性、検索性のある本書を営業員はカバンに常備し、手軽に内容を確認できるハンドブックとしてご活用いただきたいと執筆しました。本書を活用し、読者が営業の仕事で成果を持続的に上げ続けていくことを願います。

2019年9月

福永雅文

第1章 ランチェスター戦略基本編

第2章 ランチェスター市場参入戦略編（製品戦略編）

第3章 ランチェスター地域戦略編

第4章　ランチェスター販売チャネル戦略編

第5章 ランチェスター シェアアップ戦略編

第6章 ランチェスター営業戦略編

ブックデザイン 志岐デザイン事務所(萩原 睦)
DTP 一企画
イラスト 藤井一士

第1章

ランチェスター戦略基本編

01 ランチェスター戦略

競争戦略・販売戦略の理論と実務の体系

日本の人口は2008年をピークに減少しています。国内市場は縮小傾向にあり、企業間競争は激化しています。大手の寡占化、弱小の淘汰が進んでいます。大手も苦しい。ましてや弱小はいかにして生き残るのか……迷ったら、原理原則に立ち返れ。歴史に学べ。

1970年代の前半にオイルショックが起こります。それまで高度経済成長期が続いていた日本が突如、不況になったのです。市場縮小期に企業はいかにして勝ち残るのか。コンサルタントの草分けの故田岡信夫先生は、それまでの気合いと体力の競走（早い者勝ちのスピード勝負という意味）ではなく、科学的で論理的な経営戦略・営業戦略による競争（勝ち負けという意味）が求められると考えました。

こうして誕生したのが**ランチェスター戦略**です。ランチェスター戦略とは企業間の営業・販売競争に勝ち残っていくため、すなわち**競争戦略・販売戦略の理論と実務の体系**です。

【図表1-1】ランチェスター戦略　三つの差別化ポイント

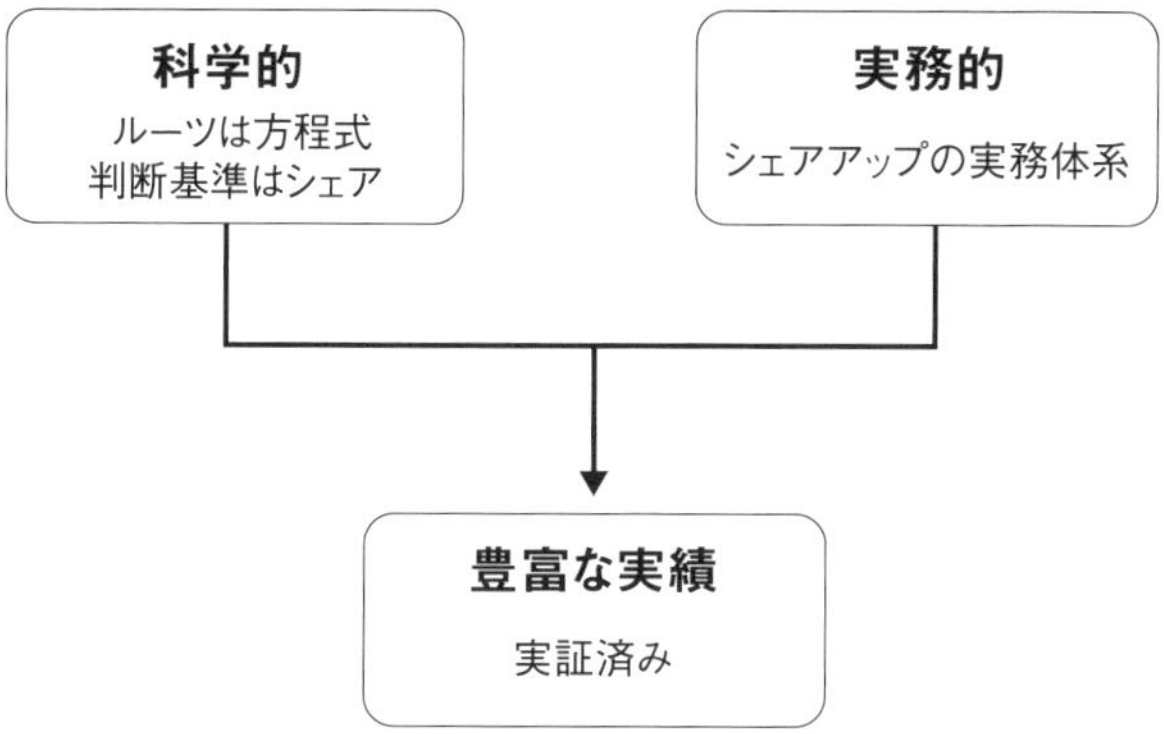

競争戦略・販売戦略のバイブル

多くの企業がこれを学び、自社の戦略に取り入れ、成果を上げてきたことから、わが国において**競争戦略・販売戦略のバイブル**と呼ばれています。たとえば、トヨタは国内の普通乗用車の市場占有率（マーケット・シェア）が40％以上であることを重視していますが、これはランチェスター戦略の影響です。

パナソニックの源流の旧松下電器産業のことをマネシタ電器という人がいました。格下のライバルメーカーの**差別化**した商品がヒットしそうになると、同等品を市場に投入する、いわば「後出しじゃんけん」をすることを、関係者はマネシタ商法と揶揄《やゆ》したのです。これはランチェスター強者の基本戦略の

ミートです。

こう書くとランチェスター戦略は大企業のための戦略と思う方がいるかもしれません。しかし、大が小に勝つのは当たり前。小が大に勝つことこそが戦略の醍醐味《だいごみ》です。いまでは大企業となったアシックスやソフトバンクやH.I.S.（旅行会社）も、かつては小さな会社でした。その頃から、差別化や一点集中といったランチェスター戦略に取り組み、大きくなっていったのです。**弱者逆転こそがランチェスター戦略の真骨頂**です。

ではなぜ、多くの企業が取り組んできたのでしょうか。それは、**科学的で、実務的**だからです。

ランチェスター戦略は、ランチェスター法則とクープマンモデルの二つの軍事理論を原点にしています（成り立ち、歴史的経緯は次の02項で解説）。軍事理論の数式を経営に応用するために科学的に解析し、市場シェアの目標数値などを導き出します。ランチェスター戦略は**市場シェアを判断基準とした競争地位別の戦い方を指導原理**にしています。

この第1章の戦略基本編は、**弱者と強者の競争地位別に、市場シェアのナンバーワンを目指す**理論を解説します。

原点であるランチェスター法則から弱者の戦略と強者の戦略が、二つめの原点のクープマンモデルから市場シェアの科学が、それぞれ導き出されます。その二つはナンバーワン主義

【図表1-2】第１章 戦略基本編の構成

数字は解説する項目の番号

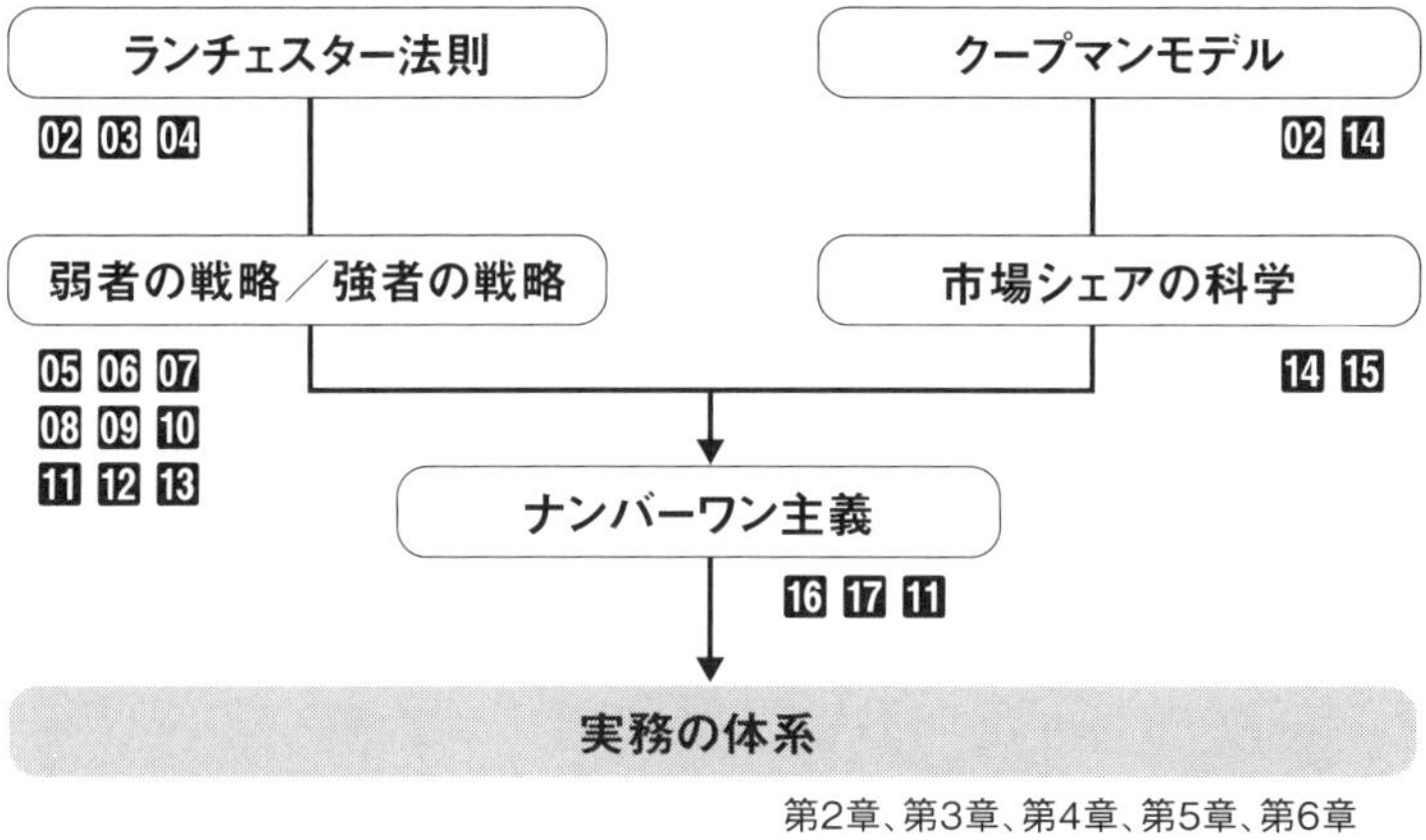

というランチェスター戦略の結論に至ります。その流れと個々の理論や用語をこの第１章で解説します。

第２章以降で、それを推進していく実務の体系の、市場参入戦略、地域戦略、販売チャネル戦略、シェアアップ戦略、営業戦略を解説していきます。

読者のライバル会社はランチェスター戦略を知っているかもしれません。また、読者が知らずとも読者の会社もランチェスター戦略の影響を受けているかもしれません。自社とライバルの戦略を照らし合わせながら本書を読み進めると、取り組みの有無や程度がわかりますので、対策を立てられます。

02 F・W・ランチェスター、B・O・クープマン、田岡信夫

ランチェスター戦略の二つのルーツの提唱者と、確立者

日本人の田岡信夫（１９２７〜１９８４）先生が確立した理論に、カタカナの名前がついているのは、**「ランチェスター法則」**という軍事理論が、その原点だからです。第一次世界大戦のとき、戦闘機の開発に携わった英国人の技術者のＦ・Ｗ・ランチェスターは、**戦闘の勝ち負けのルール**を提唱します。これがランチェスター法則です（内容は次の03項で解説）。

第二次世界大戦のとき、米国のコロンビア大学の数学教授であったＢ・Ｏ・クープマンらは、ランチェスター法則を発展させて**戦争の勝ち負けのルールの「クープマンモデル」**を提唱します。

故田岡先生は１９６２年、パートナーであった統計学者の斧《おの》田《だ》大公望《たいこうぼう》先生とクープマンモデルを解析し、市場シェアの三大目標値を導き出します。その後、ランチェスター法則から弱者の戦略・強者の戦略を導き出します。そして、市場占有率ナンバーワンを目指す結論と、

【図表1-3】ランチェスター、クープマン、田岡信夫

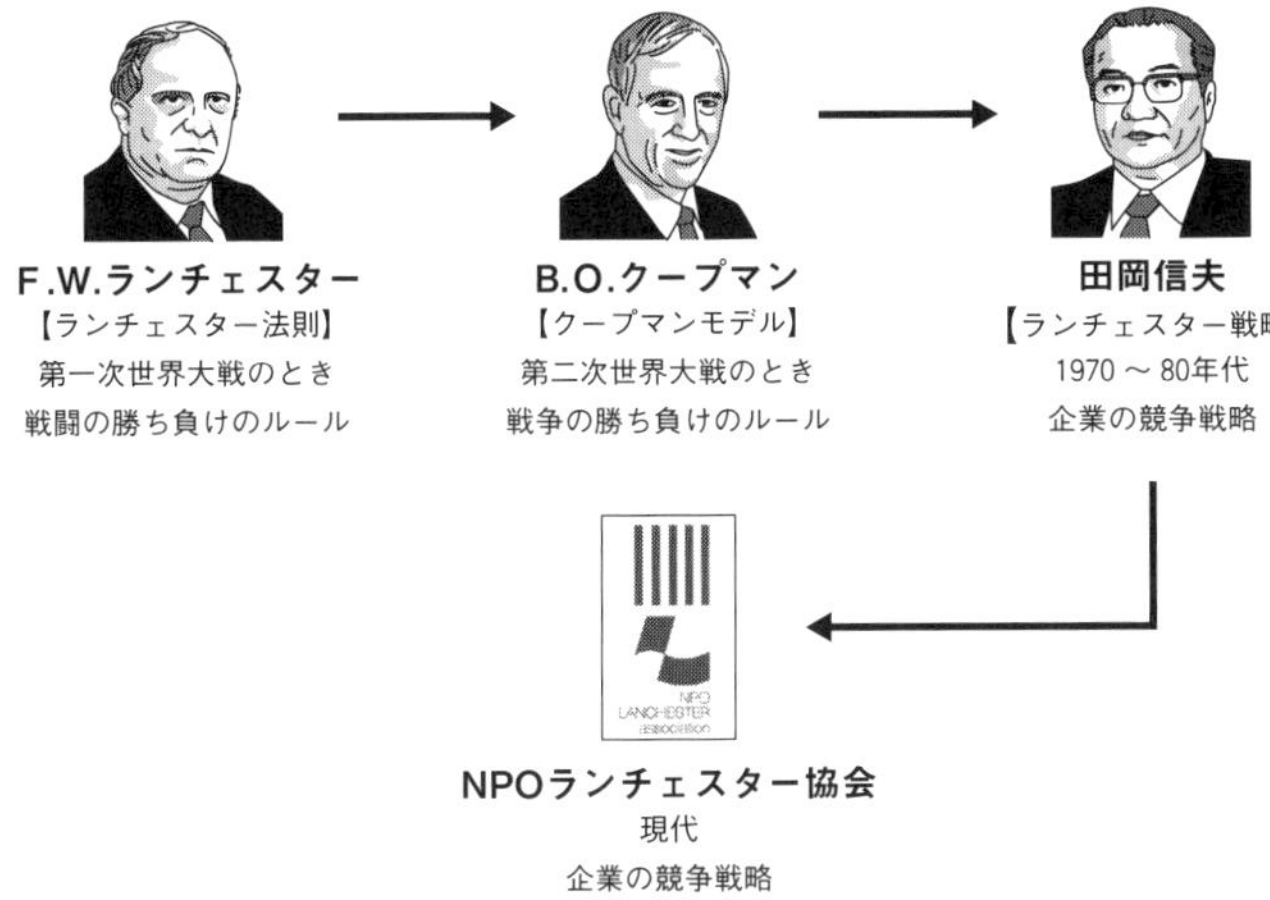

それを推進する実務体系として「ランチェスター戦略」を確立します。１９７２年に著書『ランチェスター販売戦略』を刊行。ランチェスター戦略が世に普及していきます。

１９８４年の田岡先生の没後、その遺志を受け継ぎ、ランチェスター戦略の指導機関として特定非営利活動法人ランチェスター協会が設立されます。現在、同会認定インストラクターがランチェスター戦略の指導にあたっています。コンサルタント会社を経営する筆者（福永）は同会に認定されたインストラクターです。同時に、同会の常務理事研修部長として２００５年以降、同会の講座とテキストの責任者を務め、インストラクターの養成も行なっています。

03 ランチェスター法則

戦闘の勝ち負けのルール

いまから約100年前、第一次世界大戦が行なわれたとき、戦闘機の開発に従事していたイギリス人のF・W・ランチェスター（1868〜1946）は、戦闘の勝ち負けに興味をもち、研究をします。そして、勝ち負けは、戦う両軍の**「武器の性能」**と**「兵力の数」**によって定まることを提唱します。これが**ランチェスター法則**です。

「武器の性能」とは兵器の性能のみならず、兵士のやる気、腕前といった戦いの「質」の要素の全体です。「兵力の数」とは兵士の数のみならず、軍艦や戦闘機といった兵器の物量も含めます。戦いの「量」の要素の全体です。戦《いくさ》に勝ちたければ、すごい武器を用意するか、たくさんの兵力を用意するか。敵を上回れば勝てるというシンプルな理論です。

ただし、この法則は戦い方によって結論が二つに分かれます。1対1が狭い範囲で敵と密着して戦う、原始的な、あるいはゲリラ的な戦いのときは**「戦闘力＝武器性能×兵力数」**で

【図表1-4】ランチェスター法則

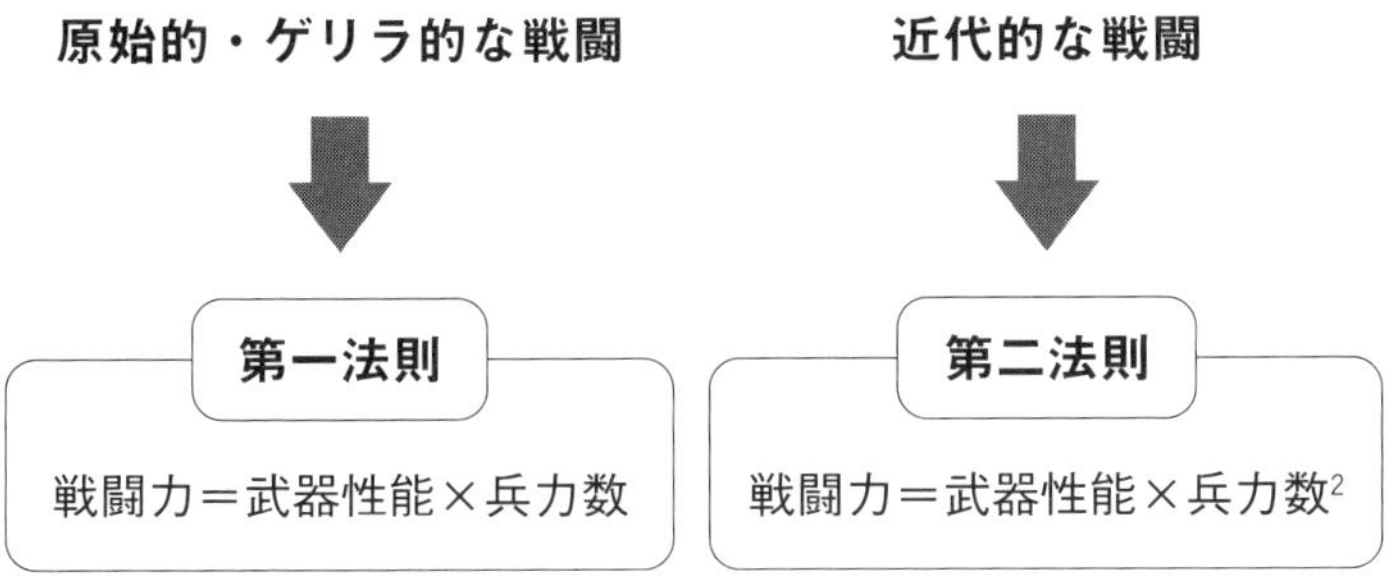

す。**第一法則**といいます。一方、多数と多数が同時に広い範囲で敵と離れて撃ち合う、近代的な戦いのときは**第二法則**が適用します。**「戦闘力＝武器性能×兵力数の2乗」**です。

たとえば、戦国時代は多数と多数の戦いであっても、武器は槍や刀が主力です。武器が届く範囲の戦いとなりますので第一法則が適用します。近代戦は機関銃をイメージすればわかりやすいでしょう。同時に複数の敵を攻撃しますので第二法則が適用します。近代であっても一対一の接近戦のゲリラ戦は第一法則が適用します。

なぜ、第二法則は兵力数が2乗となるのか。計算式を巻末付録（291、290ページ）に示しました。一言でいうと、相乗効果を発揮するからです。一つひとつの攻撃が掛け算のように効いてくるのです。第一法則は一つひとつの攻撃が足し算にしかなりません。

信長の武器、秀吉の兵力

戦国時代、武器といえば織田信長の鉄砲が有名ですが、信長は鉄砲だけではありません。槍もライバルを上回る武器にしました。戦国時代、槍はどんどん長くなります。長いほうが敵に届くからです。リーチ（腕の長さ）が長いボクサーが有利なのと同じです。三間（約5m40cm）まで長くなりました。これが振り回せる限界です。これ以上長いと操作できなくなります。

ところが、信長は三間半（約6m30cm）の超長槍を導入します。どうやって操作したというのでしょうか。突き刺すことを諦めたのです。突き刺そうとするから操作できないのです。先っぽに鉄の塊をつけて、頭上から敵を叩く武器としたのです。刺さずとも充分な殺傷能力があります。

兵力で勝った戦国武将といえば豊臣秀吉です。秀吉は信長の家臣でしたから最新兵器も巧みに使いこなしているのですが、秀吉の戦《いくさ》の勝因はなんといっても圧倒的な兵力数の多さにあります。たとえば、1590年の小田原の北条攻め。北条氏は武田信玄に攻められたときも、上杉謙信に攻められたときも撃退しています。難攻不落の小田原城に兵力5万6000

【図表1-5】兵力数で勝った秀吉

	合戦	敵将	敵の兵力数	秀吉兵力数	兵力比	備考
1581年	鳥取城干殺し	吉川経家	4,000	20,000	1:5.0	戦闘行為ほぼなし
1582年	高松城水攻め	清水宗治	5,000	30,000	1:6.0	戦闘行為ほぼなし。毛利本軍４万が来たため、信長に援軍を要請
1582年	山崎の合戦	明智光秀	16,000	40,000	1:2.5	光秀は主力の明智秀満隊5,000を決戦に参加させず
1583年	賤ヶ岳の合戦	柴田勝家	30,000	50,000	1:1.6	柴田軍の前田利家隊は不戦
1584年	小牧・長久手の合戦	徳川家康 織田信雄	30,000	100,000	1:3.3	局地戦では家康の勝利も総合戦、外交戦で秀吉が勝利
1585年	四国征伐	長宗我部元親	15,000	110,000	1:7.3	２か月で征服
1587年	九州征伐	島津義久	50,000	220,000	1:4.4	秀吉が小倉到着後、１か月で島津は決戦をせず、降伏
1590年	小田原征伐	北条氏政	56,000	230,000	1:4.1	小田原城包囲戦、３か月で決戦をせず、北条は降伏

で立て籠る北条氏を、秀吉はいかにして攻略したのか。

秀吉は23万人もの大軍で関東に攻め込み、うち14万８０００人で小田原城を囲みます。城を囲むこと86日、北条氏は戦わずして降伏します。あまりの兵力差に北条氏は諦めたのでしょう。これにより、秀吉の天下統一は決定づけられました。

また、筆者は長篠の戦い（信長・家康連合軍が鉄砲３０００丁で武田勝頼軍を壊滅させた）は、ランチェスター第二法則が適用した戦いであったと主張しています。２０１５年にＮＨＫの『風雲！ 大歴史実験』のテレビ番組で実験して、それを証明しました。ご興味があれば拙著『真田三代　弱者の戦略』（日本実業出版社刊）をご参照ください。

04 小が大に勝つ三原則

①第一法則の戦い方で戦う、②武器の質を上げる、③兵力を集中する

戦いには原理があり、勝ち方には原則があります。ランチェスター法則からそれを導くことができます。**原理とは物事の根本と仕組み**です。企業間競争も含む戦いの根本は「強い者が勝つ」ということです。単純すぎて拍子抜けされたかもしれません。でも、奥は深いのです。大きな者（兵力数が多い軍隊、規模の大きな会社、以下「大」という）は有利です。有利ですが、大きいから勝っているわけではありません。強いから勝っているのです。大きくても武器が悪ければ負けることがあります。

小さな者（兵力数が少ない軍隊、規模の小さな会社、以下「小」という）は不利です。不利ですが、小さいから負けているわけではありません。弱いから負けているのです。小さくても武器がよければ勝つ可能性は見出せます。

では、その強さとは何か。そのことをランチェスター法則は示しています。武器の性能と

【図表1-6】小が大に勝つ三原則

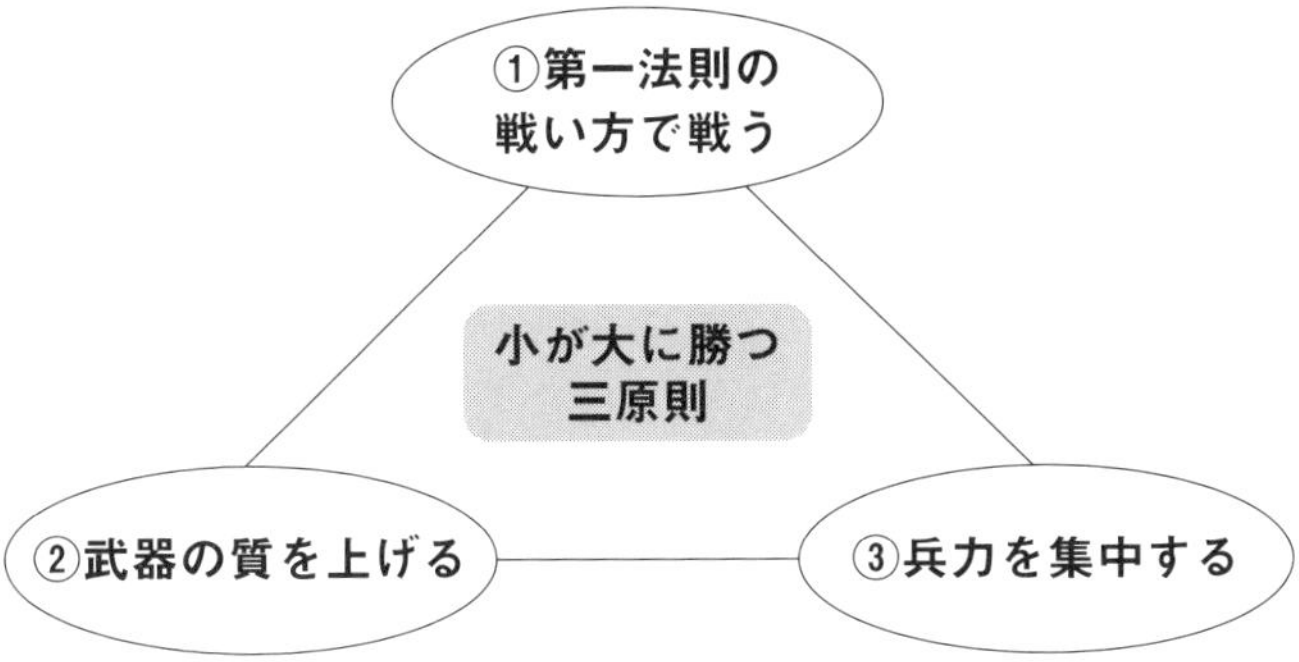

兵力の数。すなわち、質の要素と量の要素の掛け合わせです。これが戦いの仕組みです。

原理から導き出される多くの場合に当てはまる決まりが原則です。「大」と「小」とでは立場が異なります。勝ち方の原則も異なります。まずは「大」の勝ち方の原則を解説します。

「大」は有利です。勝って当たり前ですから、よりよく勝つことが求められます。よりよいとは効率よく勝つということです。秀吉が戦わずして北条氏に勝ったように効率よく勝つことです。「大」は第一法則が適用する戦いも、第二法則が適用する戦いも、いずれも有利に戦えますが、第二法則の戦いは多い兵力がさらに2乗になります。その差は圧倒的となり、まず間違いなく勝てます。したがって、**「大」の勝ち方の原則は第二法則が適用する戦い方をすること**です。

「小」は不利です。特に第二法則の戦いは致命的に不利です。武器をいくら磨いても、武器ではなく兵力が2乗するので追いつきません。「小」は第一法則の戦いを選ばなければなりません。戦いを1対1のゲリラ戦にしてしまえば、兵力の多い「大」の強みをある程度は打ち消すことができます。

次に武器の質を向上させます。兵力は増やせればよいのですが、そう簡単に増やせないものです。増やせないとすれば兵力の使い方を工夫します。広い範囲を少ない兵力で戦うと、どこも薄くて勝てません。狭い範囲に兵力を集中投入すれば、その範囲に限定されますが、味方の兵力が多い状況をつくることができます。

以上をまとめると、「小」が「大」に勝つには、**第一に第一法則が適用する戦いを選ぶこと**。具体的には一騎討ち戦、局地戦、接近戦です。そうすることにより、「小」と「大」の量による力の差を埋めます。**第二に武器の性能を高め、質の優位さを築くこと**。そして**第三に兵力を集中して、部分的に量の優位さを築くこと**です。「小」が「大」に勝つとは一発逆転ではなく、まずは小さな勝利を得る。これを繰り返し、全体的な勝利を目指すということです。

戦いの原理と勝ち方の原則がわかったので、いよいよランチェスター法則を経営の領域に応用していきます。武器性能は戦闘の質の要素ですから、これは経営の質の要素とします。

【図表1-7】戦闘力を競争力に応用する

部分的な競争、口コミ的な営業	全体的な競争、物量的な集客・営業
↓	↓
第一法則	**第二法則**
競争力＝質《経営の》の要素×量《経営の》の要素 ＝商品力×販売力	競争力＝質《経営の》の要素×量《経営の》の要素^2 ＝商品力×販売力^2

経営の質の要素……商品力（技術開発力、機能・性能・品質、価格、付加価値・ブランドなど）
人材やその活動の質、顧客の利便性、顧客との関係性など

経営の量の要素……販売力（拠点数、人材の数や活動の量、代理店などの組織力）
実績、資本力、調達力、製造力、店舗面積など

商品力が代表的です。兵力数は戦闘の量の要素ですから、経営の量の要素とします。販売力が代表です。戦闘力を競争力と置き換えると、上の図表のように応用できます。自社とライバルの武器（経営の質の要素）と兵力（量の要素）を棚卸ししましょう。

第一法則は戦闘では原始的、ゲリラ的な戦いのときに適用します。そのまま経営に当てはめられないので、**部分的な競争、口コミ的な営業**と応用します。近代的な戦いの第二法則は**全体的な競争、物量的な集客や営業**と応用します。

全体的な競争、物量的な集客・営業は、販売力など経営の量の要素が2乗となります。ライバルよりも規模が小さい会社の勝ち目はありません。

05

弱者と強者

弱者とは市場シェア2位以下、その基本戦略は差別化戦略
強者とは1位、その基本戦略はミート戦略

03項でランチェスター法則について解説しました。ランチェスター法則は戦闘の勝ち負けのルールです。戦闘は戦場で行なわれます。武器と兵力で戦います。勝ち負けは残存兵力の多さで決まります（巻末付録290、291ページ参照）。そして、「小」と「大」とでは勝ち方の原則が異なります。

04項ではランチェスター法則から企業の競争にも通用する戦いの原理、勝ち方の原則を導き出しました。企業の競争は市場で行なわれます。経営の質の要素（商品力が代表）と量の要素（販売力が代表）で戦います。市場というパイの奪い合いが行なわれます。その結果、市場に占める各社の割合が企業間競争の勝ち負けを示します。**市場シェア**（マーケット・シェア、市場占有率）といいます。

市場シェアで勝っている会社のことをランチェスター戦略では**「強者」**と呼びます。勝っ

【図表1-8】ランチェスター法則を経営に応用する

	軍隊の戦闘	企業間の競争
どこで戦うのか	戦場	市場
なにで戦うのか	武器と兵力数	・経営の質の要素と、量の要素 ・その代表が商品力と販売力
勝ち負けの判定は	残存兵力の多さ	市場占有率（マーケット・シェア）
勝ち方の原則は	兵力の多い「大」と少ない「小」とでは異なる	勝っているシェア1位と、負けている2位以下では異なる

弱者の戦略、強者の戦略

ているのは**1位だけ**です。2位は負けています。負けている**2位以下**のことを**「弱者」**と呼びます。一般には大きな会社を強者、小さな会社を弱者と呼びますが、ランチェスター戦略では市場シェアで判定しています。独特な意味で使っていますのでご注意ください。

弱者・強者は市場ごとに判定します。**商品、地域、販売チャネル、顧客層、法人営業（BtoB事業）の場合は顧客内シェアごとに判定**します。たとえば、ホンダは連結売上が14兆6000億円もある超大企業ですが、国内普通乗用車の市場シェアは日産と2位争いをしていますので、ランチェスター戦略の定義では「弱者」です。一方、オートバイの市場ではホンダは世界の強者です。商品ごとにその立場は異なります。インドの乗用車の市場ではスズキが強者です。日本では圧倒的な強者のトヨタもヨーロッパでは弱者です。地域ごとに立場は異なります。

なぜ、このように市場ごとに判定していく必要があるのか？　それは、弱者と強者とではとるべき戦略が根本的に異なるからです。第一法則から導き出された**弱者の基本戦略は差別化戦略**です。ランチェスター法則の武器の性能を上げることを差別化と言い換えました。**独自性、質の優位性**を意味します。第二法則から導き出された**強者の基本戦略はミート戦略**です。ミートとは合わせる、対抗するという意味です。**質を同等にする同質化**です。わかりやすくいうとマネをすることです。

パナソニックのミート戦略、ソニーの差別化戦略

なぜ、強者はマネをするのが基本戦略なのでしょうか？　例を示したほうがわかりやすいでしょう。松下電器（現パナソニック）の創業者の松下幸之助氏は、「経営の神様」といわれた偉大な経営者として多くの名言を残しています。そのなかに「よそさんの品物のええところを徹底的に研究し、何か一つか二つ、足せばええんや」というものがあります。

強者もよい武器をもったほうがよいに決まっています。ですが、先発して差別化製品を市場導入しても、うまくいくかどうかはやってみないとわからないものです。リスクの高い新

【図表1-9】ソニーの弱者の戦略、パナソニックの強者の戦略

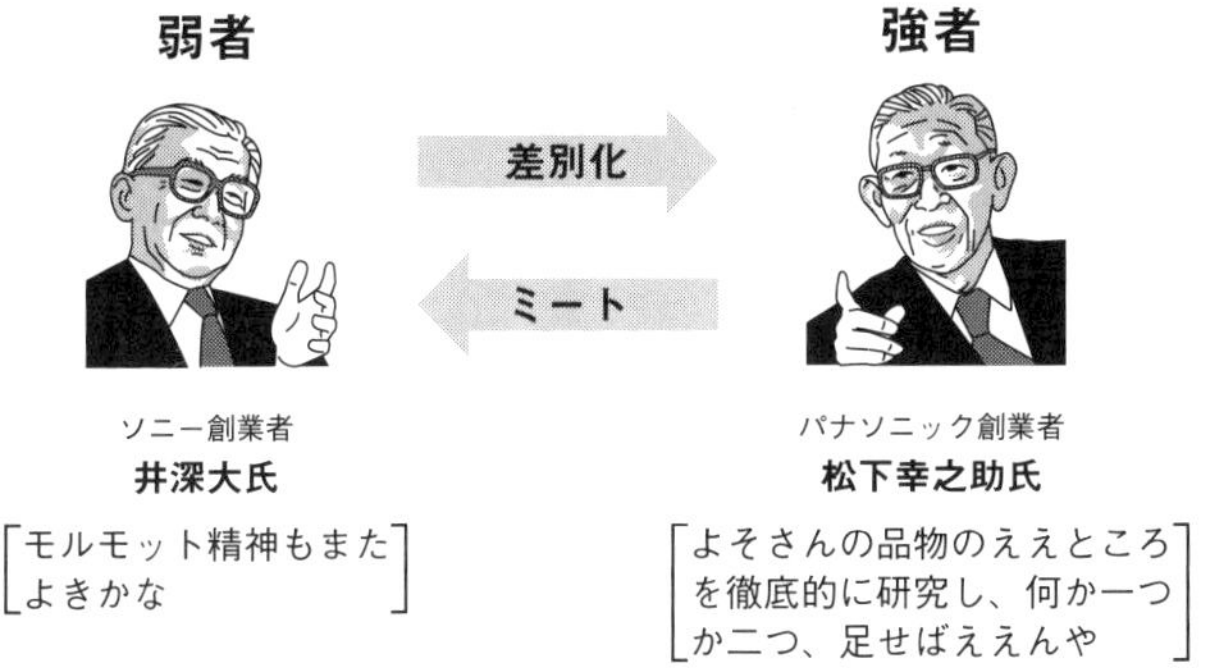
弱者
強者
差別化
ミート
ソニー創業者
井深大氏
「モルモット精神もまたよきかな」
パナソニック創業者
松下幸之助氏
「よそさんの品物のええところを徹底的に研究し、何か一つか二つ、足せばええんや」

製品開発は弱者にやってもらって、それが市場に受け入れられそうだとなったらマネをすればよいという考えです。「松下マネシタ商法」と呼ばれていました。

すでに勝っている強者は効率を求めます。この「後出しじゃんけん」のようなやり方がミート戦略です。同等品をすぐに市場に投入できる技術力、製造力や、広告、販売チャネル、営業で圧倒的な量を投入できる強者だから成り立つやり方です。

かつて松下にマネされることが多かったソニー。松下の実験台みたい、ということから「モルモット」と呼ばれることもありました。ですが、創業者の井深大氏は「モルモット精神もまたよきかな」と言い返します。一番はじめに差別化製品を世に問うことが弱者の生

きる道なのです。ミートされる頃には次の製品を投入すればよい。トリニトロンテレビ、ウォークマンなどは後発のミートをかわして世界を制しました。こうしてソニーは黒物家電（AVなど娯楽家電）では強者となっていったのです。

新製品開発のリスクを弱者にとらせ、いけそうならミートして弱者の差別化を無効にして圧倒的な兵力数で後発逆転していく。これが強者のミート戦略です。一方の弱者は強者のマネをしても勝てません。新しい売り物を開発し、新しい売り方で、新しい売り先に売っていく差別化を行ないます。差別化については11項（46ページ）でも解説します。

弱者と強者の五大戦法

弱者と強者にはそれぞれ五大戦法があります。これは差別化、ミートの基本戦略を具体的に推進する戦い方と、差別化とミートだけでは捉えきれない弱者と強者の戦い方です。弱者の五大戦法は、①一騎討ち戦、②接近戦、③一点集中主義、④局地戦、⑤陽動戦です。強者の五大戦法は①確率戦、②遠隔戦、③総合主義、④広域戦、⑤誘導戦です。次項以降で順に解説していきます。

五大戦法について解説していくにあたり、弱者の典型である街の電器屋さんと、強者的な家電量販店を例示します。

【図表1-10】弱者と強者、その定義と戦略

視点	弱者	強者
定義	市場シェア2位以下	市場シェア1位
基本戦略	差別化戦略 ・よりよい武器をもつ ・独自性 ・質の優位性	ミート戦略 ・同等な武器なら勝てる ・模倣、同質化 ・弱者の差別化を無効にする
5大戦法	差別化を具体化、差別化以外の弱者の戦い方 ・一騎討ち戦 ・接近戦 ・一点集中主義 ・局地戦 ・陽動戦	ミートを具体化、ミート以外の強者の戦い方 ・確率戦 ・遠隔戦 ・総合主義 ・広域戦 ・誘導戦

かつて家電の主な販売チャネルは街の電器屋さんでした。パナソニック系列が多かったので、松下マネシタ商法が通用していたのです。ところが、1990年頃から家電量販店が台頭してきます。価格の安さ、品揃えの豊富さ、広告の物量において、電器屋さんは家電量販店に対抗できません。次々と淘汰されていきます。

東京都の郊外の町田市も例外ではありません。同地で長く電器屋を営んでいたのが「でんかのヤマグチ」です。半径3km圏内にヤマダ、ヨドバシなど大手の家電量販店が6店も進出してきます。同社の山口勉社長は考えます。どうすればわが社は生き残れるのか、と。次項以降の五大戦法の個別解説ページで解説していきましょう。

06

弱者の一騎討ち戦と強者の確率戦

一騎討ち戦とは①1対1の戦いを重視する、②競合会社別に対策すること
確率戦とは自社の力を重複化させ、弱者のつけ入る隙をなくすこと

一騎討ち戦には**1対1の戦いを重視する**考えがあります。新規の顧客開拓をする際に、複数の納入業者がいる見込客を狙うべきか、納入業者が1社しかいない見込客を狙うべきか。

複数の納入業者がいる見込客を狙う営業員が多いのですが、それは間違いです。いま、3社から仕入れている会社に4社めの仕入先が必要でしょうか。発注者の立場に立って考えればわかります。いま、1社からしか仕入れていない会社はそれでよいと思っているでしょうか。せめてもう1社仕入先をもっておいたほうがよいと考えているものです。一方の強者の新規開拓は需要規模や成長性といった魅力度で見込客を決めます。

一騎討ち戦には**競合会社別に対策する**という意味もあります。自社のライバルをリストアップし、それぞれの強み・弱みを分析し、どのように差別化すれば勝ち残れるのかを考えます。家電量販店はよい立地に大きな店を構え（強者の**総合主義**）、ライバル店にある製品は

【図表1-11】弱者の一騎討ち戦、強者の確率戦

視点	弱者の一騎討ち戦	強者の確率戦
戦略思想	• 1対1で戦う	• 自社の力を重複化させ、つけいる隙を無くす
競合対策	• 競合会社別に対策する	• 商品ラインのフルライン化 • 販売チャネルの重複化
新規開拓	• 1社独占または競合数の少ない顧客を狙う	• 競合数によらず、需要規模や成長性の高い顧客を狙う

すべて取り揃え（強者の**確率戦**、フルライン戦略という。弱者につけ入る隙を与えない）、広告宣伝の物量を投入し（強者の総合主義、**遠隔戦**）、広域から集客（強者の**広域戦**）します。他店より1円でも高ければ、その価格に合わせます（ミート戦略、**誘導戦**）。

強敵ですが、弱みがないわけではありません。家電量販店は薄利多売のビジネスです。流れ作業的に大量に売るから成り立ちます。使い方を丁寧に説明することや、工事を伴うものは得意ではありません。アフターサービスもできるだけ効率よくやりたいと考えます。ここに、街の電器屋さんの活路が見出せます。ヤマグチが具体的にどのような対策を講じたかは次項以降で述べます。

07 弱者の接近戦と強者の遠隔戦

接近戦とは最終顧客に近づき、関係を強化すること
遠隔戦とは接近戦になる前に決着をつけること

ライバルの強み・弱みとともに、自社の強み・弱みを分析します。ヤマグチの強みは面倒見のよさです。ベテランスタッフが多く、経験と技術があります。町田市内で30年も商売を続けていますので地元を知り尽くしています。一方で価格は高い、広告の物量は乏しい、品揃えの限界など弱みは数々ありますが、弱者は弱いところを何とかするテコイレ発想ではなく、強いところをトコトン強くする**ダントツ発想**を重視します。

安さを求める顧客のことは諦めます（弱者の一点集中主義）。高くてもヤマグチの面倒見のよさを評価してくださる顧客は誰か。それは経済的に余力があり、新しい電化製品には興味がある、だけど機械には疎い地元の中高年の世帯ではないか。たとえばテレビの録画の方法がわからなくなったということでも、呼んだらすぐに駆けつけてくれることを喜ぶニーズがあるはず。

【図表1-12】弱者の接近戦、強者の遠隔戦

視点	弱者の接近戦	強者の遠隔戦
戦略思想	・最終顧客に近づく	・接近戦になる前に決着をつける
営業方法	・訪問営業（プッシュ戦略）	・広告などで指名買いを促進 ・広告の反響営業（プル戦略）
直接販売か間接販売か	・直接販売を重視 ・間接販売の場合は「川下作戦・源流営業」を重視	・間接販売を重視

こうしてヤマグチは徹底的なアフターサービスという接近戦を差別化の中核に置いたのです。エアコンが故障したら扇風機をもって駆けつけるのは当然として、頼まれればペットのエサやり、庭の水まき、留守の見回りまで行なっています。「遠くの親戚より近くのヤマグチ」をモットーにしています。

接近戦とは最終顧客に近づき、関係強化をすることです。**顧客とのコミュニケーションの量と質の優位性を築く**必要があります。一方の強者の遠隔戦では、顧客とのコミュニケーションが不要なのではなく、たとえば広告や情報発信により、あらかじめ購入するものを決めてもらう（指名買いという）ことで、接近戦になる前に決着をつけることを意味します。

08

弱者の一点集中主義と強者の総合主義

一点集中主義とは量の優位を築くために集中すること
総合主義とは豊富な経営資源を活かして総合化、多角化すること

徹底的なアフターサービスに活路を見出したヤマグチ。そのために顧客宅に訪問し、外販していくことを強化します。顧客とのコミュニケーションの量や頻度と質でライバルを圧倒しなければなりません。

しかし、営業員数には限りがあります。また、営業効率も意識しなければなりません。そこで、ヤマグチでは訪問外販する顧客の絞り込みを行ないます。まず、地域は町田市内に限定（弱者の**局地戦**）。次に購入時期と購入金額で顧客を格付けます。最後に購入して1年未満で累計30万円以上の購入があった顧客は最重要顧客です。用がなくても御用聞き、ご機嫌伺いで毎月必ず訪問します。用があれば、また、呼ばれれば何度でも訪問します。対象顧客を絞り込んだから訪問頻度という「量」の優位を築くことができるのです。

逆に最後に購入して3年以上で累計30万円未満の購入の場合は、定期訪問はしません。こ

【図表1-13】弱者の一点集中主義、強者の総合主義

視点	弱者の一点集中主義	強者の総合主義
戦略思想	・経営資源の集中により集中した分野に専業し、「量」の優位を築く	・豊富な経営資源で総合化、多角化を図る
事業戦略	・事業の集中化、専業化 ・特定の市場（顧客層、地域、商品）に集中	・事業の総合化、多角化 ・市場を拡大する
豊富な経営資源を活かす		・物量戦を行なう（広告、販売チャネル、営業） ・店舗業の場合は最高立地に最大規模店を出店

うして3万4000軒の顧客リストの中から1万3000軒に絞り込み、担当者を地理的に振り分けました（弱者の局地戦）。世代は中高年が多数を占めます。価格よりサービスを重視する中高年の顧客層に集中したといえます。

一方の強者の**総合主義**で押さえておきたいキーワードに、「ワンストップ・ショッピング」があります。百貨店など一度で全部の買い物ができるという意味ですが、法人営業（BtoB事業）でも「ワンストップ・ソリューション」との同義語があります。顧客のあらゆるニーズを一手に引き受けることです。パナソニックのBtoB事業部門では「まるごとパナソニック」と呼んでいます。

09 弱者の局地戦と強者の広域戦

局地戦とは狭い市場（主に地域）を重視すること
広域戦とは広い市場（主に地域）を重視すること

ヤマグチは訪問外販をする地域を町田市に絞り、その中を細分化し、担当者ごとにテリトリーを割り振りました。この項では、筆者が実際にお手伝いした法人営業（ＢtoＢ事業）の事例で、局地戦と広域戦を解説します。

Ｓ社（事務機販売とシステム開発）の例

事務機の販売とシステム開発を行なうＳ社は、仕事があれば事務所から2時間以上かかるところにも営業に行っていました。これでは売った後のフォローが充分にできません。聞いてみると、売った後は用事がない限り、ほとんど訪問をしていませんでした。用事の多くはトラブル、クレームです。赤字経営でした。

新規開拓したあと、リピートやクロスセル（事務機を購入していただいた顧客からシステ

【図表1-14】弱者の局地戦、強者の広域戦

視点	弱者の局地戦	強者の広域戦
戦略思想	• 狭い市場を重視	• 広い市場を重視
地域戦略	• 市町村、町丁目単位の狭い範囲で事業を行なう • 島や盆地の小都市圏など狭い地域を狙う	• 全国、世界で事業を行なう • 平野部や大都市圏の広い地域を狙う
地域以外の市場	• 狭い顧客層やニッチ商品を重視	• 幅広い顧客層や市場の大きな商品を重視

ム開発の仕事を受注するなど、別の商品を売ること）をすることで収益性を高めることが、この手の事業の繁栄のコツです。

それには**定期訪問**（用事がなくても定期的に訪問すること。弱者の接近戦。第6章64項、250ページで解説）が必須です。地域を絞り込まなければ定期訪問はできません。

そこで、筆者は次の3点を助言しました。①事務所から30分圏内を重点地域とすること。②重点地域内で顧客の格付けを行ない、格付け上位の顧客中心に定期訪問を行なうこと。③1時間圏外については新規開拓を中止すること。

定期訪問による既存客からの売上増により、S社は黒字転換しました。

10 弱者の陽動戦と強者の誘導戦

陽動戦とはライバルが嫌がることをやること
誘導戦とは先手を打つ、総需要の喚起

ヤマグチはエアコンや電気給湯器や太陽光発電装置に力を入れました。これらは個別対応が必要です。工事を伴います。現場調査をしたうえで再度、設置工事に行かなくてはならない場合もあります。給湯器や発電装置はアフターサービスやメンテナンスが必要です。要するに「手離れが悪い仕事」です。

薄利多売で成り立つ家電量販店は、流れ作業的に大量に販売できる手離れのよい仕事を好みます。効率を重視する強者が後回しにする面倒な仕事にこそ、弱者の活路があるのです。これが弱者の陽動戦です。ゲリラ的な戦い方です。

ヤマグチはやがて、風呂、トイレ、台所のリフォーム工事も行なうようになりました。実は工事は物品販売よりも利益がとりやすい仕事です。

工事の比率が高まった同社の粗利率は40％に迫るまで高まりました（家電量販店は平均25

【図表1-15】弱者の陽動戦、強者の誘導戦

視点	弱者の陽動戦	強者の誘導戦
戦略思想	• ライバルが嫌がることをやる • 強者のつけ入る隙を見出すために仕掛ける	• 弱者に仕掛けられる前に先手を打ち、弱者の追随を誘う • 総需要の喚起
ライバルが嫌がること	• 効率を重視する強者が後回しにする面倒くさい仕事	• 自社に有利な土俵に誘導する • 低価格競争が典型
差別化	• 弱者の基本戦略として実施 • 強者体制を破壊する革命的な差別化	• 強者もときには先手を打ち差別化してもよい
情報戦	• 強者に劣らない情報収集活動を行なう • 自社の情報を秘匿するステルス作戦	• 豊富で正確で早い情報力を活かす

%程度)。

ミート戦略が基本の強者は守りの戦略といわれますが、ときには先手を打とうというのが誘導戦です。第一にこちらの得意な土俵に誘導することです。低価格競争が典型です。誘導された弱者は赤字になりますので嫌がる戦略です。ただし、強者も利益性が下がる、肉を切らせて骨を断つような劇薬なので要注意です。

第二は差別化です。強者だってよい武器のほうがよいのです。ときには差別化してもよいのです。そして第三が総需要の喚起です。用途開発など需要全体を活性化することで一番恩恵を受けるのが強者です。

11
弱者の戦略のまとめと実務

差別化×接近戦×集中＝ナンバーワン

ここで弱者の戦略をまとめます。実務の手順を解説します。

(1)自社の武器（強み・魅力・個性）や弱みを棚卸しする。

＊強いところをより強くするダントツ発想で。

(2)ライバルの武器（強み・魅力・個性）や弱みを棚卸しする。

＊ライバル別に（一騎討ち分析で）対抗策を考える。

(3)**独自性**のある武器、**質の優位性**が明らかな武器にまで磨き上げられたものが差別化。

＊強者が嫌がる仕事に活路あり（陽動戦）。

(4)どんなに差別化しても、顧客のニーズと合致しなければ価値が生まれない。

どこに、どのような顧客がいて、どのようなニーズがあるのかを察知発見する。

そして、自社の差別化された武器を提供して価値を生み出していく。

【図表1-16】**差別化×接近戦×集中＝ナンバーワン**

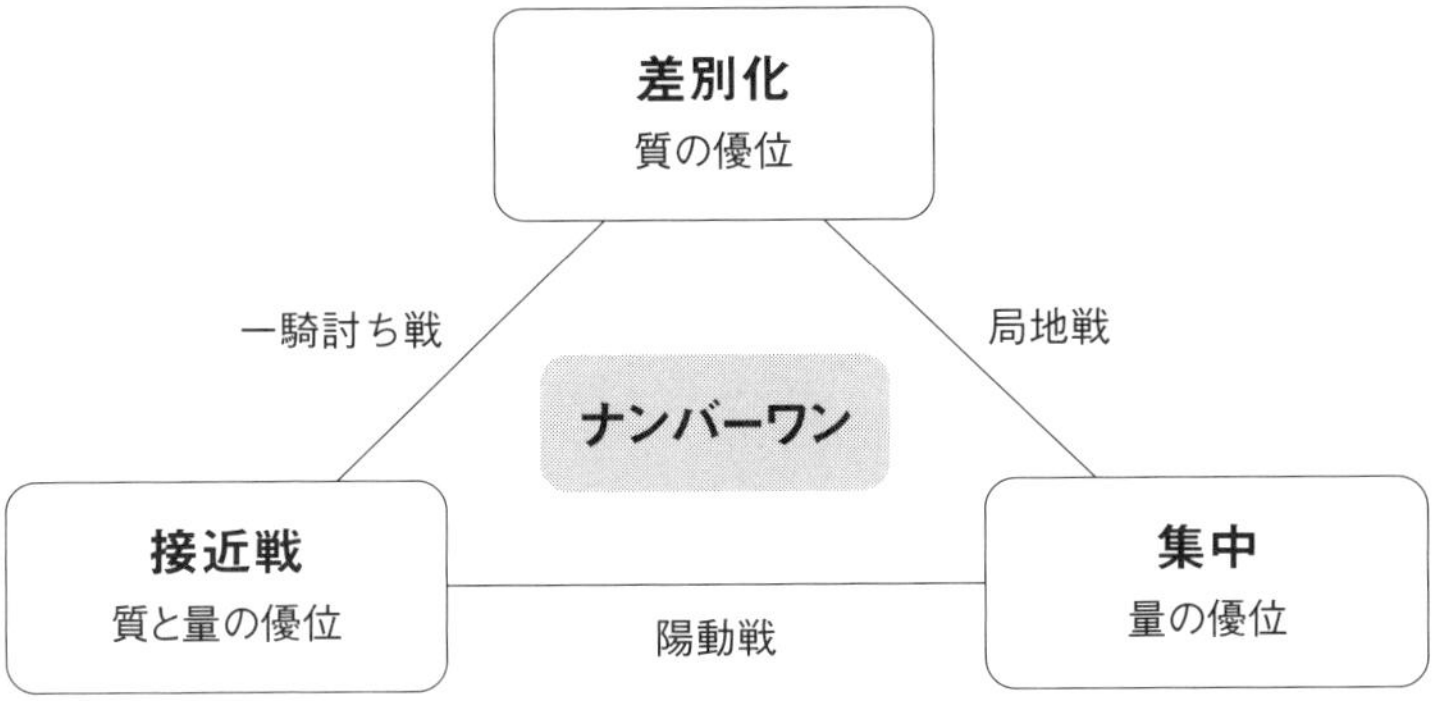

この顧客とのコミュニケーション活動を接近戦という。

接近戦の量と質の優位性がなければ、差別化しても勝てない。

(5)接近戦の**量の優位**を築くためには集中しなければならない。

＊地域に根差した事業の場合は局地戦が大切になる。

(6)集中した部分で勝つ。ダントツ1位のことを**ナンバーワン**と呼ぶ。

＊ナンバーワンの定義は17項66ページで改めて解説。

(7)集中するから顧客、ライバル、市場がわかる。わかることで差別化が強化できる。

(8)つまり、差別化・接近戦・集中は三位一体である。そして、相乗効果を上げたときに小さなナンバーワンが一つ実現する。小さな勝利を積み重ねて、全体の勝利を目指すのが弱者の戦略の結論である。

差別化の2M4P

自社とライバルの強み・弱みを分析する切り口は様々あります。04項（27ページの図表）で示した、経営の質の要素「商品力（技術開発力、機能・性能・品質、価格、付加価値・ブランドなど）、人材やその活動の質、顧客の利便性、顧客との関係性など」も、その一つです。顧客の視点で自他を比較します。

もう一つ、2M4Pを紹介します。4Pとはマーケティングの4Pといわれるものです。「Product」「Price」「Place」「Promotion」の四つのPです。そして、2Mとは「Mission」「Market」です。顧客の視点にライバルの視点が加わっています。

Missionとは企業の**あり方**を差別化することです。見た目はマネができても生き様まではマネができないのと同じように、企業の社会的存在意義を差別化することは究極の差別化です。Marketとは**売り先**を差別化することです。ヤマグチは高くても面倒見のよさを重視する中高年に売り先を差別化しました。

売り物（Product）を差別化し、**売り値**（Price）を差別化し、**売り方**や**売り文句**（Place

【図表1-17】差別化の2M4P

大項目	小項目	備考
Mission	理念	会社のイメージ、社会性
	ドメイン、事業の定義	
Market	市場、事業領域	
	顧客層	用途開発も
Product	製品の機能・品質	
	製品の付加価値	機能的な付加価値 情緒的な付加価値（イメージ・共感性）
	サービス	利便性や関係性 ビフォアサービス、アフターサービス
Price	価格	
Place	販売地域	
	販売チャネル	
Promotion	販売促進	広報、情報提供、広告、ブランディング 集客・販促
	営業	顧客満足、問題解決
	人材	資格、技術技能 対人関係能力、モチベーション

やPromotion）を差別化します。売り値（Price）については要注意。安くする価格競争は量の多い強者に有利な土俵です。したがって安売りは差別化のうちに含めません。ただし、セルフサービスにすることでコーヒー1杯を半額にしたドトールコーヒーのようにビジネスモデルを変えた結果、価格帯を変えるのなら差別化といえます。

MarketとProductとPriceの差別化については第2章で、Placeの販売地域の差別化は第3章、販売チャネルの差別化は第4章で解説します。Promotionの差別化は第5章・第6章で解説します。

12 市場シェア

市場に占める自社商品の割合

弱者・強者は経営規模ではなく、市場シェアで判定します。ここからシェアの理論を解説します。「シェアはみんなが考えている以上に大事です」と言ったのは筆者ではなく、図表1-18にあるようにトヨタの社長です。**企業間競争の勝ち負けは市場シェアで判定すべきものだからです。**

シェアと利益が相関することは米国のＰＩＭＳ研究で示されています。ただし、米国の大企業を対象とした昔の統計です。こんにちの日本で通用するのか、筆者は仲間と調査しました。日本の上場企業ではシェアが10％を超えたら営業利益と相関する（拙著『「営業」で勝つ！ランチェスター戦略』掲載）、日本の中小企業ではニッチ市場のシェアナンバーワン企業は一人当たり営業利益が同業他社の3倍（拙著『ランチェスター戦略「小さなＮｏ．１」企業』掲載）と確認できました。シェアは大事なのです。

【図表1-18】40%首位独走の条件

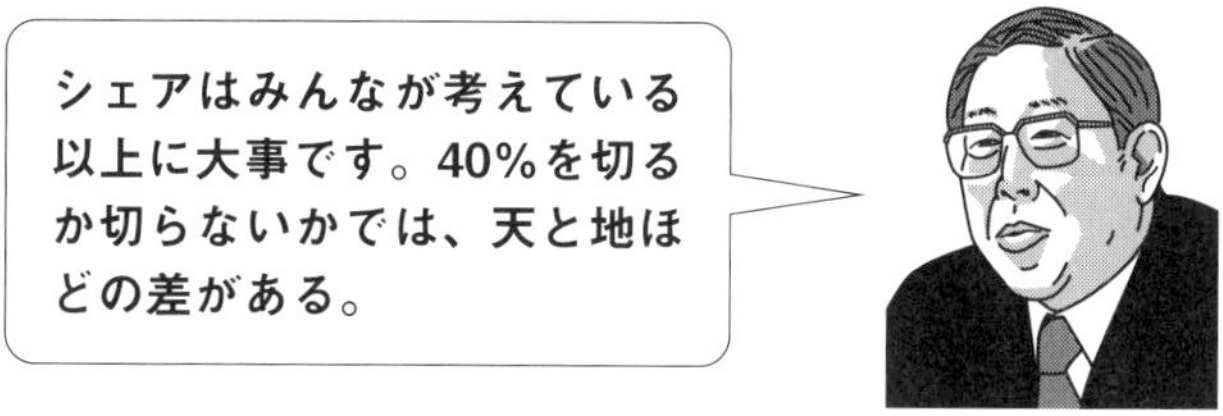
シェアはみんなが考えている以上に大事です。40%を切るか切らないかでは、天と地ほどの差がある。

1995～99の間トヨタ社長
奥田碩氏

市場シェアとは市場に占める自社商品の割合です。まず、市場を定義することから始めます。市場とは売り手と買い手が売り買いを行なう経済的な場です。自社、ライバル、自社とライバルの顧客で構成されます。自社とライバルの顧客の購買量や金額を分母にして、各社の販売量や金額を分子にしたものが市場シェアです。シェアについてのいくつかの注意点をお伝えします。

競合しているものは分母に入れなければなりませんし、競合していないものを分母に入れてはなりません。たとえば、オートバイといっても様々です。休みの日にレジャーで乗る７５１cc以上の大型車と、近所を移動する手段としての50ccのオートバイとでは競合しているとは思えません。分母は分けるべきです。オートバイの大型車は二輪の軽自動車で、50ccは原動機付自転車です。50ccの原動機付自転車は、電動アシスト自転車と近い存在です。併せて分母としてもよいかもしれません。

数量ベースのシェアと金額ベースのシェアがあることも注意が必要です。価格差の大きなものを比べてもあまり意味がありません。100万円程度の大型車と、10万円程度の50ccを比べることは、やはり意味がないのです。

弱者は安くする価格競争は避けるべきとは前項でも解説したところですが、実際には同等品であれば弱者のほうがやや安い傾向があります。強者製品は値崩れが起きにくいが、弱者製品は買い叩かれることが多いのです。したがって、弱者逆転はまず、数量で起こり、その後、金額で起こるという順番をたどることが多いのです。

流通段階ごとのシェアがあることも押さえておきましょう。メーカーが製造し、商社などへ出荷した生産段階のシェアと、商社がユーザーや小売店などに出荷した販売段階のシェアと、エンドユーザーや消費者がそれを使用した消費段階のシェアがあります。返品が多い業界や流通在庫が多い業界は、段階ごとの数値の差がありますので、要注意です。

生産段階の市場は工業統計、販売段階の市場は商業統計、消費段階の市場は家計調査年表という政府統計資料で調べられます。

販売ベース（フロー）のシェアと、保有・稼働ベース（ストック）のシェアの違いも知っ

【図表1-19】市場シェアの定義

$$\text{市場シェア} = \frac{\text{自社商品の販売数量と金額}}{\text{自社商品および競合している商品の販売数量と金額}} \times 100$$

- 競合しているのか否かは“顧客視点”で判断
- 数量シェアと金額シェア
- フローシェア（販売数ベース）とストックシェア（保有数ベース）

ておきましょう。販売ベースとは昨年度の1年間など、ある期間に販売されたものです。使用後になくなるものは販売ベースのシェアしかありません。原料や部品や消耗品です。

保有・稼働ベースとは、現時点など、ある時点で保有されているか稼働しているものです。たとえば、オフィスの複合機（プリンター兼コピー機）は5年くらい稼働するものです。過去に販売して現時点で保有・稼働しているもののシェアです。保有するものは販売ベースと保有・稼働ベースの二通りのシェアを把握する必要があります。

弱者は販売ベースのシェアで逆転し、その後、保有・稼働ベースのシェアでの逆転を目指すことになります。

13 市場シェア七つのシンボル目標値

74％上限目標値、42％安定目標値、26％下限目標値、19％、11％、7％、3％

シェアは何%とるべきなのか。ライバルとの差はどれだけつければよいのか。そして、どうすればシェアは上がるのか。こういった課題に答えることができるのがランチェスター戦略です。別名「**市場シェアの科学**」と呼ばれるゆえんです。

この理論は田岡信夫先生がパートナーであった統計学者の斧田大公望《おのだたいこうぼう》先生と確立したものです。もととなったのがクープマンモデル（02項18ページ、巻末付録289ページ参照）です。

田岡先生は1962年、パートナーであった統計学者の斧田大公望先生とクープマンモデルを解析し、市場シェアの三大目標値を導き出します（巻末付録289、288ページ参照）。**74％上限目標値、42％安定目標値、26％下限目標値**です。三大目標値は科学の裏付けのある数値です。その後、田岡先生は分散市場の目標値も必要との実務の要請に応えて、三大目標値を掛け合わせるなどして、**19％上位目標値、11％影響目標値、7％存在目標値、3％拠点目標値**

【図表1-20】市場シェア七つのシンボル目標値

数値	名称	意味	目標
74%	上限目標値	絶対的に安全 100%には勝ち過ぎの弊害あり	2社間の競争 顧客内の単品シェア ニッチ市場
42%	安定目標値	首位独走の条件 ナンバーワンの目安	3社以上の競争で、 標準市場
26%	下限目標値	強者の最低条件 分散市場のナンバーワンの目安	標準市場の第一目標
19%	上位目標値	1位の射程圏内	市場参入時の中間目標
11%	影響目標値	黒字・赤字の分岐点 有名・無名の分岐点	市場参入時の中間目標
7%	存在目標値	カバー率の基準	市場参入時の中間目標
3%	拠点目標値	市場参入の基準	市場参入時の中間目標

を追加し、**七つのシンボル目標値**としました。

まず、現在のシェアを把握します。全体と、商品別・地域別・販売チャネル別・法人営業（BtoB事業）の場合は顧客内シェアと細分化したシェアを把握します。次に、それぞれが、七つのシンボル目標値の、どの段階にあるのかを位置づけます。たとえば、15%であれば、11%影響目標値は超えているが、19%上位目標値には至っていない。ちょうど中間である、と。

そうするとシェアアップの目標が見えてきます。短期的には19%上位目標値を目指し、中期的には26%下限目標値を目指すように、目標を立てる際の基準値として七つのシンボル目標値を使います。それでは数値の意味を順に解説しましょう。

74%上限目標値

74%をとれば絶対的に安全な立場となります。同時に、もうそれ以上はとらなくてもよい、むしろとらないほうがよいという意味で、上限目標値と呼んでいます。

100%独占には弊害もあります。健全な競争があることで市場は活性化し、成長します。独占市場は発展しづらい側面があります。弱者の一騎討ち戦には1社独占先を狙う考えがありますので、独占は安全とは限りません。また、独占するとは他に受け皿がない状態です。儲からない仕事も引き受けなければなりません。つまり、独占は成長性、安全性、収益性において弊害があります。

かといってライバルが強すぎても困ります。74%とは全体の4分の3です。ライバルが束になってかかってきても3倍の差があるので負けることはありません。74%は独占に準ずる強さがあり、かつ、独占の弊害がないベストな状態を意味します。

一般的な市場で74%のシェアをとることは稀ですが、国内市場が100億円未満のニッチ市場であれば74%は珍しくはありません。ニッチ市場や、顧客内シェアを1品目単位でみる場合（単品シェアという）や、ライバルが1社しかいない2社間競争の場合の目標値として活用します。

【図表1-21】市場シェアの例①

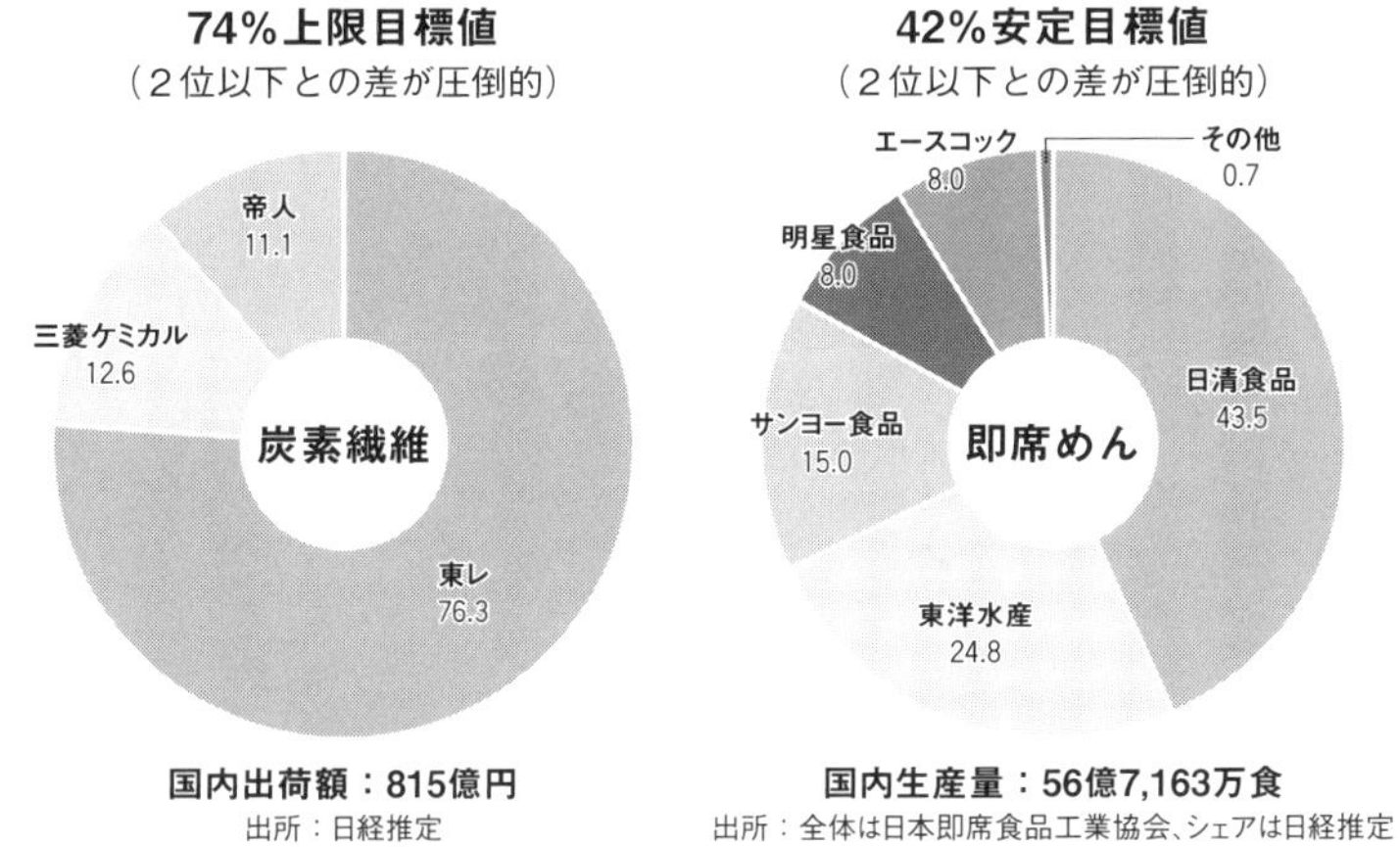

出所：日経推定

出所：全体は日本即席食品工業協会、シェアは日経推定

※『日経業界地図2018年版』（日本経済新聞出版社）をもとに作成

42%安定目標値

安定というと過半数の51%を思い浮かべますが、シェア競争において51%は重要ではありません。51%をとってもライバル1社が49%をとれば誤差の範囲であり、全く安定しません。ライバルが1社の場合は4分の3の74%をとらなければ安定しないのです。

しかし、ライバルが1社というケースは稀です。一般市場では42%をとれば、ダントツ1位として首位を独走できます。「40%首位独走の条件」とは42%を丸めて言っているのです。前項49ページのトヨタの当時の社長の発言の根拠がここにあります。筆者の調べでは42%を超えると8割の確率で2位以下との差を逆転困難なものにします。

26％下限目標値

下限とは、強者の戦略がとれる下限という意味です。ランチェスター戦略では市場シェアが1位であれば強者、2位以下であれば弱者と二つに区分しています。分散市場では1位であっても市場シェアが10％であれば強者です。しかし、1位だからといって10％のシェアの会社が強者の戦略がとれるのかと問われると、その答えはノーです。

10％ということは9割から支持が得られていません。市場全体に対する力は限定的です。また、分散市場とは1位が10％で2位が9％、3位が8％と、ほとんど差がないことが多いです。ゆえに強者の戦略はとれないのです。1位が26％未満の市場とは強者不在のオール弱者状態です。

筆者の調べでは26％をとれば8割の確率で1位になります。分散型市場で26％をとればダントツになる場合も多くみられます。ゆえに、市場全体の4分の1以上を確保した26％を強者の戦略がとれる下限としているのです。

19％上位目標値、11％影響目標値、7％存在目標値、3％拠点目標値

19％以下の目標値は26％に至るまでの市場参入時の中間目標値です。参入時に3％を確保

【図表1-22】市場シェアの例②

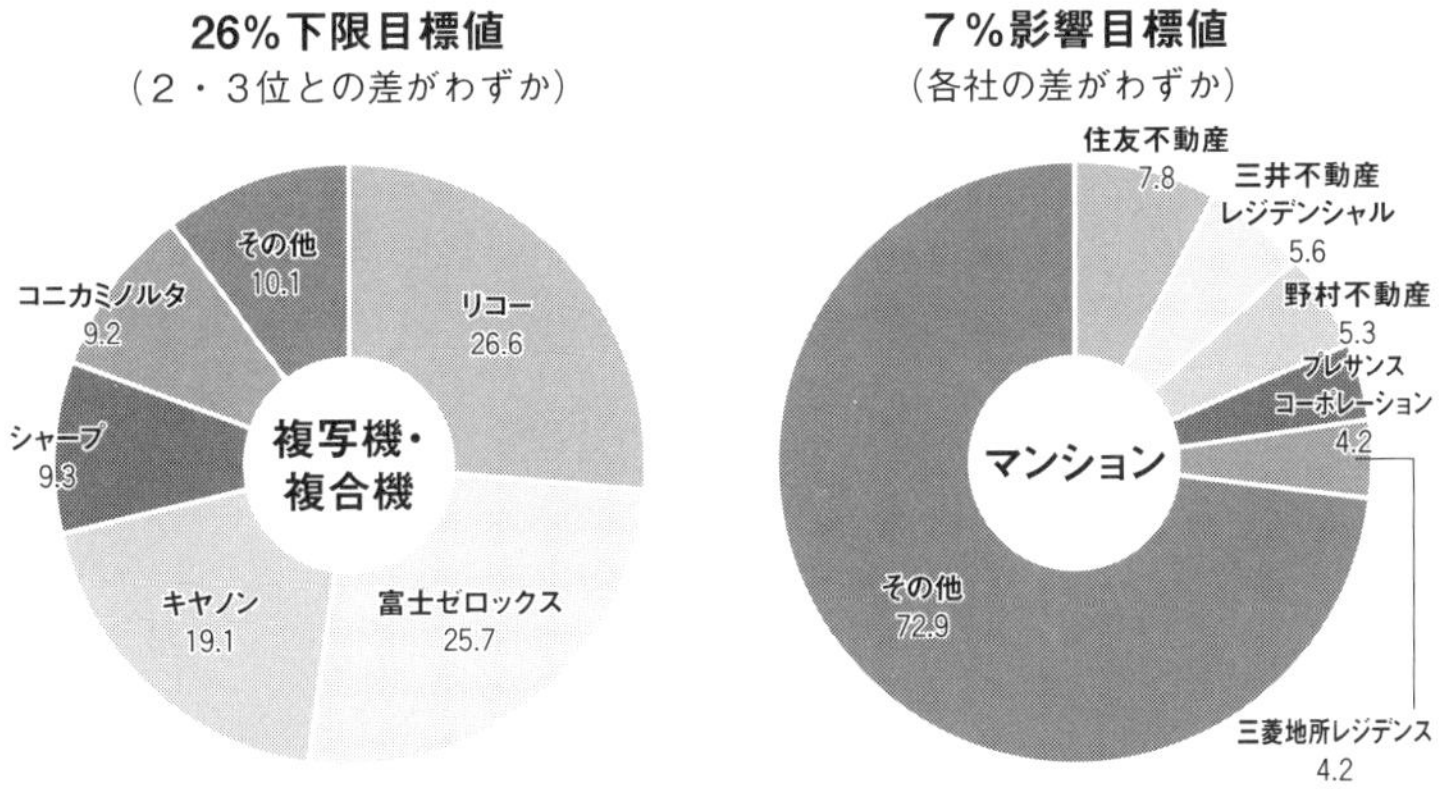

A3レーザー複写機・複合機の出荷台数：58万3,474台
出所：米IDC

全国の新築マンション発売戸数：7万6,993戸
出所：不動産経済研究所

※『日経業界地図2018年版』（日本経済新聞出版社）をもとに作成

すれば市場に橋頭堡を築けた状況ですが、まだ市場に存在感はありません。7%を確保すれば存在感が出てきますが、まだ市場全体に影響を与える力はありません。11%を確保すれば影響力が出てきます。11%までは投資期間です。11%は黒字・赤字の、有名・無名の分岐点です。ただし、まだシェア順位は下位です。ここから本格的な競争に入ります。上位と差別化し、19%を目指します。19%になると1位に対して射程圏の上位になります。

参入して時間が経過していて26%に至っていない場合は、市場を地域、顧客層、商品などで細分化して細分化した市場の中で一つずつ26%を目指します。

14 射程距離理論

ルート3（約1・7）倍の差は逆転困難

自社のシェアが把握できたら、次にライバルのシェアを把握し、差を見ます。そして逆転可能か困難かを見極めます。軍事理論に**三一《さんいち》の法則**というものがあります。3倍の兵力差は武器では埋まりません。よって敵の3倍の兵力で戦えば必ず勝てるということです。

赤穂浪士の討ち入りも、新撰組も3人1組で一人と戦ったので勝ったのです。第二次世界大戦の初期、日本の戦闘機のゼロ戦は強かったのですが、中期以降は勝てなくなりました。米軍が3機1組でゼロ戦1機と戦ったからです。

74％上限目標値と26％下限目標値の差は約3倍です。2社間競争の場合、1社が74％以上を占めると、もう1社は26％未満となり、その差が3倍開き、勝敗が決着すると応用して、これを**射程距離理論**と呼びます。顧客内の単品シェアも一騎討ち戦的で狭い範囲の戦いなので、射程距離は3倍です。

【図表1-23】射程距離理論

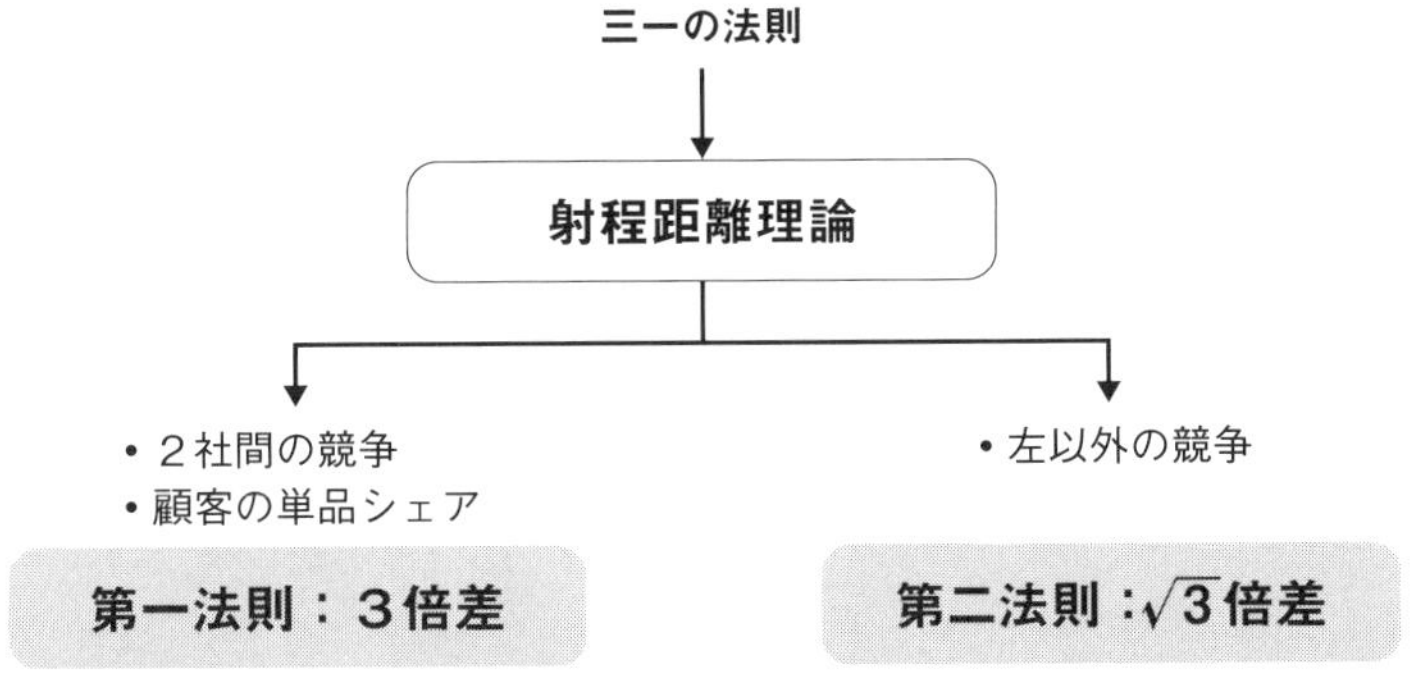

2社間競争と顧客内単品シェアは第一法則的な戦いです。そのほかの競争は第二法則的な戦いです。第二法則は兵力数が2乗に作用します。そこで、第二法則的な競争の場合は、2乗して3倍の差がつけば逆転困難と応用しました。ルート3（約1・7）倍を射程距離とします。

たとえば、1位のA社が33%で、2位のB社が18%とします。その差は1・8倍です。これが顧客内単品シェアの競争であれば射程距離は3倍なので、A社とB社は射程圏内です。市場全体の競争であれば射程距離はルート3倍です。A社とB社は射程圏外となります。

15 競争パターンと推移

分散→三強→二強→一強と進む

13項の七つのシンボル目標値と、14項の射程距離理論を組み合わせると、市場における各社の差や上位の寡占度の競争関係をパターン分類できます。**競争パターン**といいます。

①分散型：各社のシェアの差が少なく、1位が26％未満のオール弱者状態。
②三強型：1位・2位・3位が拮抗していて、1位・2位・3位の合計が74％以上。
③二強型：1位・2位が拮抗していて、1位・2位の合計が74％以上。
④一強型：1位が2位をルート3倍の射程圏に引き離し、42％以上。

各社の差と上位の寡占度の両方が当てはまれば典型です。片方だけ当てはまる場合は「三強的」のように表記すればよいです。

この競争パターンは時間の経過とともに分散→三強→二強→一強へと上位寡占に進む原則があります。時間の経過とともに市場は成熟していきます。成熟市場は、A社が伸びればB

【図表1-24】競争パターンと推移

型	定義と数値例	業界例
分散型	①1・2位間、2・3位間などの各上下の差が射程距離$\sqrt{3}$倍以内 ②1位が26%下限目標値以下 （例）1位20%、2位18%、3位16%、4位14%、ほか計32%	•地場産業が強い住宅や不動産や小売 •参入業者が多い医薬品やアパレルや人材派遣
三強型	①1位から3位までの差が射程距離$\sqrt{3}$倍以内 ②1位、2位、3位の上位3社で74%上限目標値以上で1位が2位・3位の合計以下 （例）1位33%、2位30%、3位27%、4位10%	•携帯キャリア（ドコモ、KDDI、ソフトバンク） •台所用洗剤（花王、P&G、ライオン）
二強型	①1位・2位の差が射程距離$\sqrt{3}$倍以内 ②1位、2位の上位2社で、74%上限目標値以上 （例）1位38%、2位36%、3位19%、4位7%	•プリンタ（セイコー、キヤノン） •ビール系（アサヒ、キリン）
一強型	①1・2位の差が射程距離$\sqrt{3}$倍以上 ②1位が42%安定目標値以上 （例）1位43%、2位24%、3位17%、4位9%、ほか計7%	•普通乗用車（トヨタ） •ウィスキー（サントリー）

時間とともに大手が寡占化する

社は沈むゼロサムゲームとなり、各社の差がつきます。また、好不況の波があります。不況期に差をつけられた下位企業が市場から撤退する、または事業を売却することもあります。こうした弱肉強食の原理により寡占化が進むのです。

いま三強型の競争パターンで3位の場合、1位・2位と大差がないからといって安心していてはなりません。やがて二強時代が訪れたときに負け組になりますので、いまのうちに2位に入っておかなければなりません。

では、ゼロサムゲームの市場で3位が2位を目指すとき、どのライバルから売上やシェアを奪うべきなのか。次項16で解説します。

16 「足下《そっか》の敵」攻撃の原則

1ランク下位企業を攻撃目標とする

シェアアップとは市場というパイの奪い合いです。そのとき、すべてのライバルから奪うと考えるのは戦略的ではありません。すべてのライバルと戦うことは確率戦となりますので、弱者には不利です。弱者は一騎討ち戦で戦うべきです。シェアを奪うべきライバルを1社に絞るべきです。

では、どのライバルを攻撃目標（奪い取るライバル）とするべきか？　上位のライバルから奪いたくなるものです。自社が3位なら1位や2位から奪いたくなります。シェアが多いし、逆転したい思いもありますので。しかし、自社より強いから上位に位置しているのです。攻撃して勝てる可能性は低いとみるべきです。

「勝ち易きに勝つ」原則で、攻撃目標を定めます。つまり、自社より下位のライバルです。自社が3位なら4位や5位です。下位になればなるほどより弱くなります。だからといって、

【図表1-25】「足下の敵」攻撃の原則

定義　「足下の敵」を攻撃目標としてシェアを奪うこと

進め方

1. シェアを奪う攻撃目標を定める
2. 自社より上位ではなく、下位を優先する
3. 原則として「足下の敵」を攻撃目標とする
4. 「足下の敵」への攻撃方法はミート戦略である
5. 自社より上位企業は自社を攻撃してくる可能性大
   全面対決を避けるために差別化する

5位や6位を叩いていると、4位が伸びてこないとも限りません。叩くべき攻撃目標は、シェアが1ランク下のライバル（足下《そっか》の敵という）です。自社が3位なら4位です。足下を叩けば、その差が射程圏外に拡がり、逆転されることがありません。シェアを上げ、上位の2位に迫ります。このことを**「足下の敵」攻撃の原則**といいます。

足下の敵を攻撃するときに意識すべきは、足下の敵の差別化を封じ込めることです。たとえば、足下の敵が展示会をすることがわかったとして、自社がその直後に同様の展示会を開催すれば、顧客は格上の自社の展示会と見比べようとするものです。足下の敵の展示会での買い控えが起こります。ミート戦略です。ミート戦略とは強者（1位）の基本戦略

ですが、2位以下の弱者であっても、自社より下位の差別化を封じ込める場合はミートしてもよいのです。

日産の失敗に学ぶ「頭上と差別化し、足下にミートする」重要性

国内普通乗用車市場において1970年代半ばから90年代末の四半世紀で、2位の日産のシェアが30％台半ばから20％弱へと半減しました。この長期低落により日産はフランスのルノーの傘下に入り、再建されるに至ります。

なぜ、かつて日産はじり貧に陥ったのか。それは、1位のトヨタにミートし、3位のホンダへのミートが不充分だったからです。トヨタと同等の車種をつくり、トヨタと同等のチャネル戦略で販売していました。同等の質なら量に勝る強者が有利となり、弱者はじり貧になります。1位・2位のミート合戦を横目で見ながら、そこにはかかわらず、徹底的な差別化をし、成長したのが3位のホンダです。2000年頃から日産とホンダは2位争いを繰り広げています。

この例で学ぶべきは、自社は上位のライバル（特に2位は1位）からミートされる立場であることを自覚することです。**2位以下は上位のライバルに対して、差別化し、全面対決を避けなければなりません**。決して上位にミートしてはなりません。ミートすべきは足下の敵

【図表1-26】「足下の敵」攻撃の原則の効果

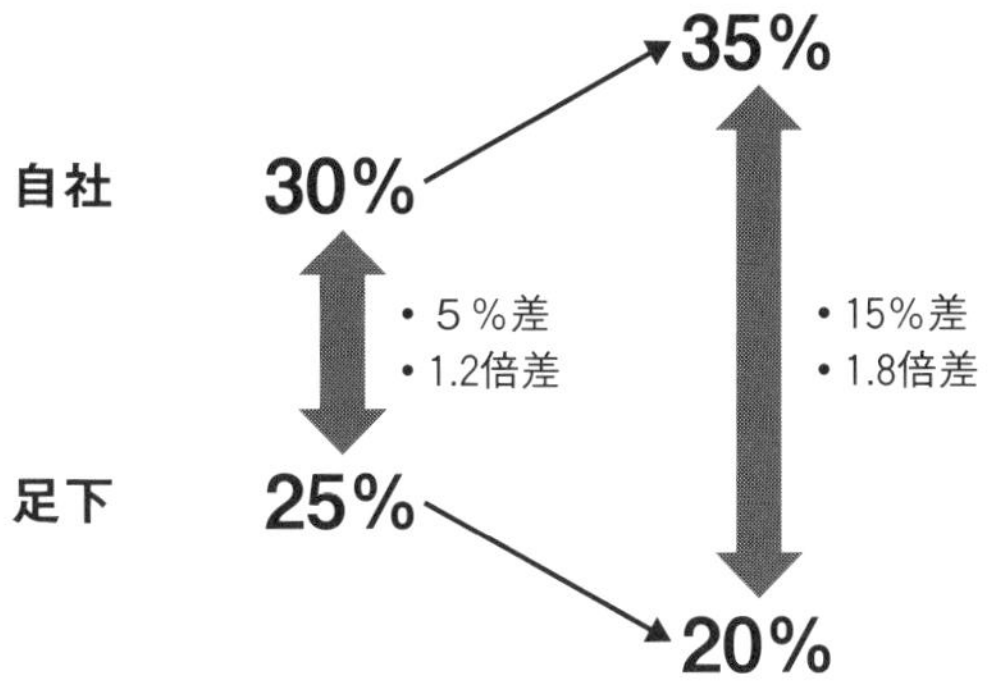

です。日産はトヨタと差別化し、ホンダにミートすべきでした。

さて、上の図表で「足下の敵」攻撃の原則の効果を示しました。自社30％、足下の敵が25％のシェアの場合、大きな差がありません。力が拮抗しています。そこで、「足下の敵」攻撃の原則を使って、足下の敵を叩くとします。うまくミートできて5％のシェアを奪うことができたとします。すると、自社は35％にシェアアップし、足下は20％にダウンします。奪ったのは5％でも差は10％拡がります。30％と25％では射程圏内ですが、35％と20％ではルート3倍以上の差がつきました。射程圏外となりました。足下から逆転される可能性はほぼなくなり、自社の地位は安定しました。

17 ナンバーワン主義

2位にルート3倍差をつけたダントツ1位を目指す

日本で一番高い山が富士山であることを知らない人はいませんが、二番目に高い山がどこか、知っている人は10人に一人程度です。南アルプスの北岳という山ですが、そんなことを知らなくてもあまり困りません。一番はなくてはなりませんが、二番はあってもよいけど、なくてもよい程度です。つまり、一番と二番には埋めがたい大きな差があるのです。競合コンペで選ばれるのは一番だけです。二番は選ばれません。ビジネスでは二番に意味はありません。私たちは一番を目指さなければならないのです。

しかし、一番といっても二番以下との差がわずかな一番ではどうでしょうか。13項57ページのリコーや住友不動産が典型です。いつ逆転されてもおかしくない一番です。不安定です。消耗戦にもなります。収益性もよくありません。目指すべきは安定的な一番、すなわちダントツ1位であるべきです。55ページの東レや日清のようなダントツ1位であれば、安定的で

【図表1-27】ナンバーワンの定義

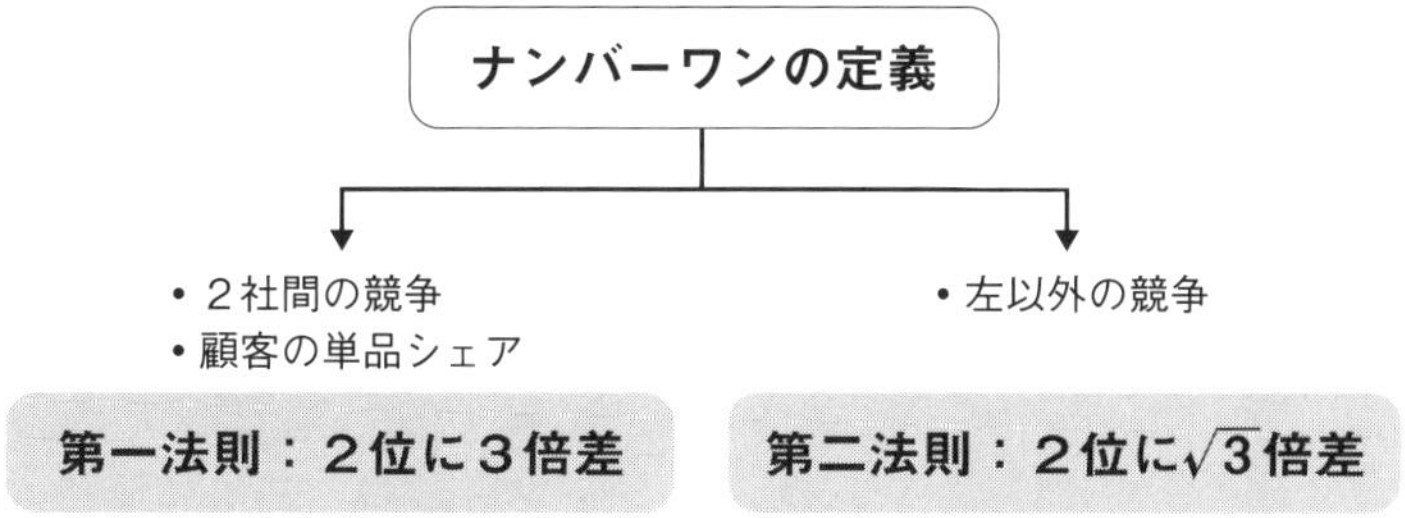

す。収益性も高いです。目指すべきは単なる1位ではなくダントツであるべきです。

では、どこまで引き離せばダントツといえるのか。14項の「射程距離理論」を当てはめます。2社間競争、顧客内単品シェアの場合は3倍、それ以外はルート3（約1・7）倍差をつけたダントツのことを、ランチェスター戦略では**ナンバーワン**と呼んでいます。独特な意味で使っていますのでご注意ください。なお、他社のシェアが不確かな場合は、顧客内シェアは74％、一般市場では42％をナンバーワンの目安とします。

販売目標のゴールはシェア1位ではなく、ナンバーワンです。1位がナンバーワンになれば、2位以下はその差を自覚して、まともに張り合っても負けるだけと悟り、棲み分けをするようになります。競争は終息へと向かい、ナンバーワンの会社の地位は安定し、収益性は高まります。

ナンバーワンには様々なメリットがあります。

①スケールメリット：生産規模や累積生産量が単位当たりコストを下げる。

②価格主導権：①により低価格競争も有利。価格決定権があるので高くする競争も有利。

③代名詞効果：たとえばシーチキンやウォシュレットはブランド名だが商品カテゴリー名として呼ばれている。そこまでの存在感を築くと逆転の心配はない。

④持続的繁栄：ナンバーワン商品の収益性は次なる事業開発に投資される。たとえば富士フイルムはナンバーワンだったフィルム事業の収益で多角化し、フィルム事業が大幅縮小したいまも規模と収益性に衰えはない。

⑤理想の実現：企業には理念や使命や理想がある。それは事業で支持を得ることで実現する。シェアがナンバーワンとは理想が実現しつつあることを意味する。いかに高邁な理想を掲げてもシェアが低ければ、理想の実現には程遠い状態である。

強者と弱者のナンバーワンの目指しかた

シェア1位の強者は2位との差を射程圏外に拡げればナンバーワンとなります。1位の商

【図表1-28】強者と弱者のナンバーワンの目指し方

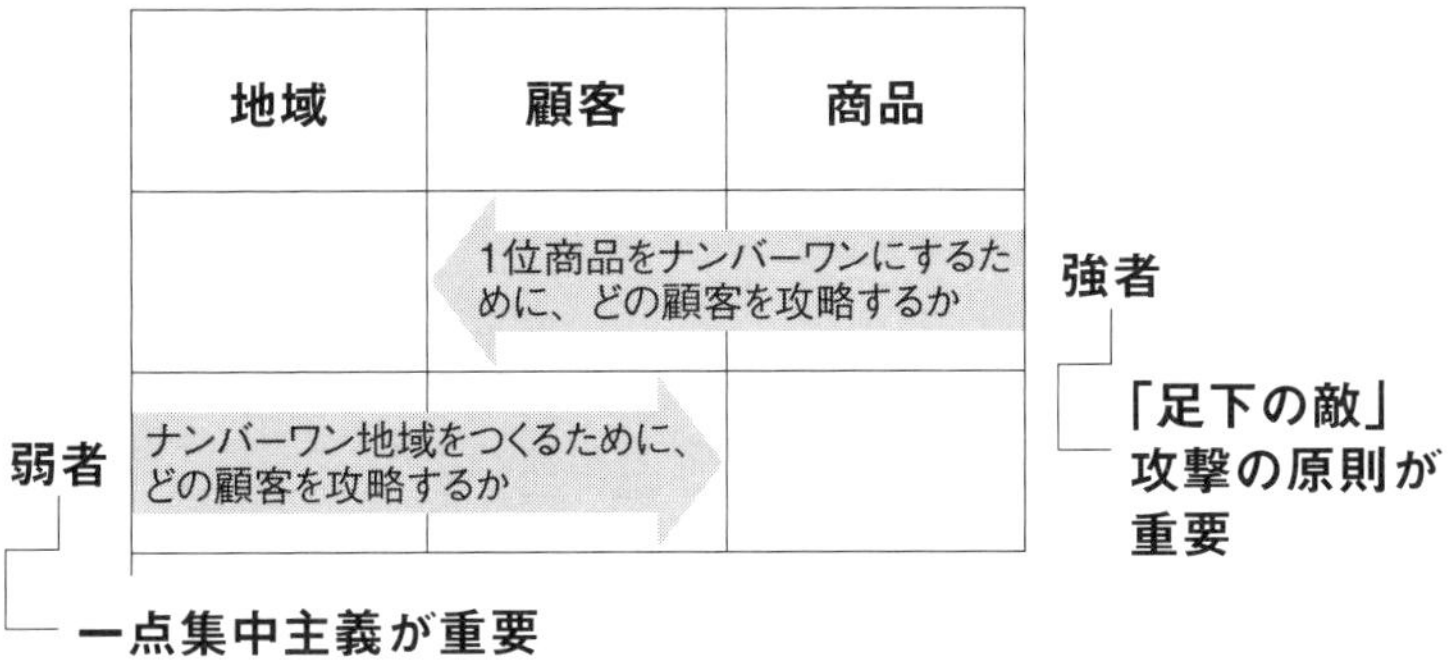

品をナンバーワンにするために、どの顧客を攻略するのかを考えます。その際、16項の「足下の敵」攻撃の原則に則《のっと》って、勝ち易い顧客で勝っていけばよいのです。

シェア2位以下の弱者は全体としてナンバーワンを目指すのではなく、市場を細分化し、部分的なナンバーワンにしていきます。08項の**一点集中主義**です。細分化は、商品、顧客層、地域などがありますが、1位の商品がないから弱者なのです。弱い商品をテコイレするよりも、強い地域を見出すことを優先すべきです。地域に根差した事業の場合は地域から取り組むのが原則です。第3章で解説します。

Question 5

何のためにに集中するのか。それはライバルに対して＿＿＿＿＿＿の優位性を築くためである。

Question 6

市場シェアとは＿＿＿＿＿＿＿＿＿＿である。

Question 7

市場シェアの七つのシンボル目標値のうち、重要な三つの目標値を答えよ。74%は＿＿＿＿＿＿値。＿＿＿＿＿%は安定目標値。26%は＿＿＿＿＿値。

Question 8

１位33%、２位30%、３位27%、４位10%。この場合の競争パターンは＿＿＿＿＿＿型である。

Question 9

自社の１ランク下位の企業を攻撃し、シェアを奪う戦略のことを＿＿＿＿＿＿＿＿＿の原則という。

Question 10

販売目標のゴールであるナンバーワンの定義は二つある。ライバルが１社の２社間競争と、顧客内の単品シェアの競争の場合は、２位に＿＿＿＿＿倍の差をつけた１位のことである。そのほかは、２位に＿＿＿＿＿＿＿倍の差をつけた１位のことである。

第1章 戦略基本編

理解度テスト

下記の文章の空欄を埋めましょう。答えは72ページです。

Question 1

ランチェスター第一法則から＿＿＿＿＿の戦略が、第二法則から＿＿＿＿＿の戦略が導き出された。

Question 2

弱者とは＿＿＿＿＿＿＿＿で、その基本戦略は＿＿＿＿＿である。強者とは＿＿＿＿＿＿＿で、その基本戦略は＿＿＿＿＿である。

Question 3

差別化戦略で大切なことは、独自性やライバルに対する＿＿＿＿＿の優位性である。

Question 4

接近戦で大切なことは、ライバルに対して顧客とのコミュニケーションの＿＿＿と＿＿＿の優位性を築くことである。

A 解答

□欄に正解は○、不正解は×をつけます。
×は当該項を復習して、理解を深めてください。

1	□	04、05参照	ランチェスター第一法則から**弱者**の戦略が、第二法則から**強者**の戦略が導き出された。
2	□	05参照	弱者とは**市場シェア２位以下**で、その基本戦略は**差別化戦略**である。強者とは**市場シェア１位**で、その基本戦略は**ミート戦略**である。
3	□	05、11参照	差別化戦略で大切なことは、独自性やライバルに対する**質**の優位性である。
4	□	07、11参照	接近戦で大切なことは、ライバルに対して顧客とのコミュニケーションの**質**と**量**の優位性を築くことである。
5	□	08、11、17参照	何のために集中するのか。それはライバルに対して**量**の優位性を築くためである。
6	□	12参照	市場シェアとは**市場に占める自社商品の割合**である。 ＊より詳細には12項の図版「市場シェアの定義」が解答
7	□	13参照	市場シェアの七つのシンボル目標値のうち、重要な三つの目標値を答えよ。74％は**上限目標**値。**42**％は安定目標値。26％は**下限目標**値。
8	□	15参照	１位33％、２位30％、３位27％、４位10％。この場合の競争パターンは**三強**型である。
9	□	16参照	自社の１ランク下位の企業を攻撃し、シェアを奪う戦略のことを**「足下の敵」攻撃**の原則という。
10	□	17参照	販売目標のゴールであるナンバーワンの定義は二つある。ライバルが１社の２社間競争と、顧客内の単品シェアの競争の場合は、２位に**３**倍の差をつけた１位のことである。そのほかは、２位に**ルート３**倍の差をつけた１位のことである。

第2章

ランチェスター市場参入戦略編（製品戦略編）

18 ランチェスター市場参入戦略

市場時期別の戦略と、先発・後発の戦略

ランチェスター法則の武器は経営の質の要素に応用され、その代表は「商品力」でした。したがって、弱者の基本の差別化戦略は「商品の差別化」から取り組むのが王道です。類似品のない新製品を開発し、先発して市場に参入するのが理想です。

では、どのように市場に参入するのがよいのか？　参入した後、市場は成長期を迎え、やがて成熟していきます。そのときに、どのように対応していけばよいのか？　そもそも、いまどんなときを戦っているのか。市場の時期をどうすれば把握できるのか？　また、後発で参入するとき、後発はどのように市場に参入するのがよいのか？　参入時期による参入方法の違いはあるのか？

第2章の市場参入戦略編はこのような戦略課題に答えるものです。先発して市場参入する場合の参入の仕方には原則があります。市場の時期（導入・成長・成熟期以降）によって戦

【図表2-1】第2章 市場参入戦略編の構成

数字は解説する項目の番号

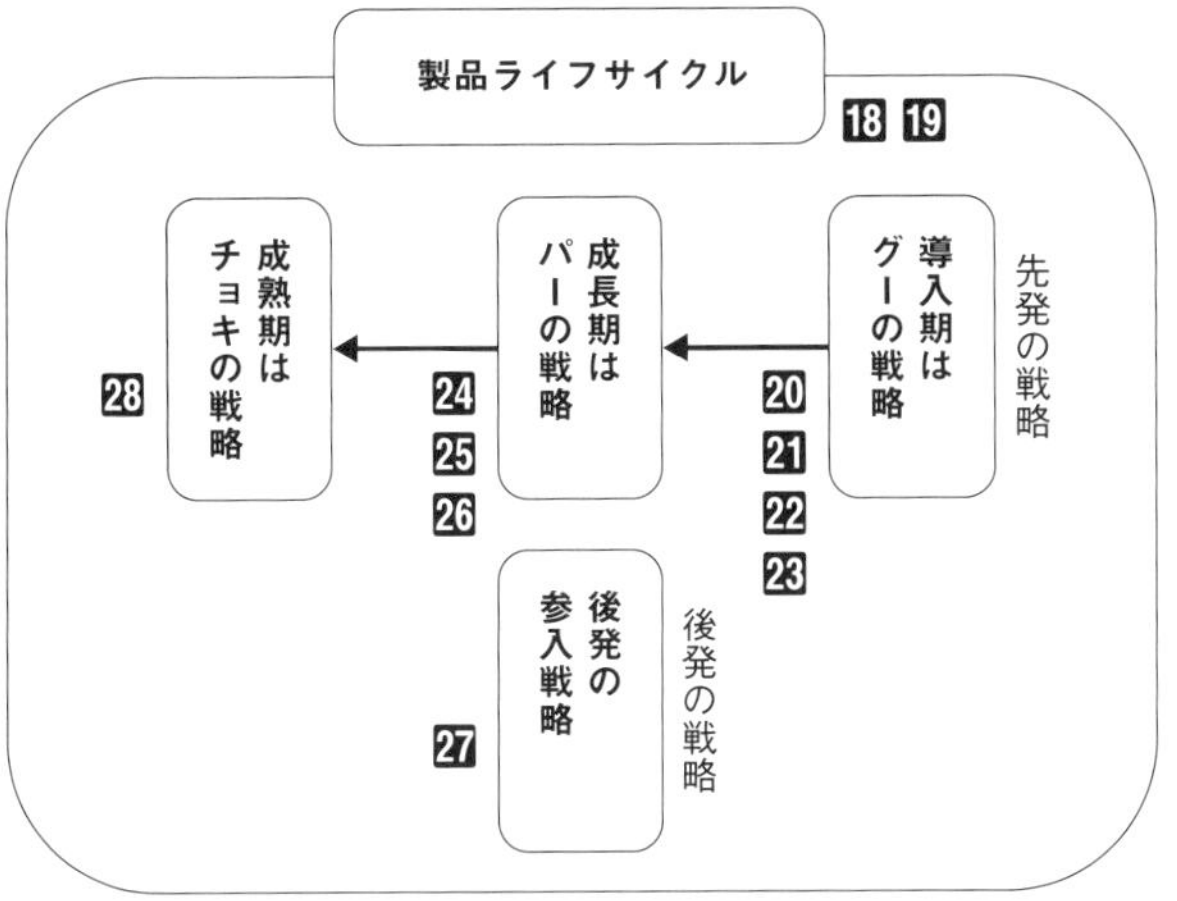

略を転換する必要があります。後発参入の場合も参入時期によって参入の戦略が異なります。**市場時期別の戦略と、先発・後発の戦略はランチェスター戦略の第二の指導原理の戦略**です（第一の指導原理は第1章で解説した**「市場地位別（弱者・強者など）の戦略」**）。

市場参入戦略は企業レベルで取り組むべきことです。中心となるのは開発部門、マーケティング部門です。決められた製品を売るのが営業の仕事といわれます。

しかし、筆者は営業部門を単なる販売係とは思いません。営業で一番大切なことは戦略です。市場に導入した製品をいかにして売るのか。市場のときを見極め、売るべきときに、売るべきモノを、売るべき市場や顧客に売る戦略性が営業部門に求められます。そのためには売るべき意味を知る必要があります。

製品ライフサイクル

人に少年期、青年期といったライフサイクルがあるように、製品にもライフサイクルがあります。人に寿命があるように、製品にも市場における寿命があります。既存製品の寿命が尽きる前に、次の製品のライフサイクルを描けなければ、企業の持続的な繁栄はあり得ません。市場参入戦略は企業の未来を担うものです。

ライフサイクルは導入期・成長期・成熟期・飽和期・減衰期（飽和期と減衰期を併せて衰退期と呼ぶ場合もある）の五つの時期に区分されます（図表2-2）。横軸が時間の経過を示します。右へ行けば行くほど時間が経過しています。

縦軸は製品の普及の度合いを示します。**普及率**といいます。上は普及している、下は普及していないことを意味します。自社の売上ではなく、自社も含む競合品すべての販売数を対象市場で割ったものです。たとえばスマートフォンの普及率は2010年は約10％でしたが、18年には約80％に達しました（15歳～69歳を対象にしたメディア環境研究所の調べ）。

製品ライフサイクルをみるポイントをいくつか指摘しておきましょう。第一に成長期の半ばに成長が停滞する時期があることです。これを**プラトー**と呼びます（26項で解説）。第二

【図表2-2】製品ライフサイクル

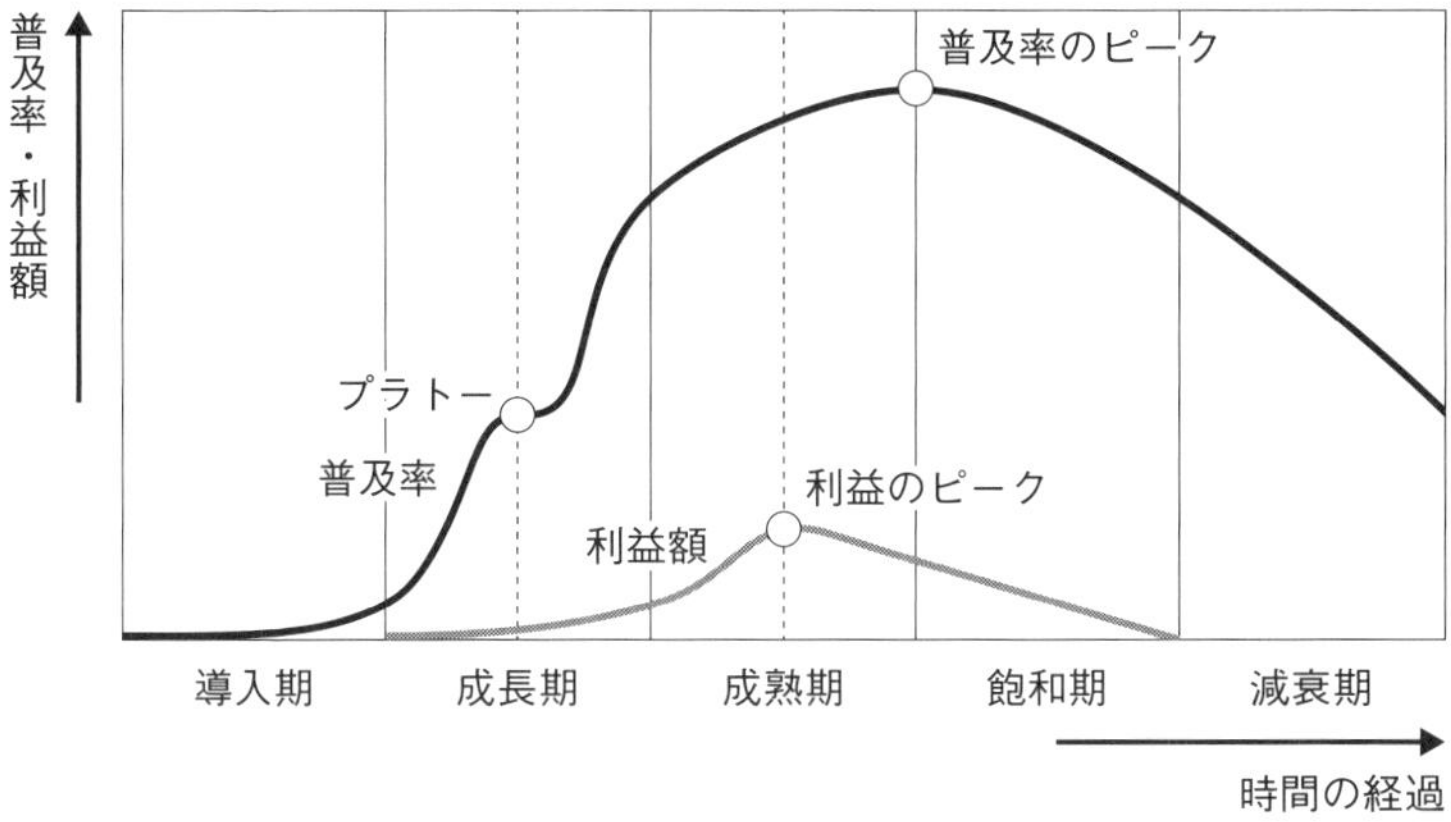

に普及が進んでいても伸びが鈍化すると成熟期となることです。普及のピークからが成熟期ではありません。なぜ、そう区分するのか？　利益曲線に着目してください。利益のピークは普及のピークの手前に来るので、普及のピークで戦略を転換していては利益確保ができないからです（理由は28項で解説）。

スマホは10年から13年の3年間で6倍（約10％から約60％）に普及しましたが、13年から18年の5年間で1・3倍（約60％から約80％）にしか成長していません。市場は成熟しました。この間に格安スマホが登場し普及していったことで、携帯キャリアの利益はピークを越えました。そろそろ普及率はピークを迎え、飽和期に突入するでしょう。

19 グーパーチョキ理論

導入期はグーの戦略、成長期はパーの戦略、成熟期以降はチョキの戦略

製品ライフサイクルが示す市場の時期により、とるべき戦略は異なります。**グーパーチョキ理論**といいます。じゃんけんのグー、パー、チョキです。**市場の導入期は「グーの戦略」**です。こぶしを握り締めて狭く、鋭く市場に参入します。**弱者の戦略**です。本業が強者であっても、市場参入は弱者の戦略を基本とします。

成長期は「パーの戦略」です。グーっと握りしめて市場を突き破るがごとく参入を果たしたら、こぶしをパーっと拡げていきます。製品ライン、価格帯、顧客層、販売地域、販売チャネルを拡大していきます。**強者の戦略**です。成長期は本業が弱者であっても、経営規模が小さくても強者型の物量戦を展開していく必要があります。物量に劣ると、先発が弱者に陥り、後発が強者となります。**強者の基本のミート戦略とは後発逆転のパーの戦略のこと**です。

成熟期は「チョキ」の戦略です。パーっと拡げた製品ラインなどのうち、勝ち抜けそうな

【図表2-3】グーパーチョキ理論

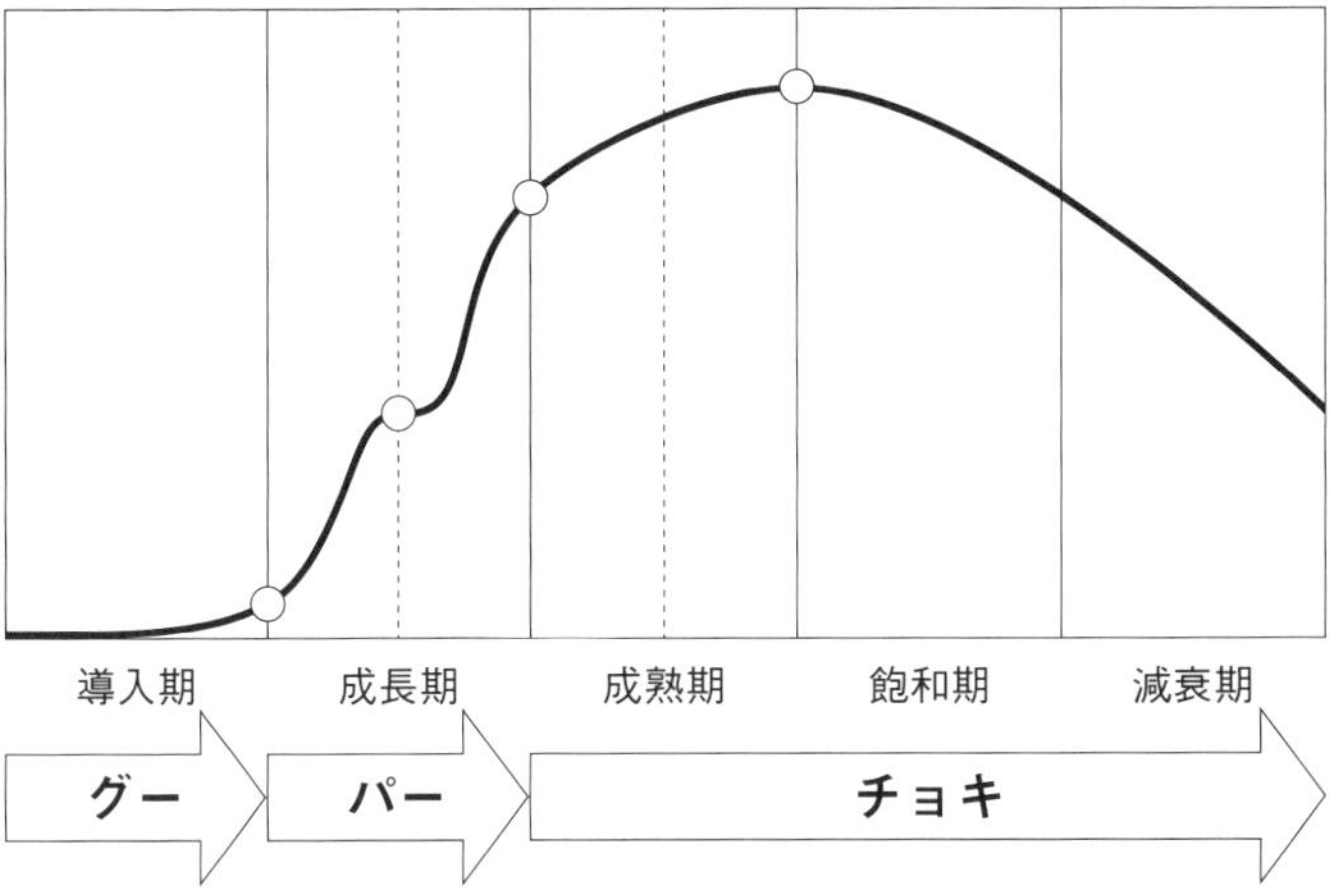

ものと負けそうなものに区分します。負けそうならチョキッとカット。勝てそうな部分に集中していきます。成熟期はゼロサムゲームです。分母が変わらないなか、ある会社がシェアアップすれば、別の会社がシェアダウンする勝ち負けの世界です。**弱者なら弱者の、強者なら強者の戦略をとります**。成熟市場での戦い方の詳細は第3章以降で解説します。

本章の実戦のポイントは、先発は導入期から成長期へ代わるとき（24項で解説）戦略を転換することです。先発も後発も成長期から成熟期へ代わるとき（28項で解説）も戦略を転換することです。後発は参入時期によりとるべき戦略が異なることです。そして、そのことを後から振り返るのではなく、リアルタイムで把握しなければなりません。

20 グーの戦略① STPマーケティング

セグメンテーション、ターゲティング、ポジショニング

先発は対象市場を絞り込んだうえで差別化します。この弱者の戦略とよく似た思想に、米国のマーケティング学者のコトラー氏が提唱したSTP《エスティーピー》マーケティングがあります。市場参入にあたり、自社の競争優位性を築くために、市場を細分化して（Segmentation）、参入するセグメント（一部分）市場を一つ選び（Targeting）、競争優位性を構築する（Positioning）ことです。

洗剤と石鹸などのトイレタリー業界の強者の花王は長年、汚れを落とす研究を続けてきました。油汚れもその対象です。油汚れを研究するには油そのものを研究する必要があります。その過程でお茶のカテキンに油を分解する機能があることを発見します。この技術を転用して2003年、『ヘルシア緑茶』（以下、ヘルシアと表記）を開発し、市場参入することになります。このとき、花王は市場をどのように細分化し（S）、ターゲット市場を選び（T）、

【図表2-4】STPマーケティング

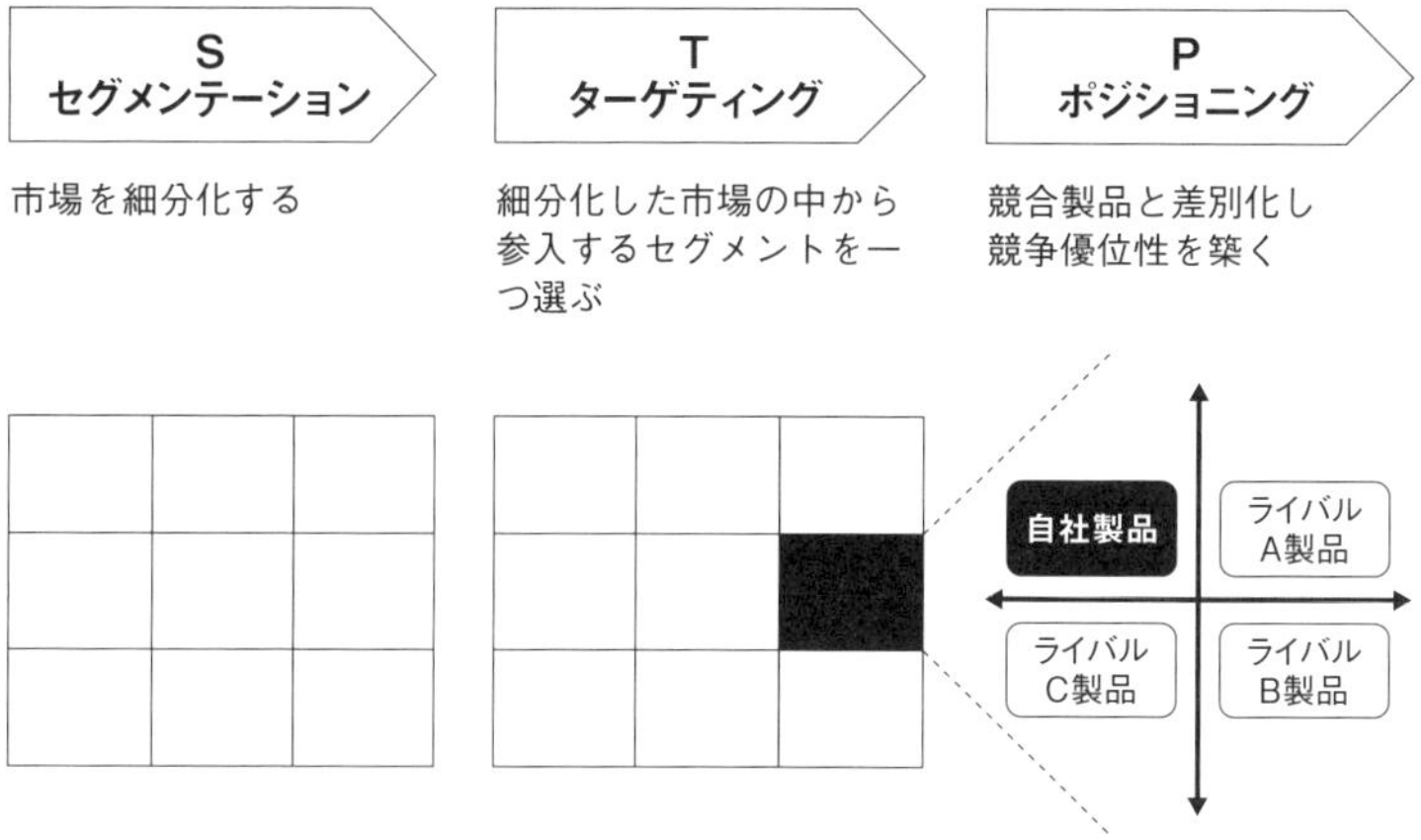

競争優位性を構築（P）したのか？

メタボという言葉が世に拡がり始めたのは2005年です。その2年前に、花王は健康志向が高まるとの世の流れを察知していたのでしょう。それまでもダイエットをうたう商品は多々ありましたが、そのほとんどが女性向けの美容商品です。やせるためには身体に悪くても仕方がないといった玉石混交な状況でした。肥満が気になり始める30代・40代の男性向けに、健康的なダイエットをサポートする飲料を供給する目立ったプレイヤーはいませんでした。

そのニーズに対して、体脂肪率を下げる効果のあるカテキンを540㎎配合して特定保健用食品（通称トクホ）の認可を得た、健康的なダイエットをサポートする緑茶飲料を開発。ヘルシアというネーミングも健康イメージを想起させます。

カテキンが高濃度で配合されていますので、味は渋いです。『お〜いお茶』などの一般のお茶は５００ccのペットボトル１５０円なのに対して、ヘルシアは３５０ccで１８０円と高価格です（スキミング価格戦略という。次の21項で解説）。発売当初は関東甲信越地域のコンビニエンスストアに限定しました。

市場をセグメンテーションする基準は、消費財（B to C事業）の場合は①地域、②人口動態（男女、年齢、家族のライフサイクルなど）、③購買行動（購買経験、使用頻度など）、④価値観（購買で重視することや動機、ライフスタイルなど）があります。生産財（B to B事業）の場合は①企業属性（業種、業態、規模、地域など）、②価値観（技術・機能性、価格、利便性、関係性などの購買で重視すること）、③戦略属性（需要規模、顧客内シェア、成長性など）です。

緑茶を飲む価値観は様々です。味覚、量、価格、利便性（買いやすさ）、そして機能性です。ヘルシア緑茶の場合は体脂肪を下げる効果により健康的にダイエットし、生活習慣病を予防したいとの価値観に着目します。こうして関東甲信越地方の、30〜40代の男性の、機能性を求める価値観をターゲティングしました。

セグメンテーションの切り口自体を差別化し、ライバルとは異なる**独自の切り口で市場を**

【図表2-5】STPマーケティング　花王『ヘルシア緑茶』の例

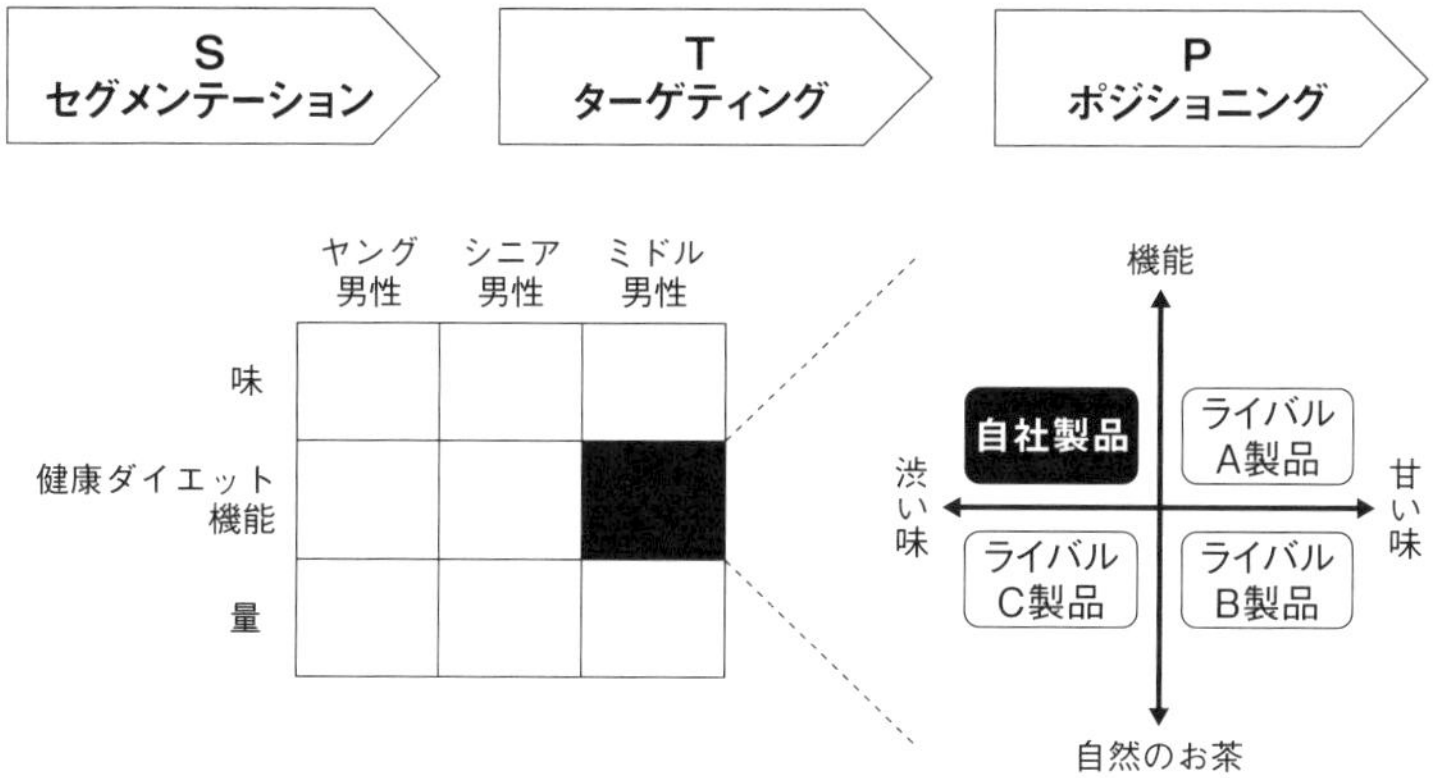

括ることが実戦のポイントです。ニーズは潜在するが、既存のプレイヤーが充分に供給できておらず、ニーズは満たされていない。カップヌードルもウォークマンもiPhoneも、それまで満たされていなかった潜在ニーズを満たす切り口で見出された市場です。

緑茶はそもそも健康的な飲料ですが、その機能性を追求して、トクホ認定の健康茶とのポジショニングをすることで既存の緑茶と差別化します。渋い味を嫌う人がいるかもしれませんが、「良薬口に苦し」の言葉があるように、効能を期待させるものとの判断で推し進めたのでしょう。弱者は万人受けを狙うべきではありません。いや、狙ってはならないのです。

21

グーの戦略②
スキミング価格戦略とペネトレイティング価格戦略

高価格で参入するか、低価格で参入するか

350ccで180円の価格で市場に参入したヘルシア。このように高価格で市場に参入することを**スキミング価格戦略**といいます。一方、低価格で市場に参入することは**ペネトレイティング価格戦略**といいます。市場参入時の価格戦略として、この2方向があります。

スキミングとは上澄みをすくい取ることです。対象市場の上澄みである「高くても買ってくれる顧客」、つまり富裕層や、機能重視、新しもの好き（イノベータという。次の22項で解説）を狙った戦略です。発売時に高価格を設定します。

高価格なので収益性が高く、初期投資を早期に回収し、先行者利益を確保します。高価格であることがブランドイメージにつながります。市場が成長してきたら、普及版（ディフュージョンブランドという）を発売するなど、ブランドイメージを保ちながら顧客層の拡大を図ります。差別化された嗜好品、後発参入の障壁があるもの、量産効果が出にくいもの（注

【図表2-6】スキミング価格戦略とペネトレイティング価格戦略

	スキミング価格戦略	ペネトレイティング価格戦略
概要	発売時に高価格に設定。先行者利益をえて、投資の早期回収を狙う。高価格であることがブランドイメージに。成熟期にはブランドイメージを保ちながら徐々に価格を引き下げ、普及を図る。弱者向きの戦略	発売時に低価格に設定。製品普及を早期に図り、市場を拡大させ、高い市場シェアを確保。スケールメリットを追求。赤字でも普及させ、後から採算に乗せることもある。強者向きの戦略
顧客層	富裕層、イノベータ層、アーリーアダプター層	大衆層
製品	嗜好品など価格に敏感でない製品	日用品など価格に敏感な製品
条件	①希少性、製品の差別化しやすい ②価格の弾力性が小さい ③参入障壁が高い	①製品の差別化しにくい ②価格の弾力性が高い ③製品ライフサイクルが長い
難点	急速な市場普及が難しい	市場シェアを確保できない場合は投資を回収できない

文生産品など。価格の弾力性が低いという）が向いています。市場普及が進まないことや量産効果を追求できない難点があります。

ペネトレイティングとは浸み込むことです。低価格で参入することで早期の製品普及を図り、市場の拡大と市場シェアの獲得を目指します。差別化しづらい日用品、量産効果が出やすいものが向いています。ときには採算割れしてでも早期にシェアを確保して、後で利益を確保していくこともあります。製品普及やシェアの確保ができないと大きな赤字となります。ペネトレイティング価格戦略はスケールメリットを追求できる経営規模が大きな会社でなければ難しい、強者型の戦略です。弱者は高くても売れるスキミング価格戦略を原則とします。

22

グーの戦略③
イノベータ理論

製品購入の早い順に顧客を5区分する方法

新製品が市場に導入されたとき、どんな消費者やユーザーがいち早く購買・採用するのか。製品購入の早い順に五つの階層に区分する方法を**イノベータ理論**といいます。米国の社会学者のロジャース氏が提唱したものです。

①革新者：イノベータ（上位2・5％）

製品の機能よりも、新しいこと、いち早く入手することに価値を感じる「新しもの好き」。iPhoneの発売日に並ぶような人。最先端、新技術、革新的という言葉に反応する。

②初期採用者：アーリーアダプター（次の13・5％。ここまでの合計で全体の16％）

新製品の機能や品質の情報を集め、自らの判断で購買を決める人。次の階層に影響力がある（アダプターとは「接続する」意）ことからオピニオンリーダー、インフルエンサーともいわれる。たとえばSNSのフォロワーの多い影響力、発信力のある情報通。従来品

【図表2-7】イノベータ理論とキャズム理論

製品購入の早い順

①	イノベータ	革新者	上位2.5%
②	アーリー アダプター	初期採用者 オピニオンリーダー インフルエンサー	次の13.5% 累計上位16%
キャズム			
③	アーリー マジョリティ	前期追随者	次の34% 累計上位50%
④	レイト マジョリティ	後期追随者	次の34% 累計上位84%
⑤	ラガード	遅滞者	次の16% 累計100%

との機能や品質の比較、フォロワーから「神」扱いされる優越感に反応する。

③前期追随者：アーリーマジョリティ（次の34%。ここまでで50%）

オピニオンリーダーの影響を受け、追随する人（フォロワー）。マジョリティとは大衆。大衆の中では購買が早い人。「流行に乗り遅れるな」という言葉に反応する。

④後期追随者：レイトマジョリティ（次の34%。ここまでで84%）

まわりの多くが購買し、値ごろ感が出た頃に追随する人。購買の遅い大衆。多くの人が購買しており、いまならお得感があることに反応する。

⑤遅滞者：ラガード（次の16%。以上で100%）

なかなか購買しない人。すでに定番化しており、安心して採用してよいことに反応する。

キャズム理論

イノベータ理論をもとに、米国のコンサルタントのムーア氏は**「キャズム理論」**を提唱します。「アーリーアダプターとアーリーマジョリティの間には簡単には越えられない大きな溝（キャズムという）が存在している。多くの新製品はキャズムにはまって、普及が止まり、そのまま市場から消えていく」という理論です。プラトーをピークとして、そのままライフサイクルが尽きる製品のほうが実際には多いのです。一方、プラトーがなく一気に普及することもあります。

アーリーアダプターまでは**「新しさ」**が価値ですが、アーリーマジョリティからは**「使いやすさ」「安心」**といったことに価値が移ります。多様化、大衆化したニーズに対応していかなければ普及しないのです（26項で解説）。

製品ライフサイクルとイノベータ理論、キャズム理論

イノベータ理論とキャズム理論を製品ライフサイクルに重ね合わせると図表2-8のようになります。

【図表2-8】製品ライフサイクルとイノベータ理論、キャズム理論

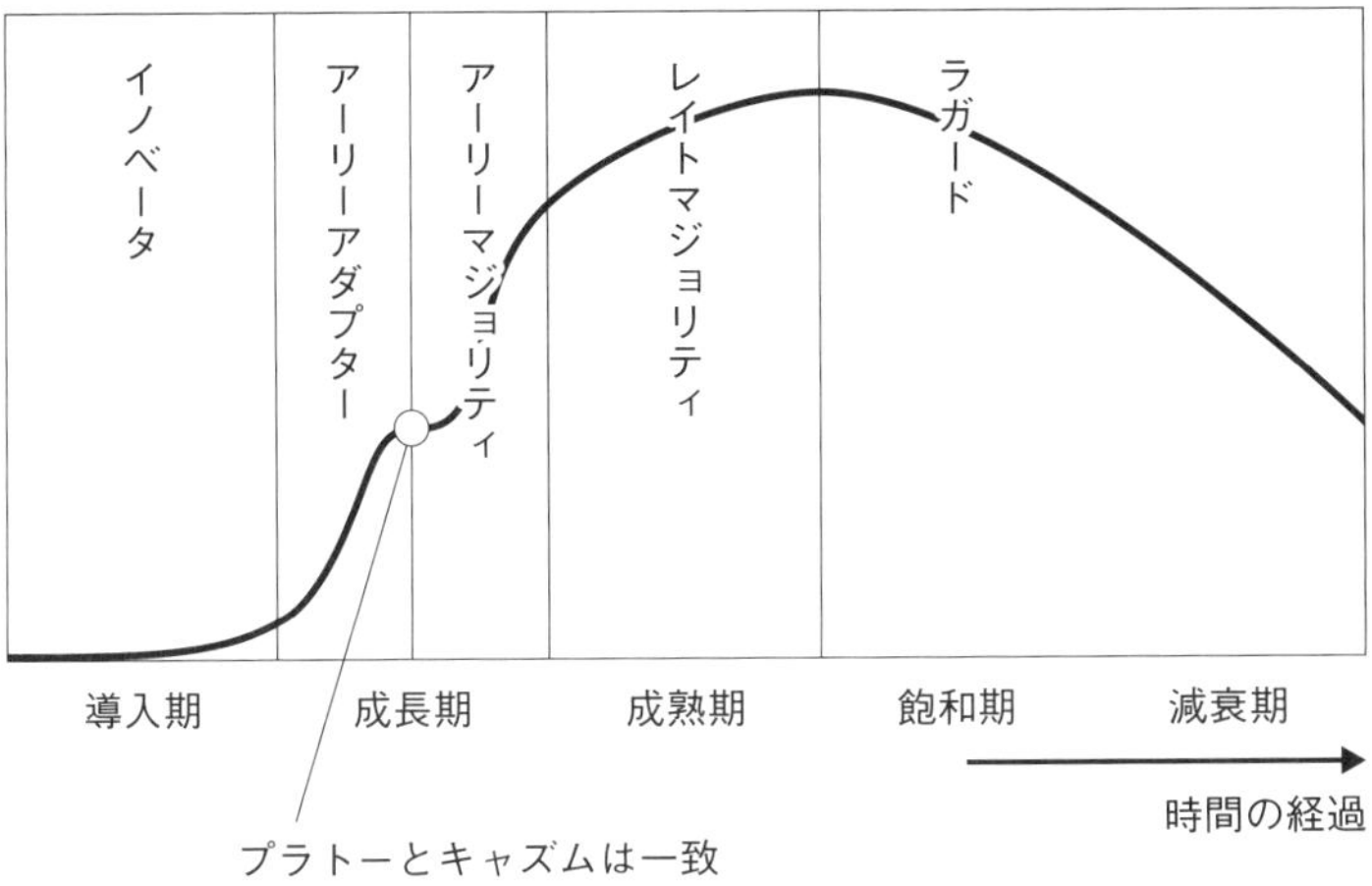

導入期の顧客層はイノベータです。いち早く反応しますが、ごく少数です。次に、アーリーアダプターが購買をしてくれると市場は成長期に突入します。その後、キャズムにはまると、普及は停滞します。そのままライフサイクルが尽きることも多いです。アーリーマジョリティへと普及が進むとさらに成長期は続きます。

しかし、いつまでも成長期が続くわけではありません。やがて顧客層がレイトマジョリティに変わる頃、成熟期となります。ラガードはピーク以降（飽和期以降）の顧客層です。

このように、製品ライフサイクル理論とイノベータ理論、キャズム理論は相関します。

23 グーの戦略④ まとめと営業部門の仕事

先発は弱者の戦略で

先発して新製品を市場に導入するときの基本戦略はグーの戦略です。これはランチェスター弱者の戦略と同じです。花王は洗剤や石鹸類の業界では強者です。花王が強者の戦略で緑茶飲料市場に参入するとすれば、緑茶飲料市場で強者の伊藤園と真っ向勝負することになったでしょう。しかし、花王はそうはしませんでした。トクホを取得し、高付加価値で高価格の機能性緑茶飲料で参入したのです。本業が強者であっても、市場の異なる緑茶市場ではゼロからの参入なので、弱者の戦略で参入することを原則とします。

同社は本業の汚れを落とす研究の技術転用で、『クイックルワイパー』（掃除道具）、『エコナ』（食用油）を市場導入していますが、いずれも弱者の戦略に徹しています。差別化された製品を販売地域や販売チャネルを集中して参入しました。高付加価値で高価格のスキミング価格戦略です。顧客層は新しもの好きで価格志向の弱いイノベータ層を狙った教科書どお

【図表2-9】グーの戦略

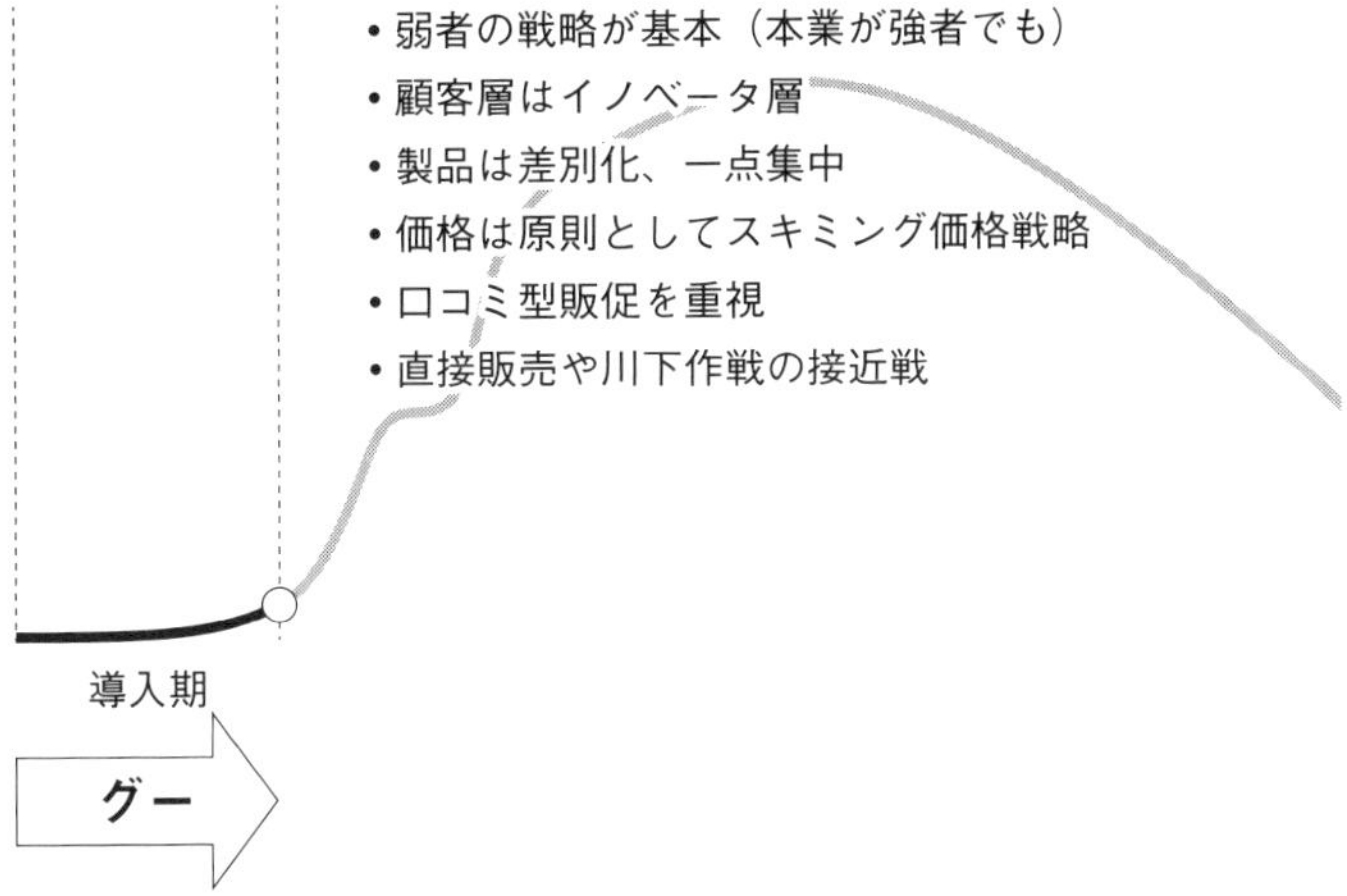
・弱者の戦略が基本（本業が強者でも）
・顧客層はイノベータ層
・製品は差別化、一点集中
・価格は原則としてスキミング価格戦略
・口コミ型販促を重視
・直接販売や川下作戦の接近戦
導入期
グー

りの弱者の戦略です。

裏を返すと、新製品の失敗は弱者の戦略に徹しなかったことが原因の場合が多いといえます。『ヘルシア緑茶』の場合は発売即ヒットしましたが、これは珍しいケースです。いきなりヒットは稀で、一般に伸びは穏やか。売れる切り口を模索して、修正を繰り返していくのです。

市場導入期の営業部門は「接近戦」を展開します。直販を重視します。間接販売であっても、**「川下作戦」**（第4章48項186ページで解説）を行ないます。たとえば、食品メーカーでは新製品を市場に導入するときに試食販売・試飲販売を行ないます。メーカーが小売店へスタッフを派遣し、消費者に直接働きかけ、トライアルをすすめています。

24 パーの戦略①
デシピークの見極め方

後発の参入でデシピークに突入する

導入期から成長期に転換するタイミングをデシピークといいます。グーの戦略からパーの戦略に戦略転換をします。デシとは10分の1です。普及のピークの10分の1に達したら成長期に突入することを意味しますが、これをどう見極めるべきか。

①ピークを予測して逆算する

市場が限定される事業の場合は予測しやすい。たとえば、ペット病院に会計システムと連動したペット保険を導入したアニコム。全国にペット病院は約８０００院あります。そのうち、情報システムが普及するのは最大で65％程度であろうと予測します。するとピークが５２００院です。デシピークは５２０院です。実際に、アニコムは当初の導入スピードはゆるやかでしたが、５００院を超えた途端に爆発的に普及し、一気に50％程度まで普及しました。

【図表2-10】デシピークの見極め方

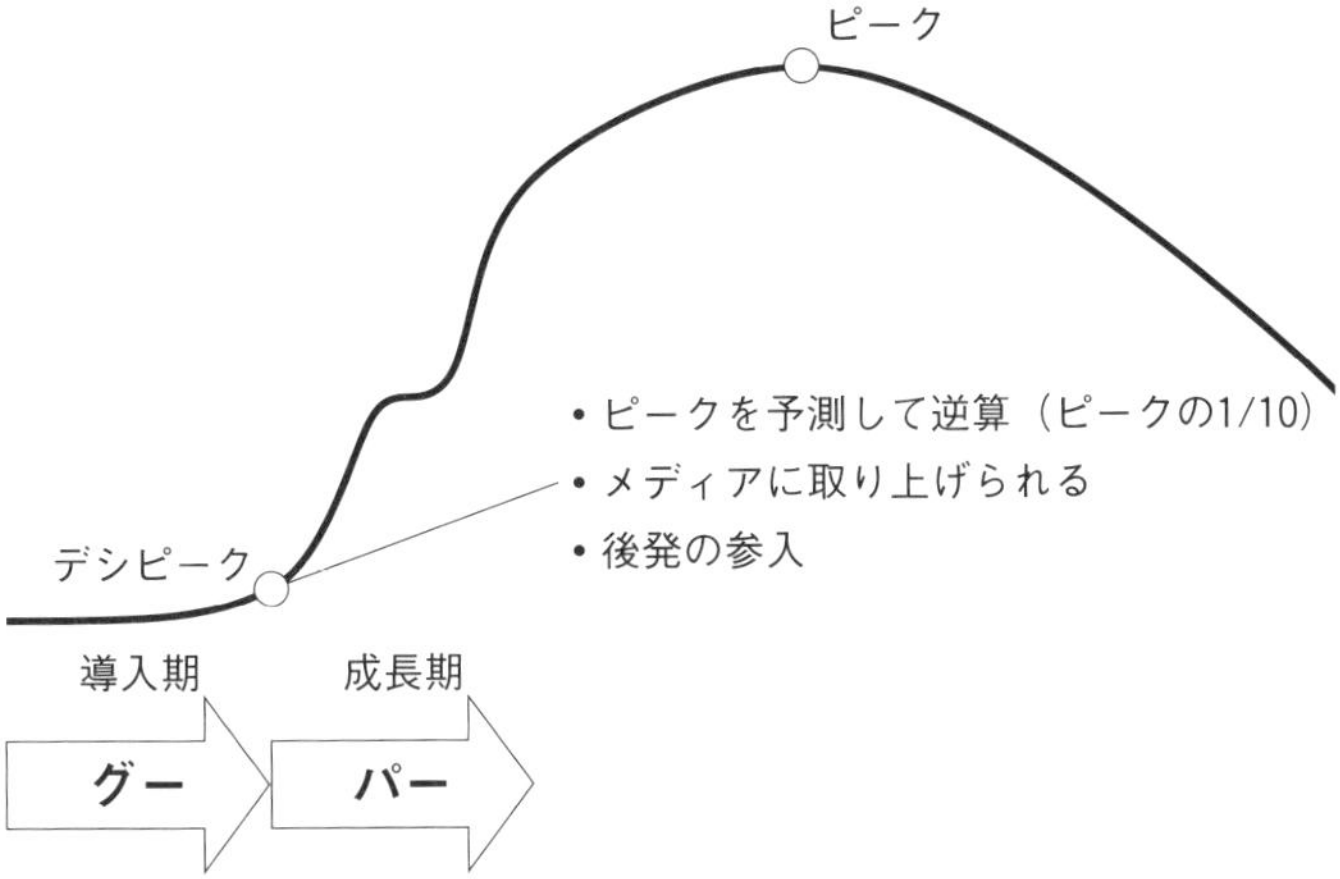

②メディアに取り上げられる

右記のペット保険も500院を超えたときにメディアで報道されました。

③後発の参入

後発が参入することで市場に認知が拡がり、普及が急拡大していきます。成長期において後発はライバルであるとともに、ともに市場を拡大していく仲間という側面もあります。かつて、モルモットといわれたソニーも後発参入のおかげで売上を伸ばした商品がたくさんあります。後発が参入してこないと自社の独占市場ですが、市場が拡大していかない難点があります。

デシピークに突入すると、成長期のパーの戦略に転換します。

25 パーの戦略②
成長前期の戦い方

成長期は強者の戦略で

デシピークで主たる顧客層はアーリーアダプターに代わり、成長期に突入します。需要が拡大し、普及が急速に進みます。スピード勝負、体力勝負の**レース型競争原理**の時期です。強者がミート戦略で後発参入し、圧倒的な広告力、販売チャネルや営業部隊のパワーで逆転が起こります。

デジカメで先発したのはカシオでした。そこにカメラ系のキヤノン、ニコン、家電系のパナソニック、ソニー、フィルム系の富士フイルムなど大手が続々と参入し、市場は急拡大。数年のうちにフィルムカメラに取って代わります。しかし、先発したカシオは弱者に陥り、シェアを落とし、２０１８年に市場から撤退しました。

花王のヘルシアの場合は、発売から半年後、緑茶飲料市場の強者の伊藤園が同等品でミートしてきます。スピードを優先したためか、トクホ認定を得ていない製品でした。ミートし

【図表2-11】パーの戦略

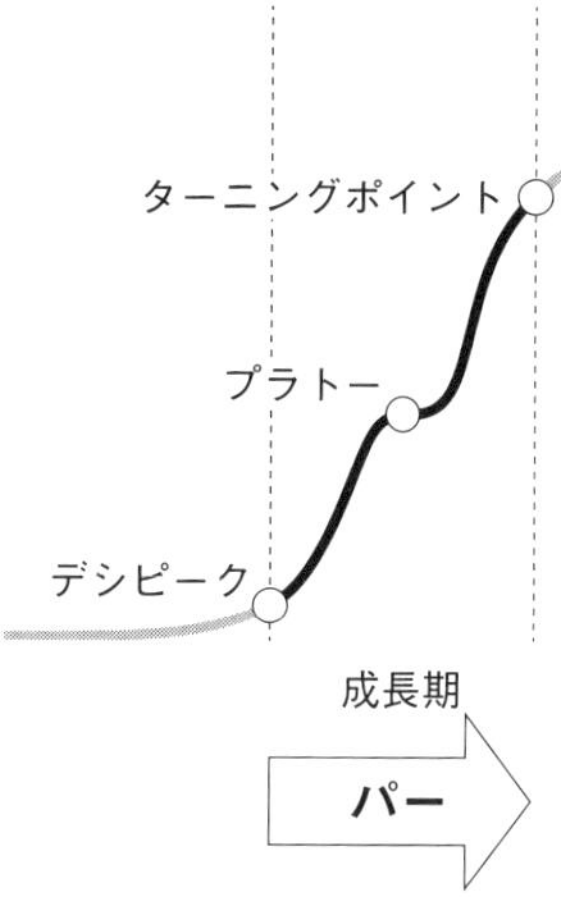

- レース型競争原理なので強者の戦略が基本（弱者でも）
- プラトーまでの顧客層はアーリーアダプター、以降はアーリーマジョリティ
- 製品ライン、顧客層、販売地域、販売チャネルの拡大（間接販売重視）
- マス広告が有効
- 新規開拓で市場を早く押さえる

きれずにヘルシアの独走を許すこととなりました。

パーの戦略は強者の戦略です。製品ライン、顧客層、販売地域、販売チャネルを拡げます。この時期は企業規模の大小にかかわらず、強者の戦略をとらなければ市場の成長のスピードについていけず、市場シェアを落とし、先発が弱者に陥ります。成熟期に撤退せざるを得なくなります。

営業部門としては間接販売を重視し、販路を拡げます。自社の営業部隊と販売会社とで新規開拓（第6章67項260ページ以降で解説）を行ない、顧客数を増やし、市場を押さえます。成長期の営業部門の重要指標はカバー率（第5章53項208ページで解説）です。

26 プラトーと成長後期の戦い方
パーの戦略③

アーリーマジョリティの支持をどう得るのか

成長期の中期に、顧客階層がアーリーアダプターからアーリーマジョリティに入れ替わります。この入れ替わりがスムーズにいかないときに、市場の普及は停滞します。このことをプラトーと呼びます。プラトーがピークになって普及が進まず、そのままライフサイクルが尽きる製品のほうが多いことを指摘したのがキャズム理論です。

では、どうすればプラトー現象を回避できるのか？　プラトーが訪れたとしても乗り越えて成長後期を迎えられるのか？　二つのポイントを指摘します。

①アーリーアダプターの発信力の強化

アーリーマジョリティはアーリーアダプターの追随者です。影響力、発信力のある彼らの力を発揮させることに取り組みます。インスタグラムなどのＳＮＳに投稿してもらいやすくするにはどうすればよいのかを研究しましょう。

【図表2-12】プラトーと成長後期の戦い方

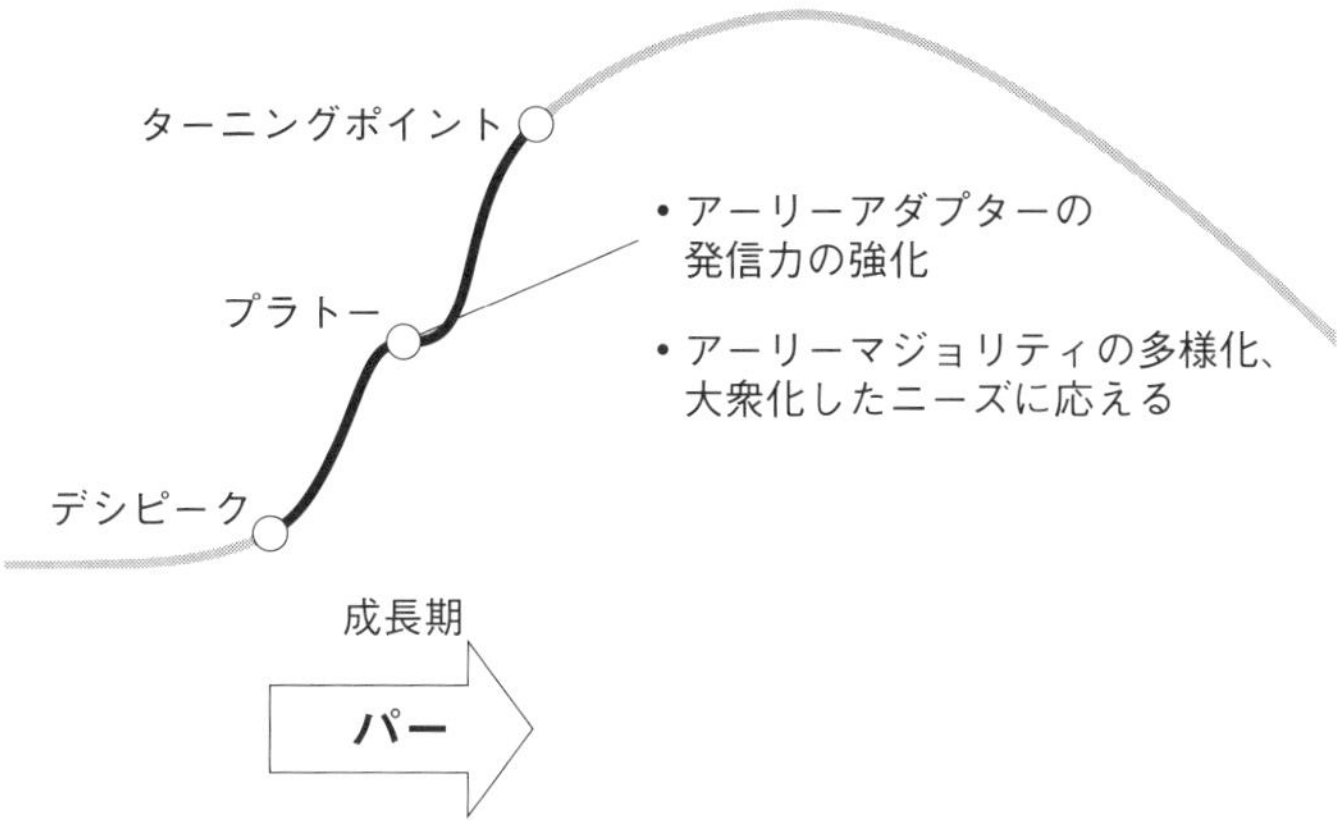

②アーリーマジョリティの多様化、大衆化したニーズに応える

アーリーアダプターはリーダーですが、アーリーマジョリティは追随者でかつ大衆です。アーリーアダプターまでは「新しさ」が価値ですが、アーリーマジョリティからは「使いやすさ」「安心」といったことに価値が移ります。多様化、大衆化したニーズに対応していかなければ普及しません。

花王のヘルシアは販路をスーパーにも拡げ、家庭用の大容量の徳用や、スポーツドリンクなどの多様化したニーズに対応します。このとき、後発のサントリーも差別化製品を投入してきます。そのことは次の27項で解説します。

27 後発の戦略

ミート参入、差別化参入、ニッチ参入

　ここまで、グーの戦略とパーの戦略について解説しましたが、これらは先発企業の時期別の戦略です。この27項では後発の戦略について解説します。後発の参入は3段階に分かれます。早い順から①デシピーク時、②プラトー時、③ターニングポイント時です。

①デシピーク時の後発参入はミート戦略

　先発製品が市場に受け入れられそうだと判断したら間髪いれず、後発参入することを「強者のミート戦略」といいます。同等品で二番手で参入し、圧倒的な広告宣伝力、販売チャネルへの影響力、営業力の物量戦で、先発製品の先発イメージを打ち消す後出しじゃんけん商法です。

　後発が逆転できるか否か。そのポイントはスピードと物量です。対応が遅れると先発のブランドイメージが確立するので逆転が困難になります。花王のヘルシアに対して半年後

【図表2-13】後発の戦略

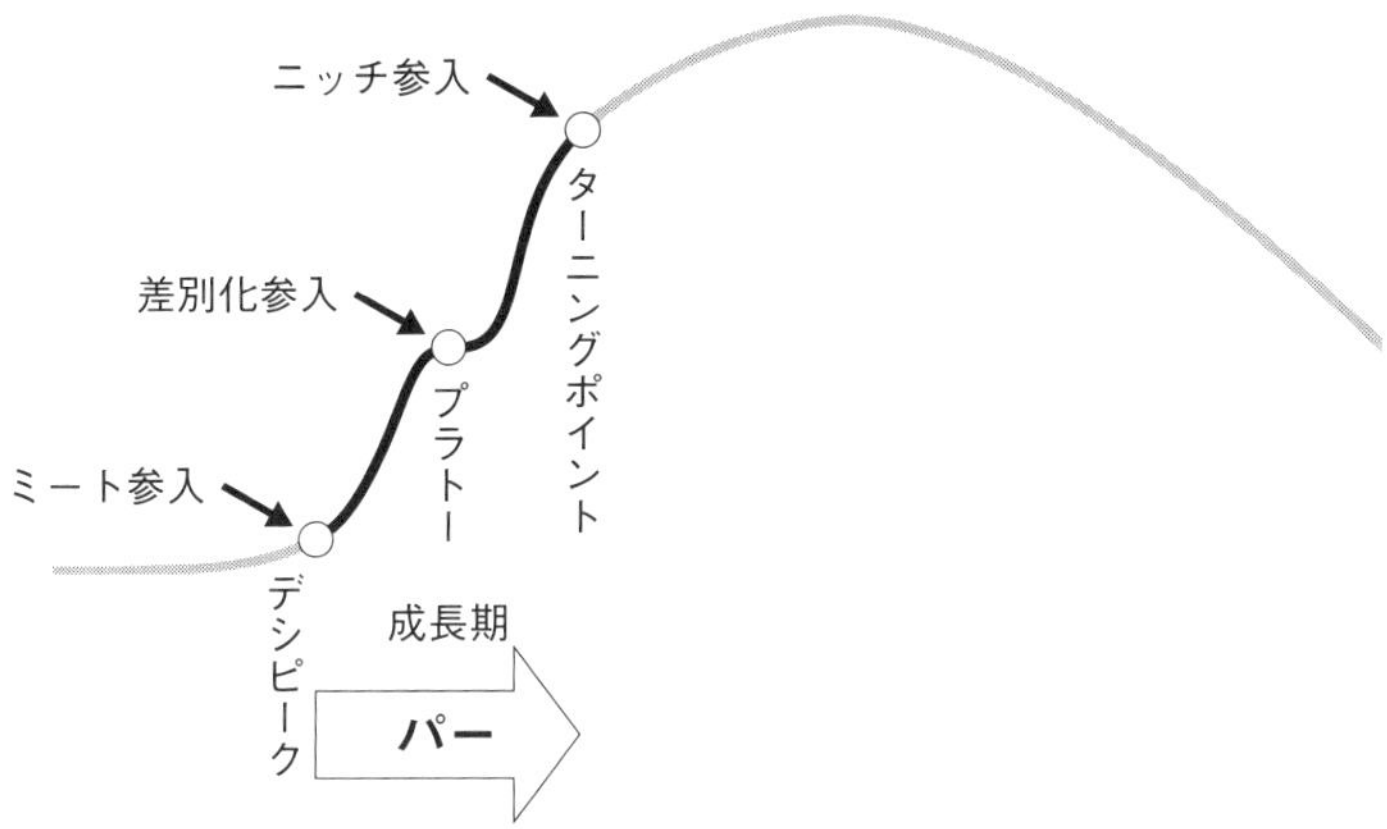

に伊藤園がミートします。しかし、ミートしきれませんでした。トクホではなかったことと物量が不充分だったからと筆者はみています。

裏を返せば、参入障壁を高めてミート時期を遅らせることと、物量戦を得意としていない企業がライバルとなる市場に先発することが、先発企業の狙い目です。

②プラトー時の後発参入は差別化戦略

二番手がミートすることで市場に認知が拡がり、需要が活性化し、普及率が高まり、成長期に突入します。市場の機会を見出した三番手、四番手……の参入が相次ぎます。各社がミート製品で参入し、市場に同等品があふれます。

もはや同等品で後発参入しても成果が得

られません。先発品群とは差別化した製品でなければヒットしません。また、アーリーアダプター（リーダー層）への普及が済み、顧客階層はアーリーマジョリティ（大衆層）へと移ります。多様化、大衆化したニーズに対応した差別化製品が求められます。

花王のヘルシアがつくり、独走していた健康茶市場に、２００６年に差別化参入してきたのがサントリーの『黒烏龍茶』です。同じトクホでダイエットをサポートする機能性飲料ですが、緑茶に対して烏龍茶です。

ヘルシアは渋いが、それが効きそうなイメージがある健康食品的なポジショニングでした。それに対して黒烏龍茶は食事を楽しむための飲料としてポジショニングしました。テレビＣＭでは「脂っこい食事も黒烏龍茶があれば楽しめる」と訴求します。ストイックなヘルシアに対して、黒烏龍茶はおいしく、楽しく、楽にという大衆のニーズに応えようとしました。

サントリーは清涼飲料市場で2位、緑茶分野でも2位です。飲料業界では花王よりはるかに兵力数があります。この物量と差別化製品で、黒烏龍茶がヘルシアを後発逆転します。花王ヘルシアは2位となりました。しかし、新規参入した飲料市場のなかでサントリーや伊藤園を相手に弱者の戦略で戦い、確固たる地位を築き、売上・利益ともに確保しています。参入は成功したとみるべきです。

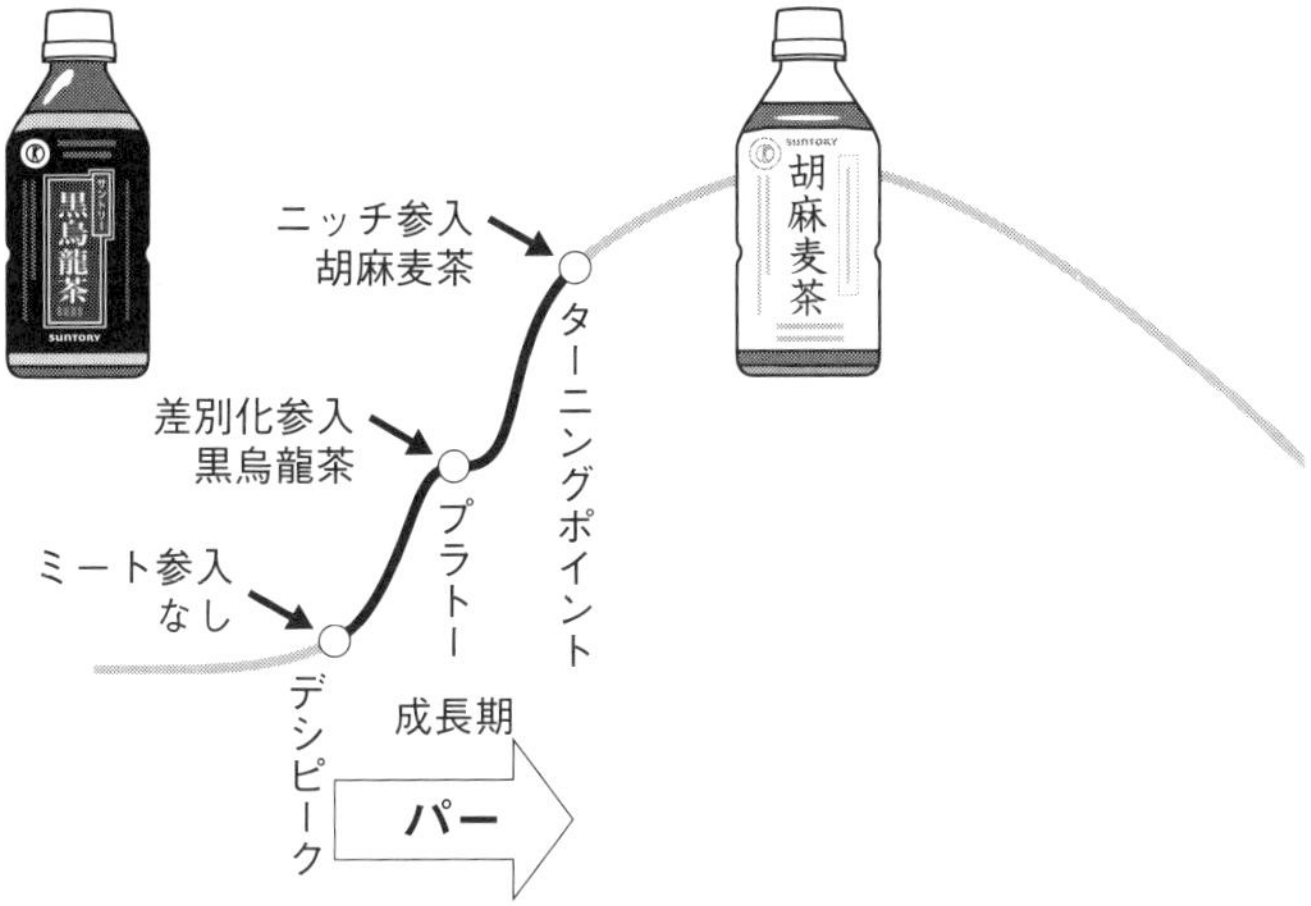

【図表2-14】後発の戦略　サントリーのケース

③ターニングポイント時の後発参入はニッチ戦略

その前後に、差別化製品が次々と市場に投入されます。スポーツドリンクやスパークリング飲料などお茶以外にも健康機能飲料は拡がります。差別化製品が出尽くした頃、市場は成熟期を迎えます。市場が成熟するとき（ターニングポイントという）に参入するなら、もはやニッチ（特定ニーズに対応する小さな独立市場、隙間市場ともいう）を狙うことになります。サントリーの『胡麻麦茶』が該当します。胡麻麦茶は血圧が高めの人向けのトクホ健康茶です。血圧が気にならない人には訴求しない飲料です。

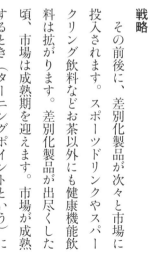

28 チョキの戦略

売上より利益のピークが先に来る

米国のコンサルティング会社、ボストンコンサルティンググループが提唱したプロダクト・ポートフォリオ・マネジメントという考え方があります。ポートフォリオとは一覧することです。自社の製品を自社製品の市場の成長性と市場シェアの二軸で評価し、一覧化し、経営資源の配分、すなわち戦略を考えるフレームワークです。

縦軸が市場の成長性です。成長性が高い上側は市場が成長期以前であることを、下側は成熟期以降であることを示します。横軸は自社製品の市場シェアです。左側はシェアが高く、右側が低いことを示します。掛け合わせると四つに区分できます。

①**問題児**：右上。成長市場における低シェア製品。選択してスターに育成する。
②**スター**：左上。成長市場における高シェア製品。投資が必要。
③**金のなる木**：左下。成熟市場における高シェア製品。①②の投資の原資を稼ぐ。

【図表2-15】プロダクト・ポートフォリオ・マネジメント

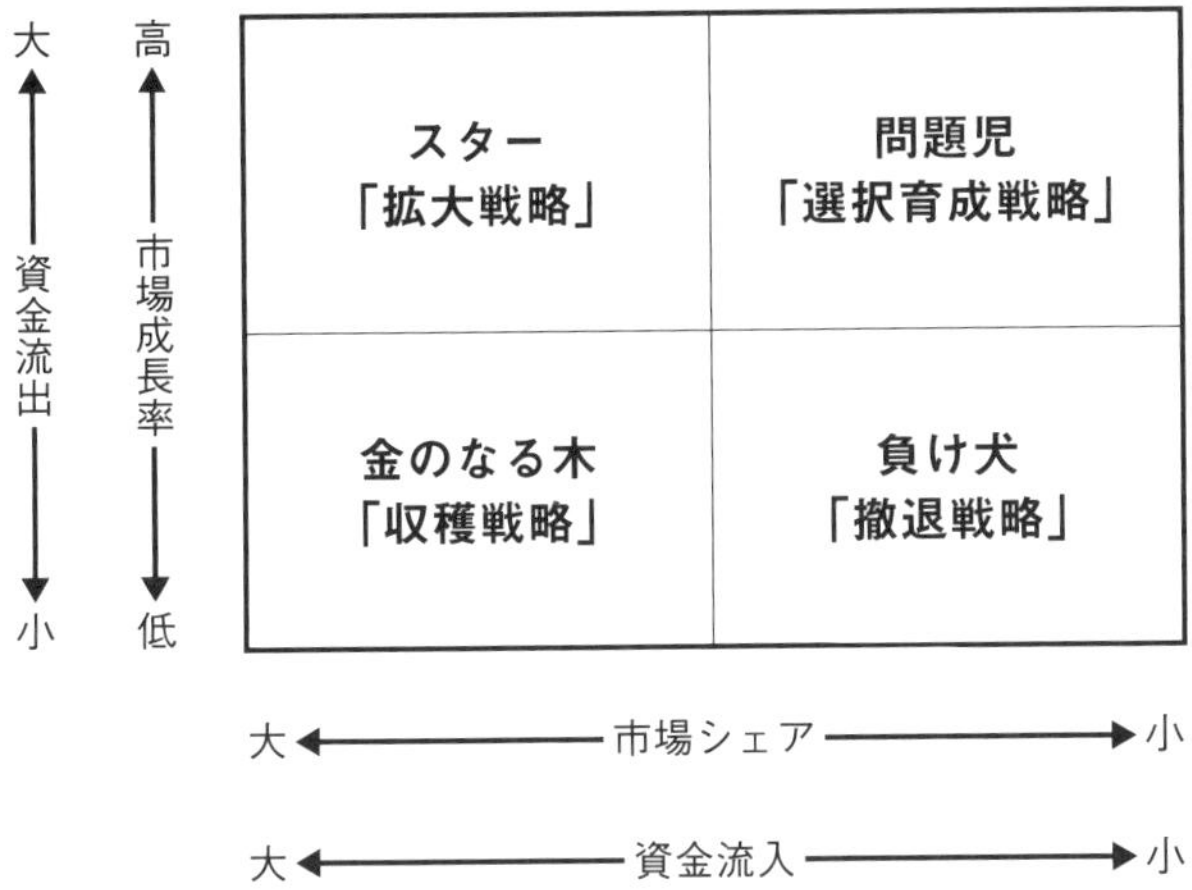

④**負け犬**：右下。成熟市場における低シェア製品。撤退を検討。

金のなる木よりもスターのほうが利益が多いイメージがあるかもしれませんが、そうではありません。**市場の成長期は投資が必要**だからです。広告宣伝、販売チャネルの開拓、営業員の増員、製造業であれば生産ラインの増設などです。資金は流入しますが、流出も多く、営業利益ベースではそれほど多くの利益は出ないものです。

成熟期に入ると、投資は済んでいます。流入資金は増えるわけではありませんが、高い水準で維持され、流出資金が減るので営業利益が急増するのです。ここで生み出した資金をスターや問題児、さらには次に市場参入を目指す新製品開発などの原資としなければなりません。市場成熟期のチョキの戦略とは自社の持続的な繁栄のための原資確保の役割を担うので生産性を高め、利益を確保します。

しかし、営業利益のピークは意外に早く訪れます。売上のピークより利益のピークが先に訪れるのです。なぜか？　それは第一に、差別化製品が出尽くすからです。製品の差がなくなり、イメージや利便性の差も少なくなると競争は同質化します。同質化するうえに市場は伸びませんので、価格競争が起こります。

第二に、顧客階層がアーリーマジョリティからレイトマジョリティへと交代します。同じ大衆層であっても価格志向が強くなります。スマホも16年から格安スマホの普及が進み、携帯キャリアの利益性は下がりました。市場というパイが拡がる成長期は早い者勝ち、スピード勝負、体力勝負のレース型競争原理でした。プレイヤーはパーの戦略で戦いました。対して、成熟期以降は市場というパイは微増→横ばい→微減→激減となります。パイを奪い合うゼロサムゲームからマイナスサムです。勝ち負けを競う**勝負型競争原理**です。

成熟期以降は全体としては市場が拡大しませんが、どの部分も同じではありません。いま、日本の人口は全体としては微減傾向ですが、増えている地域もあります。大幅に減っている地域もあるということです。市場の伸びはバラつきます。自社の売れ行きも、商品、地域、顧客層ごとにバラつきます。

【図表2-16】チョキの戦略

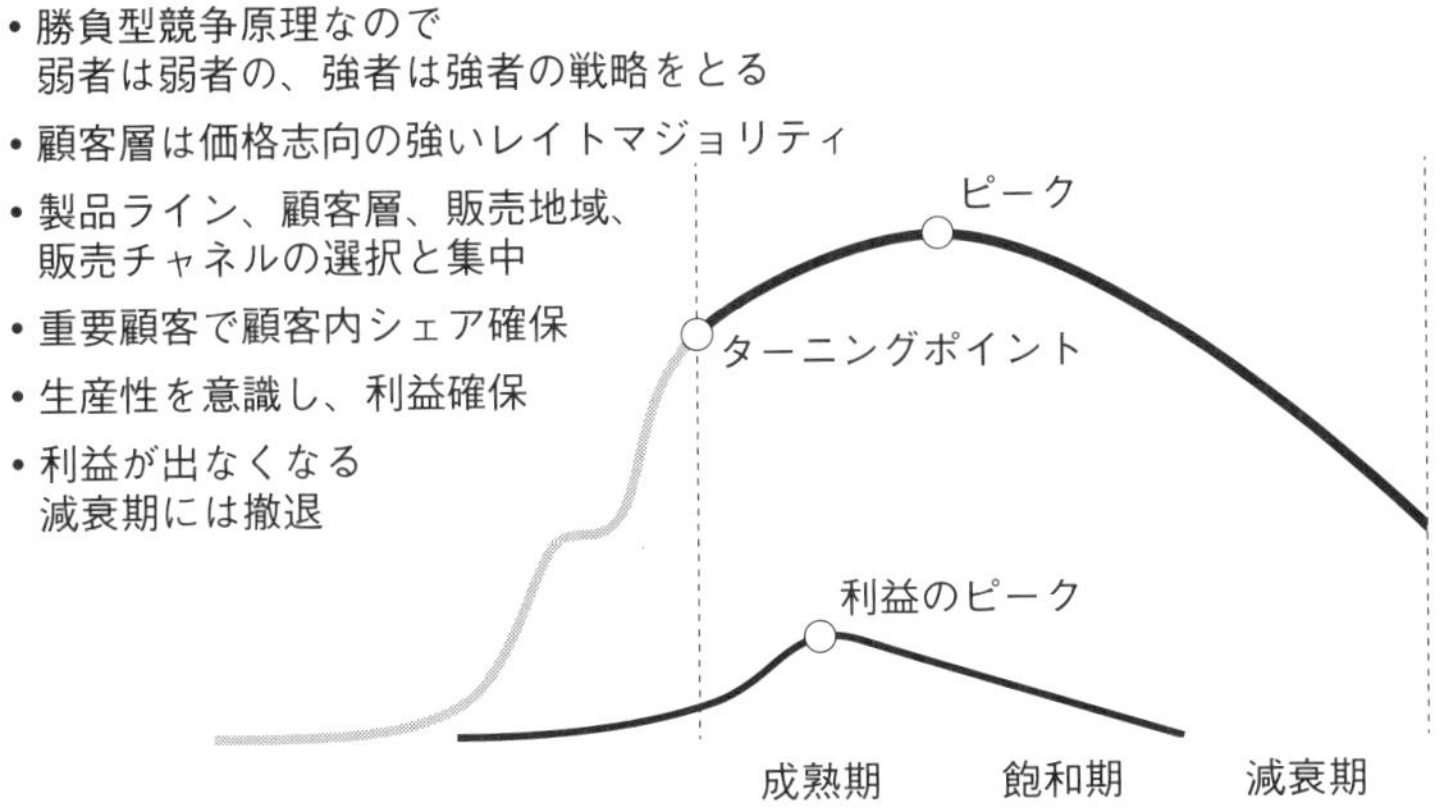
• 勝負型競争原理なので
弱者は弱者の、強者は強者の戦略をとる
• 顧客層は価格志向の強いレイトマジョリティ
• 製品ライン、顧客層、販売地域、
販売チャネルの選択と集中
• 重要顧客で顧客内シェア確保
• 生産性を意識し、利益確保
• 利益が出なくなる
減衰期には撤退
ピーク
ターニングポイント
利益のピーク
成熟期
飽和期
減衰期

市場と自社の動向を見極めて、伸ばす分野は伸ばし、伸びない分野は損切りをして撤退しなければなりません。これがチョキの戦略です。勝負型競争原理は戦略勝負です。成熟期以降の**企業の業績格差は戦略格差**といっても過言ではありません。戦略転換が遅れると、製品はヒットしたがライフサイクルを見誤って大量に在庫を抱えて赤字に陥ることがあります。

営業部門は商品、地域、販売チャネル、顧客層の重点化を行ないます。法人営業（BtoB事業）の場合は、顧客の重点化がきわめて重要です。需要規模の大きな顧客で顧客内シェアナンバーワンの顧客をいくつつくるのか。次章以降で解説するのは、成熟市場のチョキの戦略です。

Question **6**

後発の参入により市場導入期から成長期へと転換する。この転換点を＿＿＿＿＿という。

Question **7**

市場成長期は＿＿＿＿＿の競争原理なので、＿＿＿＿＿の戦略が基本となる。製品ライン、顧客層、販売地域、販売チャネル（間接販売重視）を拡大する。それが不充分だと、先発が弱者になり、後発が強者となる。

Question **8**

市場成長期の半ばに、成長が鈍化することがある。その時期を＿＿＿＿＿という。顧客階層の溝（＿＿＿＿＿）があるから起こる現象である。これを回避する、または乗り越えるために、アーリーアダプターの＿＿＿＿＿を強化することと、＿＿＿＿＿の多様化、大衆化したニーズに応えることである。

Question **9**

後発の参入戦略は時期別に三つある。二番手に参入することで市場がデシピークを迎え、成長期に突入するが、このときの参入戦略は＿＿＿＿＿参入である。成長期半ばの＿＿＿＿＿期に参入し、市場を再び成長させる効果のある参入戦略は＿＿＿＿＿参入である。市場の伸びが鈍化する成熟期に差し掛かる頃（ターニングポイントという）に参入するのは＿＿＿＿＿参入である。

Question **10**

市場＿＿＿＿＿期は勝負型の競争原理なので、弱者は弱者の、強者は強者の戦略をとる。製品ライン、顧客層、販売地域、販売チャネルの＿＿＿＿＿と＿＿＿＿＿を行なう。生産性を重視し、利益を確保し、他の製品の育成投資の原資とする。

第2章 市場参入戦略編

理解度テスト

下記の文章の空欄を埋めましょう。答えは108ページです。

Question 1

市場の時期別に戦略を転換することを＿＿＿＿＿＿＿＿理論という。

Question 2

先発して市場に参入する際の戦略として「ＳＴＰマーケティング」があるが、Ｓ（セグメンテーション）とは＿＿＿＿＿＿で、Ｔ（＿＿＿＿＿＿）とは参入するセグメントを一つ選ぶことで、Ｐ（ポジショニング）とは＿＿＿＿＿＿である。

Question 3

価格戦略には高価格で市場に参入する＿＿＿＿＿＿価格戦略と、＿＿＿＿価格で市場に参入するペネトレイティング価格戦略がある。

Question 4

イノベータ理論とは製品購入の早い順に顧客を５区分する方法である。順に①イノベータ、②＿＿＿＿＿＿、③アーリーマジョリティ、④＿＿＿＿＿＿、⑤ラガードである。

Question 5

市場＿＿＿＿期のグーの戦略は、＿＿＿＿の戦略が基本である。集中、差別化、接近戦が重要である。本業が強者であっても、原則としてそうする時期である。

A 解答

□欄に正解は○、不正解は×をつけます。
×は当該項を復習して、理解を深めてください。

1	□	18、19参照	市場の時期別に戦略を転換することを**グーパーチョキ**理論という。
2	□	20参照	先発して市場に参入する際の戦略として「ＳＴＰマーケティング」があるが、Ｓ（セグメンテーション）とは**市場の細分化**で、Ｔ（**ターゲティング**）とは参入するセグメントを一つ選ぶことで、Ｐ（ポジショニング）とは**差別化（競争優位性の構築でも可）**である。
3	□	21参照	価格戦略には高価格で市場に参入する**スキミング**価格戦略と、**低**価格で市場に参入するペネトレイティング価格戦略がある。
4	□	22参照	イノベータ理論とは製品購入の早い順に顧客を５区分する方法である。順に①イノベータ、②**アーリーアダプター（オピニオンリーダー、インフルエンサーでも可）**、③アーリーマジョリティ、④**レイトマジョリティ**、⑤ラガードである。
5	□	23参照	市場**導入**期のグーの戦略は、**弱者**の戦略が基本である。集中、差別化、接近戦が重要である。本業が強者であっても、原則としてそうする時期である。
6	□	24参照	後発の参入により市場導入期から成長期へと転換する。この転換点を**デシピーク**という。
7	□	25参照	市場成長期は**レース型**の競争原理なので、**強者**の戦略が基本となる。製品ライン、顧客層、販売地域、販売チャネル（間接販売重視）を拡大する。それが不充分だと、先発が弱者になり、後発が強者となる。
8	□	26参照	市場成長期の半ばに、成長が鈍化することがある。その時期を**プラトー**という。顧客階層の溝（**キャズム**）があるから起こる現象である。これを回避する、または乗り越えるために、アーリーアダプターの**発信力**を強化することと、**アーリーマジョリティ**の多様化、大衆化したニーズに応えることである。
9	□	27参照	後発の参入戦略は時期別に三つある。二番手に参入することで市場がデシピークを迎え、成長期に突入するが、このときの参入戦略は**ミート**参入である。成長期半ばの**プラトー**期に参入し、市場を再び成長させる効果のある参入戦略は**差別化**参入である。市場の伸びが鈍化する成熟期に差し掛かる頃（ターニングポイントという）に参入するのは**ニッチ**参入である。
10	□	28参照	市場**成熟**期は勝負型の競争原理なので、弱者は弱者の、強者は強者の戦略をとる。製品ライン、顧客層、販売地域、販売チャネルの**選択**と**集中**を行なう。生産性を重視し、利益を確保し、他の製品の育成投資の原資とする。

第3章

ランチェスター地域戦略編

29 ランチェスター地域戦略

地域を細分化し、差別化した地域に集中してナンバーワンをつくる

弱者の基本戦略は差別化です。しかし、簡単に差別化できれば苦労はありません。差別化できたとしても、うまくいきそうならミートされるものです。ではどうするか？　ライバルにマネされにくい差別化の地域戦略に取り組みます。地域戦略は弱者に残された差別化の重要な戦略なのです。

弱者は**接近戦**が重要です。顧客とのコミュニケーションの質と量でライバルを上回る必要があります。接近戦の量を増やすには地域の集中が不可欠です。地域を限定する。その際、面的な広がりのある地域よりも、盆地や半島のような狭く独立した点的な地域を狙う**局地戦**も弱者の重要な戦略です。

ランチェスター戦略の結論はナンバーワンを目指すことですが、2位以下の会社がダントツのナンバーワンを目指せといわれても現実的ではありません。しかし、地域を絞り込めば

【図表3-1】第3章 地域戦略編の構成　　数字は解説する項目の番号

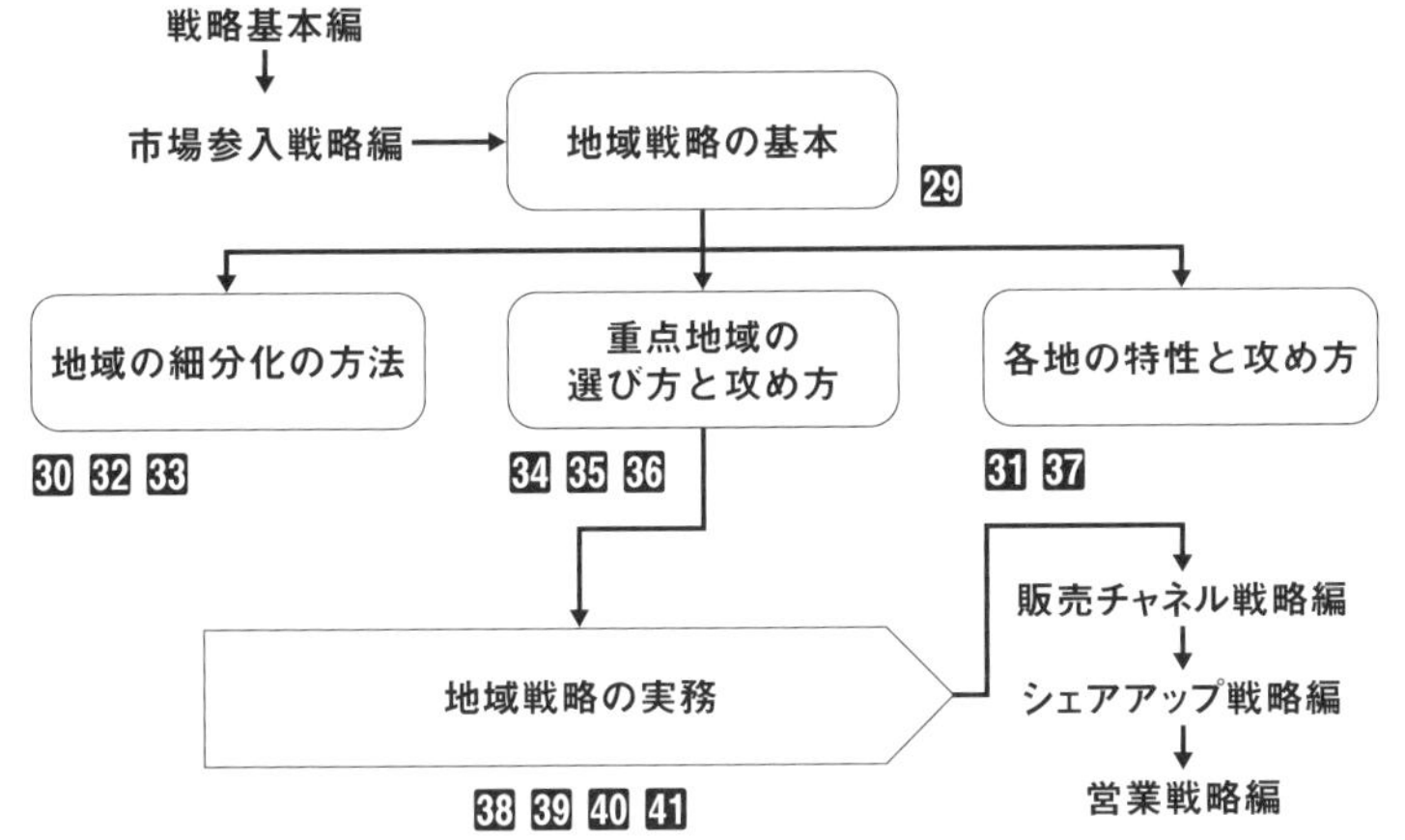

ナンバーワンを目指すことは充分に可能です。差別化、接近戦、集中し、ナンバーワンを目指すという弱者の戦略は地域に根差した事業であれば**地域から取り組む**のが原則です。

地域によって市場規模や成長性や地域特性が異なります。自社のシェアの高低もライバルとの力関係も異なります。このように競争環境は地域により異なるので、全地域が同じ戦略でよいはずがありません。**地域別に戦略を策定する**必要があります。

支店・営業所ごとに競争環境が異なるので、全社の営業戦略と連鎖させながらも、それぞれ地域戦略が必要です。営業部門は単なる販売係ではありません。**売るべき地域の顧客に売るための地域戦略**は現場を知る支店・営業所で策定するべきです。

その際に重要となるのが**地域を細分化し、集中する地域を強者や格上のライバルと差別化して一つ選ぶこと**です。そして、**集中した地域でナンバーワンを獲得し、順次、その範囲を広げて、地域全体のナンバーワンを目指します**。

本章では地域をどのように細分化するのか、どのようにライバルと差別化した地域を重点地域として選ぶのか。決めた地域をどのように攻略していくのか、日本各地の地域特性と攻め方のノウハウについても伝授します。それらを踏まえて地域戦略の実務を体系だって解説します。

陶山訥庵《すやまとつあん》の猪退治

「**地域を細分化し、差別化した地域に集中してナンバーワンをつくる**」――この地域戦略の基本方針を理解するのによい例があります。

江戸時代の元禄期、対馬（現長崎県）で猪が大量繁殖しました。2万人が暮らす島に8万頭も繁殖し里に降りてきて作物を荒らし、人に襲いかかることもあったといいます。これでは島民の生活が成り立たないので猪退治が行なわれますが、猪は島民の4倍もの数。そのうえ繁殖力が強く、少々駆除してもそれ以上に増えてしまい、いっこうに減りません。そんなとき奉行に就任したのが陶山訥庵です。

【図表3-2】陶山訥庵の猪退治

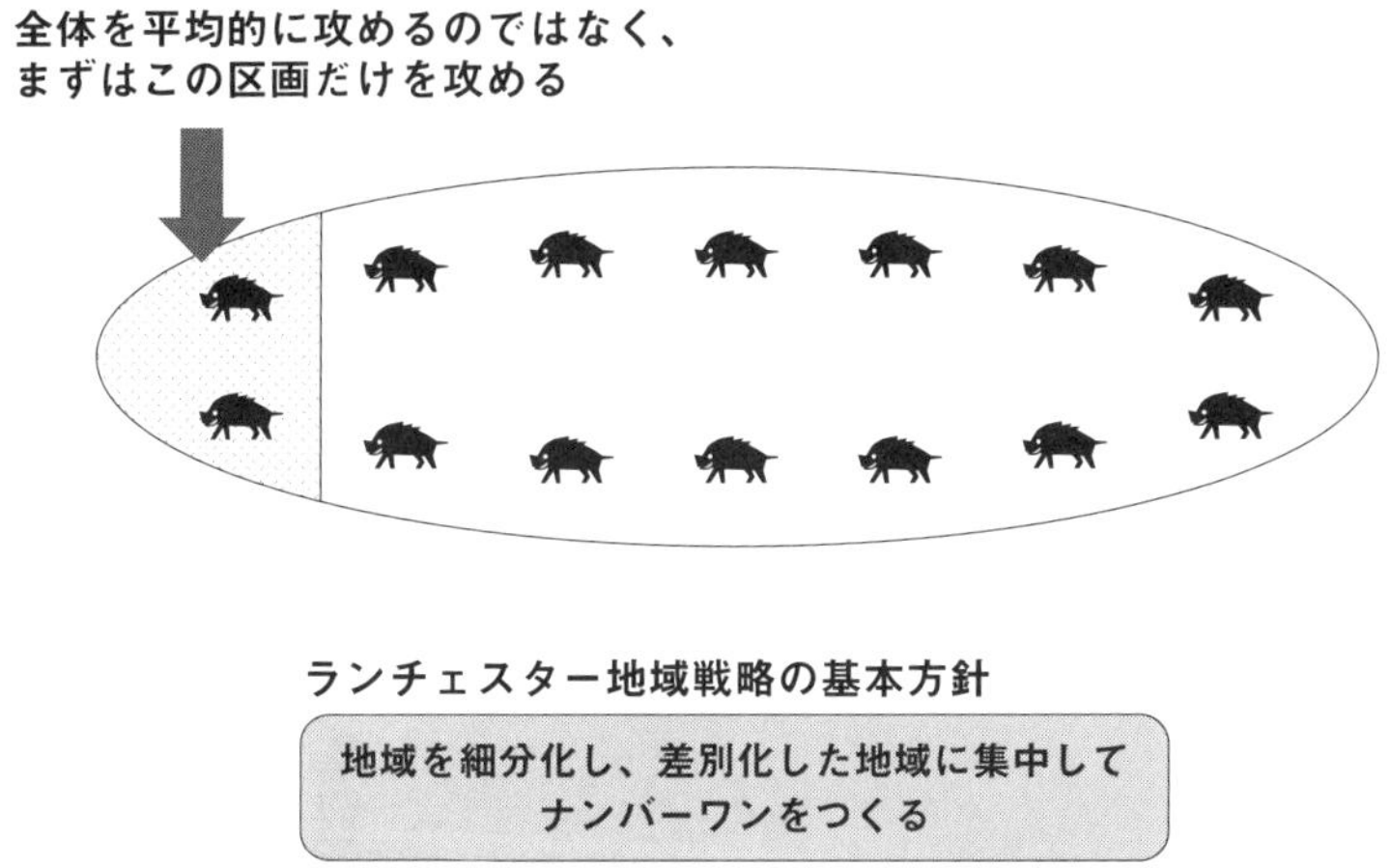
全体を平均的に攻めるのではなく、
まずはこの区画だけを攻める
ランチェスター地域戦略の基本方針
地域を細分化し、差別化した地域に集中して
ナンバーワンをつくる

訥庵は島に柵を張り巡らせます。猪垣《ししがき》です。柵で島を九つのエリアに区分します。猪は柵の内側しか移動できなくなります。そのうえで、一つのエリアに絞って全島の勢力を結集して猪退治を行ないます。そうすれば、数の論理で島民が勝ちます。1年かかりましたが一つのエリアから猪が絶滅しました。そして、翌年は2番目のエリア。翌々年は3番目……と続けていったところ、9年で8万頭いた猪が絶滅しました。

強大な敵も各個撃破していけば、勝てるということです。地域戦略の基本方針を示した話です。私たちは猪退治をするわけではありません。敵を絶滅させる必要はありません。**2位をルート3倍以上引き離したナンバーワン**になればよいのです。

30 ベクトル

周辺から中心へヒト、モノ、カネ、情報は向かう

地域を区分するには、地域と地域のつながりや分断を知る必要があります。ヒト、モノ、カネ、情報は**周辺部から中心地へと向かう**ものです。**ベクトル**といいます。各地の交通量がどの方向に多いのかを調べるとわかります。日本の中心地は東京です。全国のベクトルは東京に向いています。

九州や東北といった地域の括りを**地域ブロック**といいます（次の31項で区分を解説）。地域ブロックの中心地は九州なら福岡市、東北なら仙台市です。九州各地は福岡市へ、東北各地は仙台市へとベクトルは向かっています。

関東の東京、北海道の札幌、九州の福岡へのベクトルは強いものがありますが、その他のブロックの中心地へ向かうベクトルには地域差があります。たとえば、福島県の郡山やいわきは、ブロック中心地の仙台へ向かうベクトルもありますが、全国の中心地の東京へ向かう

【図表3-3】ベクトル

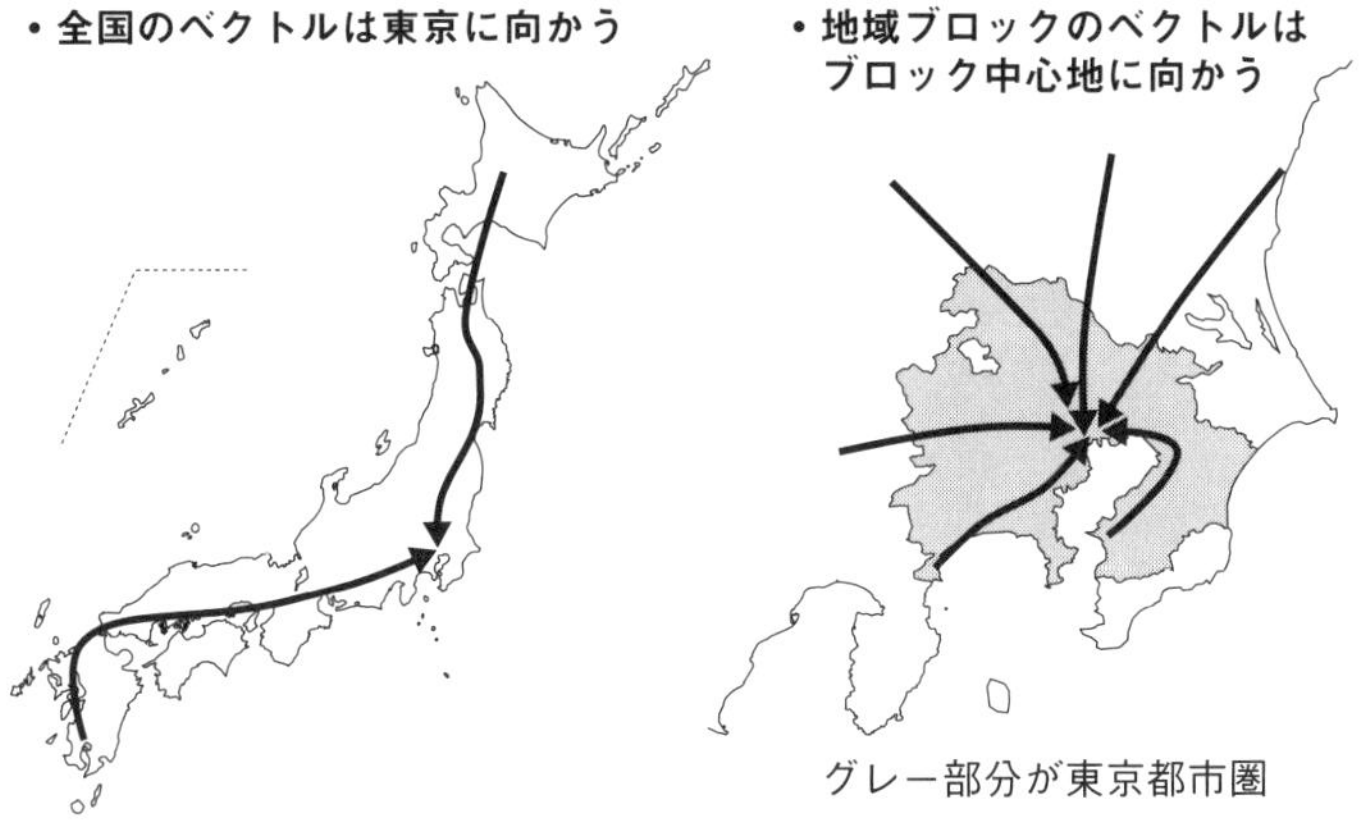

・全国のベクトルは東京に向かう
・地域ブロックのベクトルはブロック中心地に向かう

グレー部分が東京都市圏

ベクトルのほうが強いです。宮城県と山形市や福島市や岩手県の奥州市以南は仙台への強いベクトルが向いていますが、その他の東北各地における仙台の求心力は限定的です。

このように福島県は県内であっても仙台へ向かうベクトルの強い地域、東京へ向かうベクトルが強い地域があります。地域区分をするときのポイントとなります。

各都道府県内のベクトルは県庁所在地に一極集中する県と、多極化している県と、隣県の大都市に向かっている場合の3パターンに分かれます。

①**一極集中県**：秋田県、岩手県、山形県、宮城県、栃木県、東京都、山梨県、富山県、石川県、福井県、岐阜県、京都府、和歌山県、岡山県、香川県、愛媛県、徳島県、高

知県、大分県、佐賀県、熊本県、宮崎県、熊本県。

②**多極化県**：北海道、青森県、福島県、茨城県、群馬県、長野県、新潟県、静岡県、愛知県、三重県、兵庫県、広島県、鳥取県、山口県、福岡県、長崎県、沖縄県。

③**隣県の大都市へ向かう県**：東京へ向かう神奈川、埼玉、千葉。大阪へ向かう奈良市、兵庫県の芦屋以東。京都へ向かう大津市。名古屋へは岐阜県と三重県の一部が向かう。

都市圏

①②③の違いは都市圏によるものです。**都市圏とは核となる都市とその影響を受ける地域（周辺地域、郊外）をひとまとめにした地域の集合体。社会的・経済的なつながりをもった広域な地域区分**です。通勤・通学・買物などで周辺から中心へ向かうベクトルです。都市圏を示す最も一般的な指標が、通勤・通学圏です。全通勤・通学者のうち、1割以上が中心地へ通っていると都市圏に含めます。

都市と都市圏の規模は異なります。たとえば、甲府市は人口19万人で県庁所在地としては日本最小です。ですが都市圏人口は59万人と3倍増します。長野市は人口37万人ですが、都市圏人口は58万人と甲府圏（以下、都市圏を圏と表記）と変わりません。

都市圏は都道府県の中を細分化する基準となります。たとえば、静岡県は大きく3区分さ

【図表3-4】おもな都市圏

ブロック	最大都市圏	都市圏人口100万人以上	50万人以上
北海道	札幌		
東北	仙台		郡山、山形
関東・甲信越	東京	前橋・高崎・伊勢崎 宇都宮、新潟	つくば、水戸、太田、 長野、甲府
東海	名古屋	浜松、静岡	岐阜、豊橋、四日市、津、 沼津
近畿・北陸	大阪	京都、神戸、富山・高岡	金沢、姫路、福井、和歌山
中国・四国	岡山・ 倉敷	広島	高松、徳島、松山、福山、 高知
九州・沖縄	福岡	北九州、熊本	那覇、長崎、大分、鹿児 島、宮崎

通勤・通学圏として算出

れます。浜松圏を中心とする西部（遠州）、静岡圏を中心とする中部（駿河）、沼津圏と富士圏の東部（駿河の富士川以東と伊豆）。山口県も3区分されます。下関圏と宇部圏の西部、山口圏（含む防府）を中心とする中部、周南（旧徳山）圏と岩国圏の東部。

東京、大阪、名古屋の超大都市圏は都道府県の境を越えて拡がっています。東京都市圏は東京都、神奈川県、埼玉県のほとんどと、千葉県の東京に近い北西部と富津以北の東京湾岸、茨城県南部の一部も含みます。横浜、さいたま、千葉、川崎、相模原を含み、都市圏人口は3530万人。全国の人口の28%を占めます。超大都市圏の都道府県はその中を交通網などでサブ都市圏に区分して細分化します。次の31項で解説します。

31 地域ブロックと都道府県の地域区分

境目地域は要注意

地域ブロックは次のように区分されると学校では習いました。北海道、東北、関東、中部、近畿、中国、四国、九州、沖縄です。しかし、全国に支店営業所を置き、地域を攻略していく場合は、このとおりにする必要はありません。特に中部ブロックは要注意です。

名古屋に支店を置く場合のテリトリー（受け持ち範囲）は愛知、三重、岐阜、静岡の東海4県とするのが一般的です。ただし、境目は要注意。三重県北部の桑名は名古屋圏です。四日市も中京工業地帯の一翼であり、名古屋の影響下です。一方、伊賀と東紀州は大阪にベクトルが向いています。大阪支店管轄とすべき地域です。津圏、伊勢圏を中心とする中部はその中間的です。名古屋と大阪の重複地域なので、どちらに区分するかは自社の事情で判断してよいでしょう。静岡県も西部は名古屋へベクトルが向いていますが、東部は東京に向いています。中部は中間的です。岐阜県の高山は名古屋より富山が近いです。

【図表3-5】地域ブロック区分

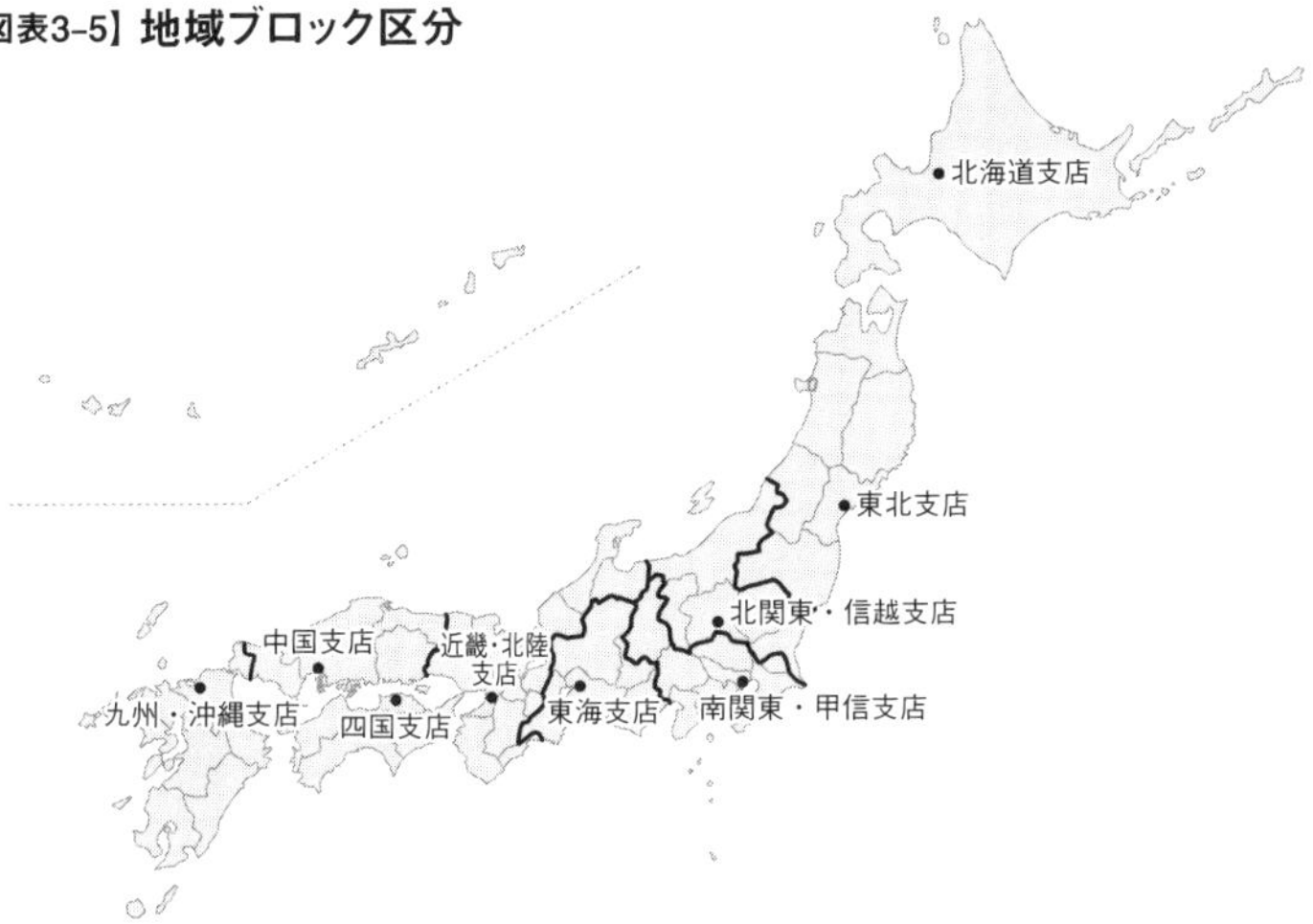

北陸3県は、高岡以西は京都・大阪へベクトルが向いています。特に福井県南部は伊賀同様に近畿と一体的です。北陸を独立した支店としないのであれば、名古屋より大阪支店で管轄するのが望ましいです。

甲信越の山梨県は東京へベクトルが向いています。新潟県も高崎を経由して東京です。長野県は長野と上田の東北信は新潟同様に高崎経由で東京です。松本と諏訪は甲府経由で東京です。飯田は東濃経由で名古屋へベクトルが向いています。

関東に加えて甲信越も東京支店の管轄となると、規模が大きすぎるので2分割をお奨めします。東京、神奈川、千葉、埼玉、山梨、長野の飯田を除く中南信を受け持つ南関東支店と、茨城、栃木、群馬、新潟、長野の東北信を受け持つ北関東支店です。

以上を踏まえると前ページの図表「地域ブロック区分」のように区分するのが望ましいでしょう。福岡に支店を置くなら、山口県の西部は九州支店管轄でよいです。ただし、顧客が行政や学校などであれば県内にブロックの境目を入れる必要はありません。

都道府県の地域区分

前項で静岡県と山口県を例に都道府県の地域区分法を解説しました。**地理と歴史**で形成され、**交通網の発達と市町村合併**で変化する都市圏をベースに区分します。前述の長野県は山脈で各地が分断されています。また、諏訪湖に発する天竜川は太平洋へ、山脈に発する千曲川と梓川は日本海へ流れます。**河川流域は前近代のベクトル**でしたので社会的・経済的・生活文化的なつながりを示します。江戸時代は小藩分立の歴史でした。街道も四通していますので県内は4区分され、北関東、南関東、東海の各ブロックへ位置づけられるのです。

一方の超大都市圏は一体的な地域ではありますが、細分化しなければ重点化もできませんので、いくつかに区分します。東京都の場合は、まず、二十三区と多摩地域に分けます。二十三区は皇居（旧江戸城）を中心に、千代田・港・中央の都心3区と、中心から東西南北に区分します。城南、城西、城北、城東です。多摩は多摩川以北の北多摩と、以南の南多摩に

【図表3-6】東京都と大阪府の地域区分

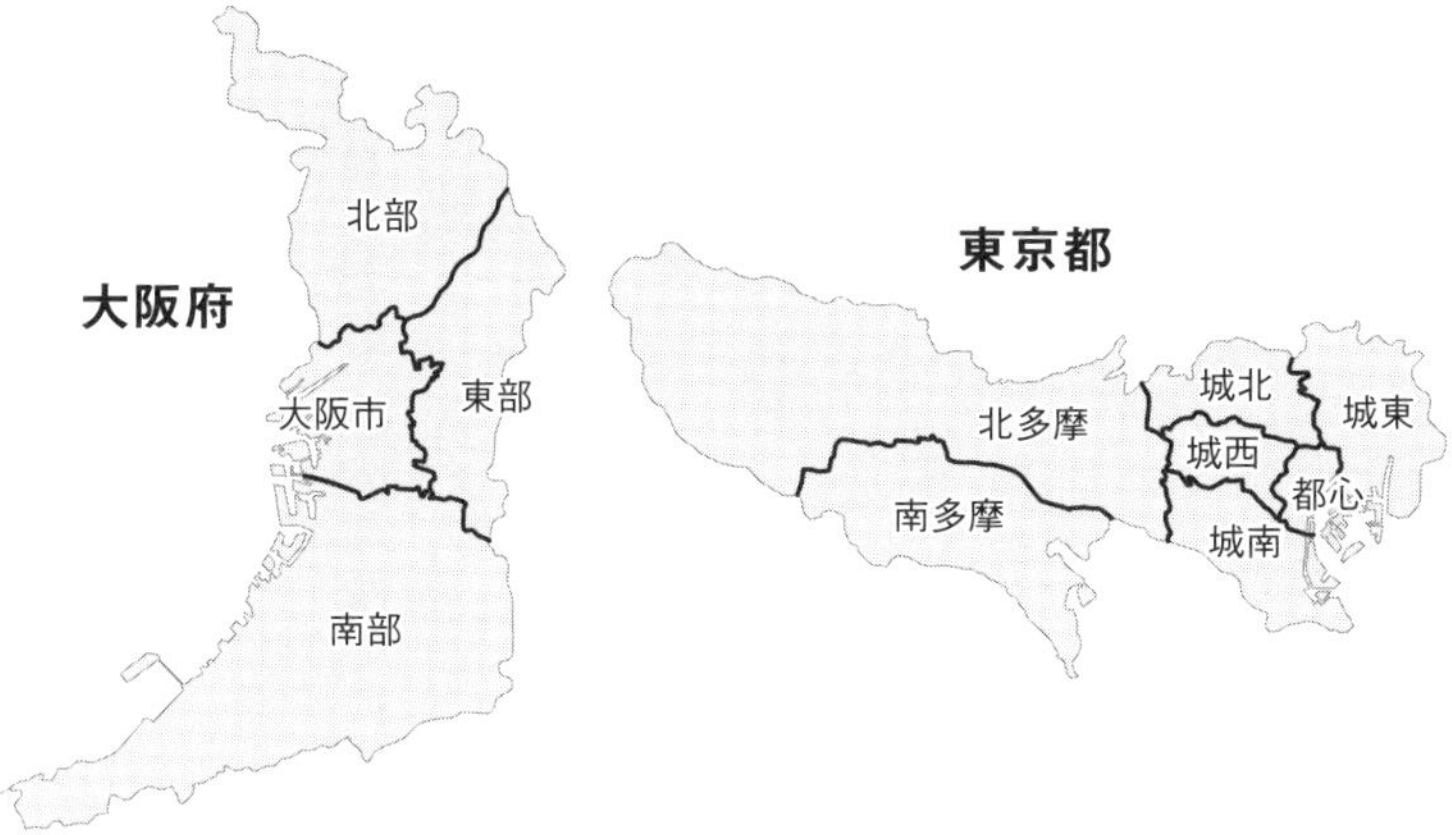

区分します。東京は7エリアです。城南は神奈川県、城西は多摩地域、城北と北多摩は埼玉県、城東は千葉県、南多摩は山梨県と神奈川県へと続きます。

大阪府は4エリアです。大阪市を中心にして、北部（摂津）、東部（北中河内）、南部（南河内・和泉）です。兵庫県の宝塚市・川西市・伊丹市・三田市は大阪都市圏ですので北部に含めてもよいです。兵庫県の尼崎市・西宮市・芦屋市も大阪都市圏です。阪神エリアとして五つ目の大阪のエリアにしてもよいです。奈良県の大部分が大阪都市圏です。奈良北部は大阪東部に、奈良南部は大阪南部に含めてもよいでしょう。南部は和歌山県へと続きます。

32 訪販事業のテリトリー区分

半径15㎞(車で30分)圏内に70%の顧客をつくる

営業・販売を地理の視点で考えるとき、その方法は二つに区分できます。一つは小売店や店舗型サービス業のように顧客が来店して購買する店頭販売事業(略して「**店販**」と呼ぶ)。もう一つは営業員が顧客や販売会社へ訪問して商談する訪問販売事業(略して「**訪販**」と呼ぶ)。店販の顧客の来店範囲を**商圏**といいます。訪販の営業員の訪問や物流の範囲を**テリトリー**(受け持ち地域の意)といいます。この32項で訪販事業のテリトリーの区分方法、次の33項で店販事業の商圏の区分方法を解説します。

ルートセールスと案件セールスとで訪販のテリトリー規模は異なります。**ルートセールスとは消耗品を扱う営業**です。**案件セールスとは機械設備などの耐久品を扱う営業**です。ルートは週に何度も訪問し、小口の注文をとります。案件セールスは商談が動いているときでも週1回程度の訪問で、商談がなければあまり訪問していません(筆者は定期訪問を推奨して

【図表3-7】愛知県のテリトリー区分の例

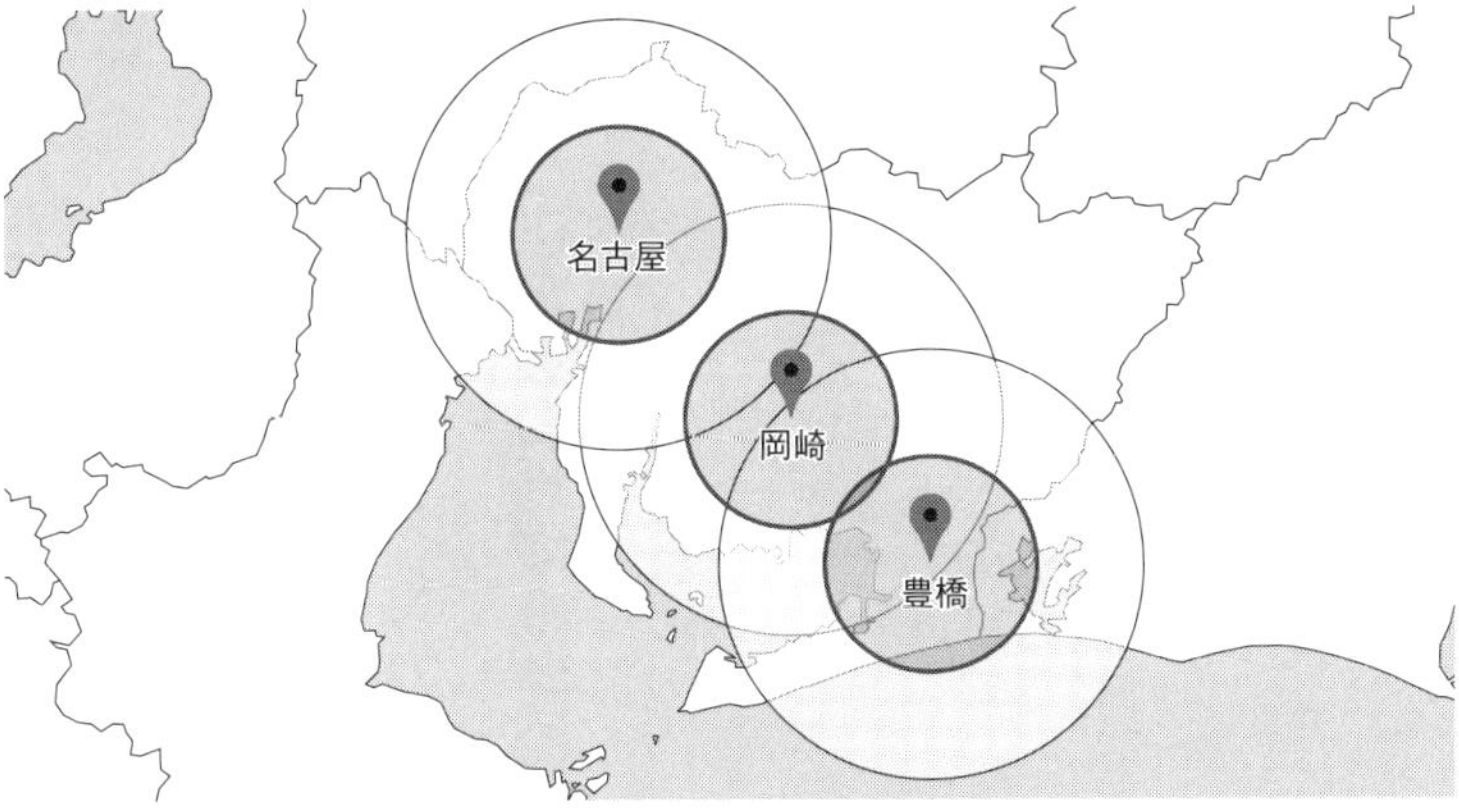

名古屋、岡崎、豊橋を中心に半径15kmと30kmの円を描くと
15kmの場合は３拠点が必要になるが、30kmの場合は２拠点でよい

います。第6章で解説）。このように訪問頻度が異なるのでテリトリーも異なります。

ルートセールスは事業所から半径15km（車で片道30分）圏をテリトリーとするのが望ましいです。一方の案件セールスの場合は半径30km（車で片道1時間）までをテリトリーとするのが望ましい。

上図は愛知県の例です。半径15kmのルートセールスの場合は名古屋、岡崎、豊橋の3拠点を置かなければ愛知県全域はカバーできません。案件セールスの場合は2拠点で全域をカバーできます。テリトリー内は東西南北などにルート区分して担当者に振り分けます。

多拠点化している企業は、このような基準で営業所を出店します。一方で1拠点しかない小さな会社、または規模が小さいが全国展開している会社は東海地域に1拠点しか置くことができません。そんな場合はどうするのか？
1次・2次・3次商圏に区分し、重要度を格付けします。たとえば、自社から15km圏内を1次商圏とします。30km圏内を2次商圏、そして30km圏外を3次商圏とします。1次、2次、3次商圏に顧客がどのように分布しているのかを調べます。**顧客軒数が1次商圏に70%以上、2次商圏に25%程度、3次商圏は5%未満に分布するのが望ましい**です。

保険代理店S社の地域戦略の事例

西三河地域で保険代理業を営むS社（拠点は1か所）の社長は、収益を上げるためにどのような営業戦略を策定すべきかを考えるためにランチェスター戦略を勉強します。課題は第一に既存客の契約更新率を高めること、第二に既存客を多種目化すること（自動車保険加入者に火災保険にも加入してもらうように複数の保険に入ってもらうこと）、そして、第三に新規開拓です。

ネット保険が最安値をうたう時代に、地元の保険代理店で保険に加入する意味は何か？それは保険のプロとして顧客のリスクのサポートをしていく価値を感じてもらうことです。そのためには契約更新時と事故時だけのコミュニケーションではなく、定期的なコミュニケーションをとり、顧客に役立つ保険の情報を提供していく必要があります。ランチェスター

【図表3-8】訪販型企業の1次・2次・3次商圏

でいう接近戦です。しかし、現状はそれが充分にできていません。なぜなら、顧客が愛知県全域（一部は県外にも）に広く分布しているからです。

筆者は次のように助言しました。1次商圏を西三河地域として、2次を東三河地域、3次は名古屋と静岡県に区分。1次の重要顧客に対して定期訪問を行ない信頼関係を強化し、離脱率を下げ多種目化を図り、紹介を促進し新規開拓を行なう。2次は最重要な顧客にのみ定期訪問。3次は定期訪問を行なわずに成り行きまかせとし、失うことを恐れない。

これにより1次商圏における契約更新率、多種目化、新規開拓が進み、S社の収益性は高まりました。

33 店販事業の商圏

自店に有利で他店に不利な地域を重点化する

店頭販売（店販）事業の地域戦略は、商圏（顧客の来店範囲）を捉え、商圏を細分化し、差別化した地域に集中してナンバーワンを目指すことです。商圏はその業態と立地と店舗規模で異なります。

①最寄品：商圏は都市部３００ｍ～農村部２㎞

コンビニ、食品スーパー、整体院、ファストフードなど

毎日～毎週の利用、立地影響度は極めて高い

②買回品：商圏は都市部２㎞～農村部５㎞

総合スーパー、日用衣料、家電、美容室、ロードサイド店など

毎週～毎月の利用、立地影響度は高い

③専門品：商圏は都市部15㎞～農村部30㎞

【図表3-9】店販事業の重点地域の決め方

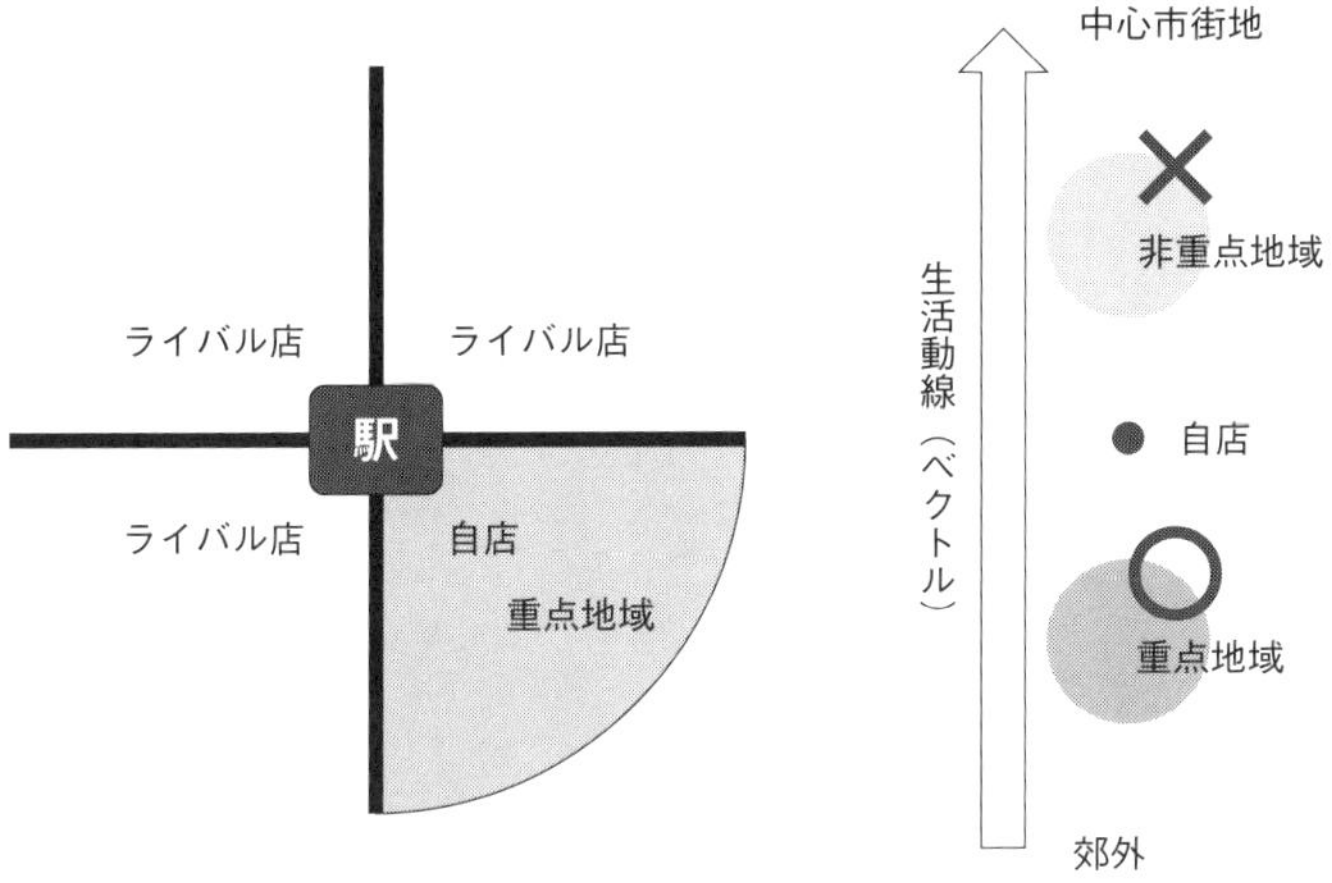

百貨店、専門店など。毎月〜年に数回の利用。ターミナル駅前など交通の要衝地に立地

④レジャーとしてのショッピング、またはレジャー：商圏は30㎞〜50㎞

大型ショッピングモール、大型アウトレットモール、テーマパーク、ゴルフなど年に数回〜年1回の利用。郊外に立地

商圏を捉えたら、次に細分化し、差別化した地域に集中します。生活者の日々の通勤、通学、買物、通院などの移動ルート（生活動線という）をもとに考えます。人は郊外の自宅から街の中心にある駅や商業施設や病院へと向かいます。そして電車に乗り都心部へ向かいます。人は外側から内側へと移動するベクトルがあります。

自店より郊外に住む人は自店の前を通過して駅などへ向かいます。自店より外側の地域は自店に来やすく、内側の地域は逆ベクトルとなるので来にくいのです。駅の反対側に住む人は自店に来にくいのです。大きな道路は川と同じです。越えなければならない場合も来にくいです。特に反対側に競合店があればなおさらです。

弱者は強者や格上のライバルと重点地域を差別化して設定しなければなりません。その際、前ページの図表のように**自店に有利で他店に不利な地域を選ぶ**ことが原則です。強いところをより強くします。

ドミナント戦略

多店舗展開する場合は47都道府県の全県出店を目指すべきか、それとも一つの都道府県内に多店舗展開して県内シェアを高めるべきか？　県内の多店舗展開です。都市圏単位のほうがよりよいでしょう。密度を濃く多店舗展開することを**ドミナント戦略**といいます。

多店舗展開する際に、地域を特定し、特定地域内に集中して出店することで、地域内シェアを高めるとともに、経営効率も高め、同業他社に対し優位性を築く出店戦略です。集中する地域をドミナントエリアといいます。dominantは「支配的な」「優勢な」の意。全国に逐次出店することは地域を点で押さえるのに対し、面で地域を押さえ、知名度と安心感を高

【図表3-10】ドミナント戦略の例 オギノ（スーパーマーケット）

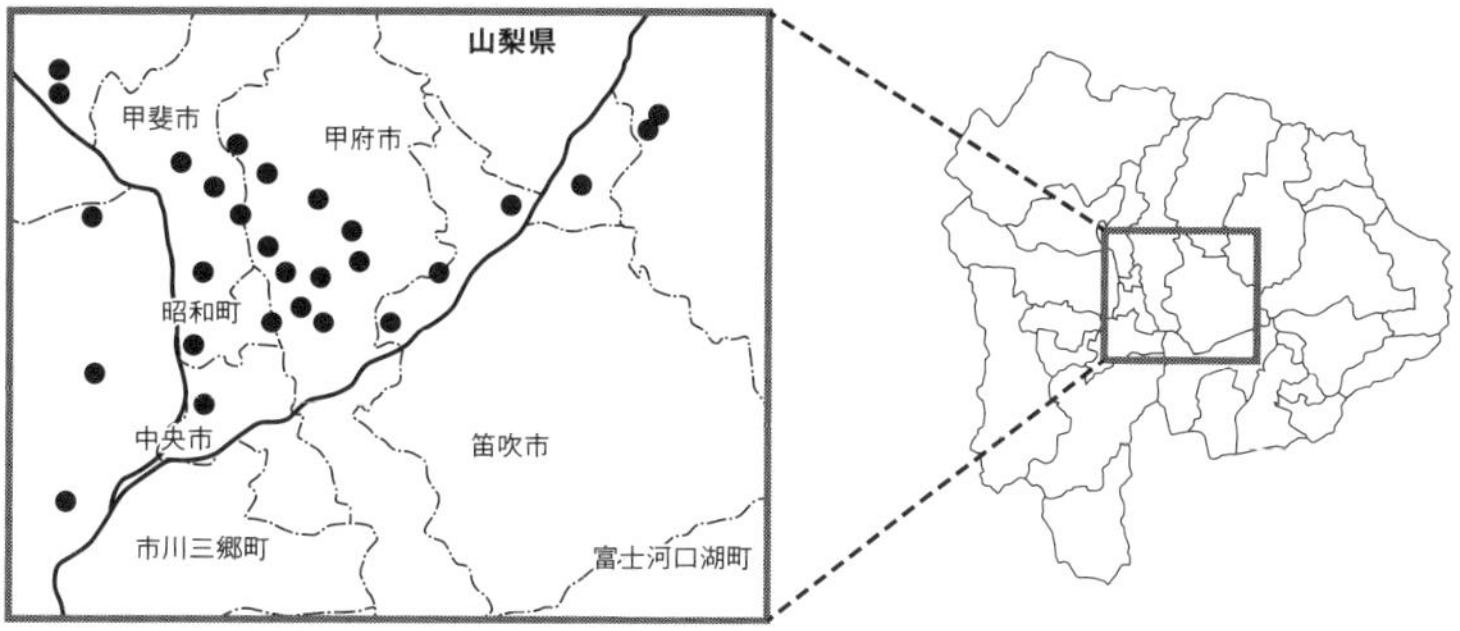

全47店中、34店を山梨県内に出店している。
うち25店は峡中地域（釜無川と笛吹川の間。県の中心地）に集中。

株式会社オギノホームページより作成
http://ogino.co.jp/recruit/buisinessmodel/model01.html

め、相乗効果を生みます。

ドミナント戦略は配送や巡回訪問の効率とスピードと頻度を高めます。広告宣伝費の効率もよいです。そのほか、全国区でなくても地域ナンバーワンの会社には出店情報や条件、リクルート、競合会社の出店意欲を抑制するなど、様々なメリットがあります。

ただし、集中によるリスクがあることも押さえておきましょう。競合の大型出店、災害や事故などのダメージは分散されません。集中し過ぎると共食い（カニバリズム。多少は活性化要因なので問題ない）も起きます。

このようにリスクはありますが、**集中しないリスクのほうが大きい**ことを忘れてはなりません。

34 点・線・面──市場構造

弱者は点→線→面の順で攻める

30項から33項で地域の細分化について解説しました。細分化したら重点地域を選択します。その際に市場の魅力（規模や成長性など）で素直に選んでよいのは強者だけです。弱者は強者と差別化した地域を選ばなければなりません。

その一つに**「二番手・三番手都市圏を狙え」**との考えがあります。県単位でいうと、たとえば福岡県は一番手の福岡圏のほかに、北九州圏131万人、久留米圏43万人の都市圏があります。強者が福岡圏に重点を置くことは間違いがないので狙い目になります。

また、商圏の拡がりを他地域とのつながりや分断から、点・線・面に区分する考えがあります。**市場構造**といいます。弱者の狙い目地域を見出すうえで重要な区分です。

①面：大都市圏、平野部の面的な拡がりがあり商圏が広域で連動する地域
②線：幹線道路沿いに商圏が線状に他地域とつながる地域

【図表3-11】点・線・面

点	盆地・島・半島・ぽつんと離れた港町などの他地域と分断された狭く独立した地域。市場は小さいが競争は緩やか。	弱者、特に「**圏外弱者**（1位とルート3倍以上の差、順位4位以下、シェア10%未満）」の狙い目。
線	幹線道路沿いに商圏が線状に他地域とつながる地域。市場性と競争性は「点」と「面」の中間的。	弱者が強者を目指すとき、「**圏内弱者**（1位とルート3倍未満の差、順位2位・3位、シェア20%以上」の狙い目。
面	大都市圏、平野部の面的な拡がりがあり商圏が広域で連動する地域。市場は大きいが競争は激しい。	面で勝つことなくして強者にはなれない。

＊「線」はメインルートとサブルートに区分できる。
＊主要な交通網であっても市場としてつながっていなければ「線」ではない（「点線」と呼ぶ）。

③点：盆地・島・半島・ぽつんと離れた港町などの他地域と分断された狭く独立した地域

「面」は東京、大阪、名古屋の三大都市圏をはじめ、100万人超の都市圏が該当。三大都市圏以外に、大阪と隣接した京都圏と神戸圏。札幌、仙台、広島、福岡のブロック中核都市圏。双子都市化した岡山・倉敷圏、前橋・高崎・伊勢崎圏（三つ子）、富山・高岡圏。北九州、浜松、宇都宮、熊本、新潟、静岡の18圏域あります。岡崎平野（豊田圏、岡崎圏など）、播州平野（姫路圏）と筑紫平野（久留米圏、佐賀圏など）も面に準じます。

「線」は面と面をつなぐ都市圏の周縁です。たとえば、東京圏の場合。東京・埼玉は国道16号線までは「面」ですが、その先は「線」

です。春日部以遠で盛岡までの4号線、さいたま市以遠で高崎（前橋圏）までの中仙道。千葉県の北西部は柏までが「面」で以遠は水戸圏・日立圏までの6号線が「線」です。千葉市までは「面」ですが、その先は東京湾岸の富津まで「線」です。

前橋圏以遠は長野県の東信地域や新潟県の中越地域へ交通網でつながります。ただし、交通網ではつながっていても市場としてはつながっていません。点在します。よって、以遠は「線」とは呼びません。市場としてはつながらないが主要交通ルートを筆者は**「点線」**と呼んでいます。盛岡から弘前・青森へ、八戸への交通ルートは主要です。八代から鹿児島も主要ルートです。しかし、市場はつながっていないので「点線」です。

「点」とは離島、半島、盆地、ポツンと離れた港町です。盛岡⇕八代ルート以外の多くの地域が該当します。たとえば長崎圏79万人、高知圏52万人、山形圏52万人など、都市圏人口50万人超で、都道府県最大市場であっても全国的にみると「点」の市場になります。大きな「点」もあるのです。

さて、点・線・面の市場構造を分けて捉えるその意味は**弱者と強者とでは攻め方の優先順位が異なる**からです。強者は「面」の市場で勝っているから強者なのです。市場規模が大きく成長性も高く、顧客が地理的に密集している「面」は効果も効率もよいので最重視します。「面」の市場を押さえて1位になった強者がナンバーワンを目指すとき、「線」の市場に力を

【図表3-12】点・線・面　弱者と強者の攻略優先順位

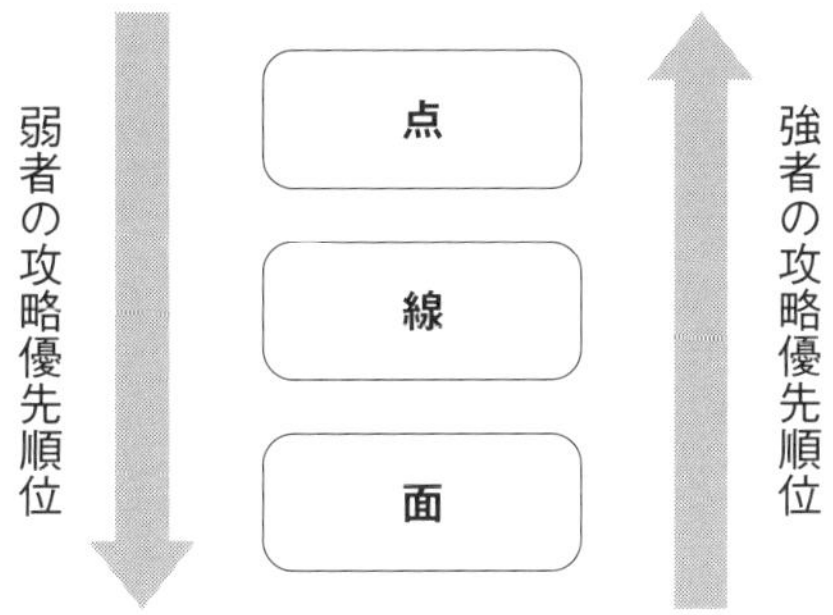

拡げ、「点」の市場は後回しです。

弱者が強者の強い「面」で勝つのは難しい。しかし、強者が後回しにする「点」の市場ならチャンスあり。ここに弱者の生きる道があります。実際、「点」の地域のシェアは全国のシェアと全く異なります。たとえば、札幌以外の北海道、4号線沿い以外の東北や3号線沿い以外の九州。長野県、山梨県、和歌山県、高知県。飛騨高山に都城……。

ただし、「点」だけだと成長性に限界があります。「点」で勝ったら、「線」に出て、最後に「面」を目指します。面の攻略法は36項で解説します。

強者は「面→線→点」、弱者は「点→線→面」の順で地域攻略するのが原則です。

35 うちもの・そともの――市場体質

弱者の狙い目は「うちもの」

重点地域を強者や格上ライバルと差別化するときの、もう一つの視点が**市場体質**です。地域住民の気質を2区分するものです。

①うちもの：代々住み続けている人の多い地域。排他的。

②そともの：人の入れ替わりが激しい地域。開放的。

東京と札幌、仙台、広島、福岡などのブロックの中心地でブロックから進学・就職で人が流出入し、かつ支店経済の地として全国から転勤族が出入りする地は「そともの」です。開放的なので参入しやすい。ゆえに参入者が相次ぎ、参入数が多い**確率戦**的市場。乱売などの消耗戦になりがちです。「そともの」のシェアは分散し、安定しません。

京都、静岡、金沢、水戸のような城下町や古都の歴史をもち、県庁のある行政の街は「うちもの」です。排他的で参入しづらい。ゆえに競合数の少ない**一騎討ち戦**型市場。

【図表3-13】うちもの・そともの

うちもの	代々住み続けている人の多い地域。排他的。城下町や古都や行政都市。競合数の少ない一騎討ち戦型市場。	攻略に時間がかかるが、シェアは集中し安定するので、弱者の狙い目。
そともの	人の入れ替わりが激しい地域。開放的。進学・就職・支店経済の地、工業都市、商業都市。参入者が相次ぐ確率戦的市場。乱売などの消耗戦になりがち。	参入はしやすいが、シェアは分散して不安定なので、弱者には向かない。

*「そともの」がつくった地でも初代が土着し、世代交代していくと「うちもの化」する。逆に「うちもの」の農村に工業団地ができて「そともの化」することもある。

寡占している先発が慢心していることもあり時間をかけて差別化すれば参入できます。参入してしまえばシェアは集中し安定します。

また、同じ都市圏、近接した都市圏でも市場体質が異なります。前橋圏内でも行政都市の前橋は「うちもの」だが、商業都市で交通の要衝の高崎と工業都市の伊勢崎は「そともの」の違いがあります。山陰の松江圏は城下町で「うちもの」だが、隣の米子圏は商業都市の「そともの」。福島県の郡山圏は商業都市で交通の要衝、いわき圏は炭鉱町の歴史があり「そともの」だが、会津若松圏は城下町の「うちもの」。

市場規模が大きく参入しやすい「そともの」地域に目が向きがちだが、弱者は「うちもの」地域を重視するべきです。

36 三点攻略法

「面」の攻略は周りから中心へ

弱者は点・線・面の順に攻め、うちものを重視することで強者と差別化しますが、弱者逆転を果たすためには最後は面の市場を攻略します。その攻め方として**「三点攻略法」**があります。面といっても、ど真ん中の最大需要地と周縁とは異なります。いきなりど真ん中を攻めるのがよいのか、周縁から攻めていくのがよいのか？　強者や流行の先端をいく消費財であれば、いきなりど真ん中でよいでしょう。しかし、弱者や流行商材でない場合は周縁から攻めていくのが原則です。

たとえば、東京の都心を最終攻略地とした場合、品川、新宿、上野の3拠点以上は確保したいものです。そのうえで攻めれば攻略できます。手順は次のとおりです。

①東京都心を第四の点として設定。第四の点を囲む第一、第二、第三の点を品川、新宿、上野と設定。

【図表3-14】三点攻略法

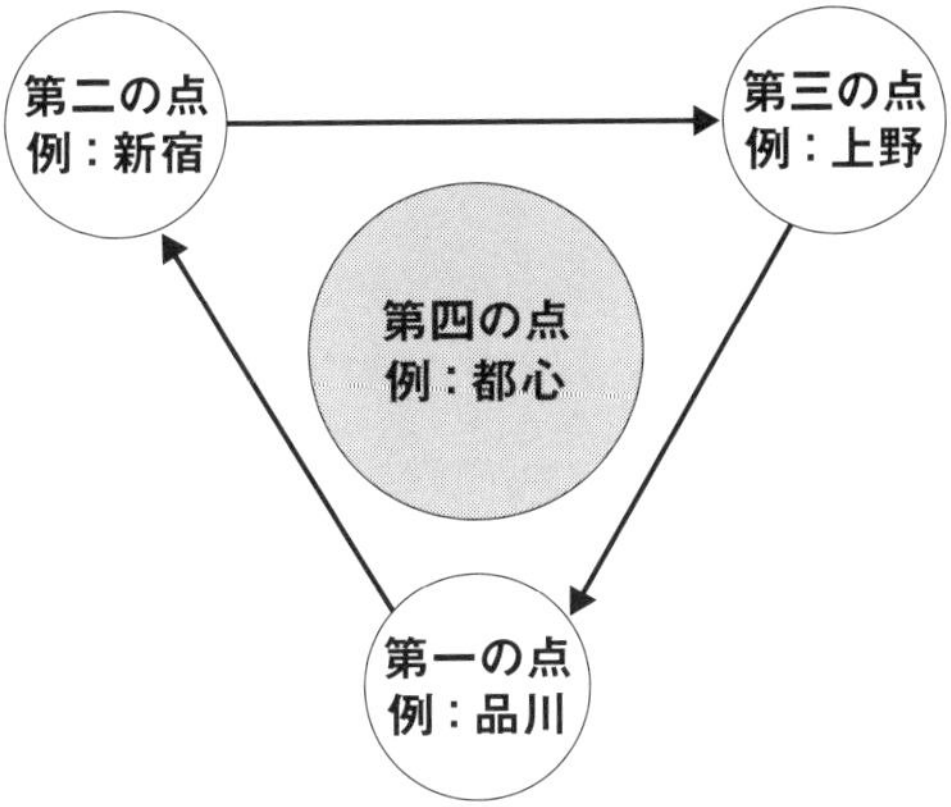

②品川を第一の点とし、東海道ルートで横浜方面から攻めナンバーワンになるまで攻略。

③第二の点を新宿とし、甲州街道ルートで八王子方面から攻めナンバーワンになるまで攻略。第一と第二の点（品川・新宿）が線でつながり自社の地盤となる。

④第三の点の上野は、国道4号線、6号線、17号線のいずれかで、または複数ルートで攻めナンバーワンになるまで攻略。第二と第三（新宿と上野）、第三と第一（上野と品川）の点が線でつながり、面を形成。

⑤第一、第二、第三の点（品川、新宿、上野）から第四の点（都心）に向けて集中攻撃。

確率戦、総合主義（物量戦）の強者の戦略で地域を制圧する。

37 弱者の各ブロックの攻略法

弱者は周辺から中心を攻める

各ブロックの攻略法について解説します。人口ベースで市場を捉えた場合の攻略法です。顧客が工場や事業所なら置き換えてください。地域により異なる競争関係（シェアや販売会社の力）を踏まえて自社の地域戦略を策定します。

①北海道の攻略法——旭川→札幌、苫小牧→札幌の線の市場を攻略

北海道の面積は全国の22・1％に対して、人口は4・4％、道内総生産（GDPの都道府県版のこと。産業の力を示す）は3・6％です。面積の割に需要が少ない非常に効率の悪いブロックです。全国のシェアと北海道のシェアが違うことが多いのは、遠方かつ効率が悪いため後回しにする企業が多く参入業者の顔ぶれが異なり、地場産業が強いからです。

支店は札幌です。北海道は大きく4区分されます。札幌圏236万人を中心とする道央、

【図表3-15】北海道の地域特性

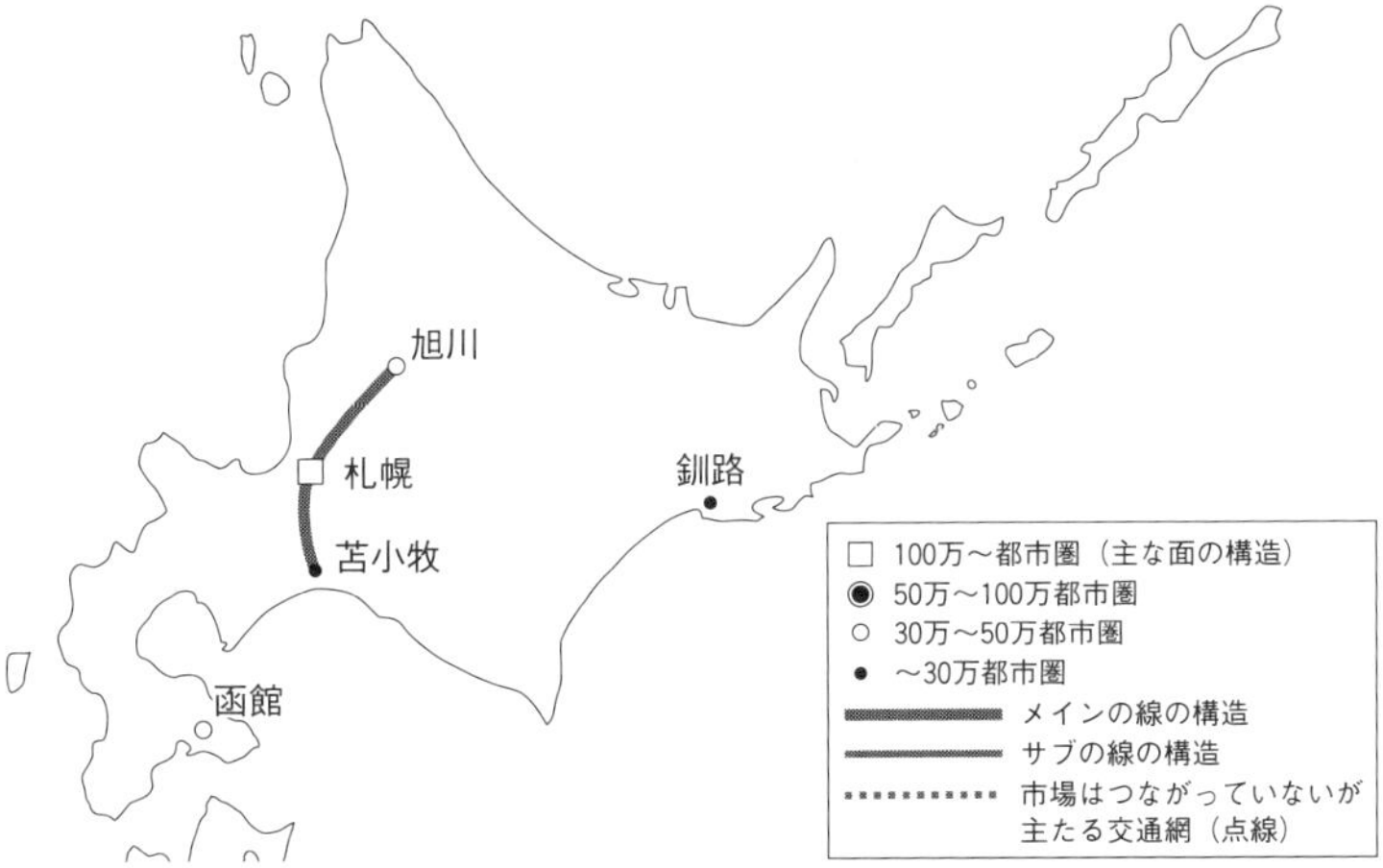

旭川圏39万人を中心とする道北、函館圏34万人を中心とする道南、釧路圏21万人を中心とする道東です。

「面」の市場は札幌圏のみ、旭川から札幌、苫小牧から千歳を通って札幌の間が「線」の市場としてつながっています。ほかは交通網ではつながっていても市場としてはつながらない「点」の市場です。広い範囲に需要が点在しています。攻略優先度を定め、地場の販社に任せるなどメリハリをつけます。人口の42%が札幌圏に集中しています。札幌圏だけに市場を絞り込めば効率はよいですが、それだけに競争が激しい激戦区です。裏を返すと札幌圏以外は手薄です。弱者はそこを逆手にとり、**北の旭川圏から、南の苫小牧圏19万人から線の市場に沿って札幌圏を目指します。**

②東北の攻略法——東西のルートで郡山と盛岡を押さえる

東北6県の面積は全国の16・9％、人口は7・5％、県内総生産の合計は6・4％です。北海道に次ぐ効率の悪いブロックです。太平洋側は東日本大震災の被災の後の復興特需がありましたが一段落しました。全国に先駆けて人口減が進んでいる地域です。効率を優先する強者が後回しにするブロックです。支店は仙台です。

盛岡から東京へ向かう東北の大動脈の国道4号線沿いの「線」の市場に、人口161万人の仙台圏の「面」の市場と、盛岡圏47万人、福島圏46万人、郡山圏55万人などがあります。この南北の4号線ルートが東北の主戦場で、強者は最重視しています。逆にいうと強者はそれ以外の地を後回しにしています。

そこに弱者は活路を見出します。強者と差別化する弱者が重視すべきは東北を東西で結ぶ点線（市場はつながっていないが主要な交通ルート）です。南から①会津若松23万人、郡山、いわき35万人ルート、②山形54万人、仙台ルート、③秋田41万人、横手17万人、北上（花巻と双子都市）19万人ルート、④青森33万人、弘前31万人、盛岡、八戸34万人ルートです。

東北のメインルートは宇都宮からの4号線沿いですが、水戸からいわき、新潟から会津若松というルートもあります。新潟や水戸に強い会社は①の水戸、新潟から郡山を目指すルー

【図表3-16】東北ブロックの地域特性

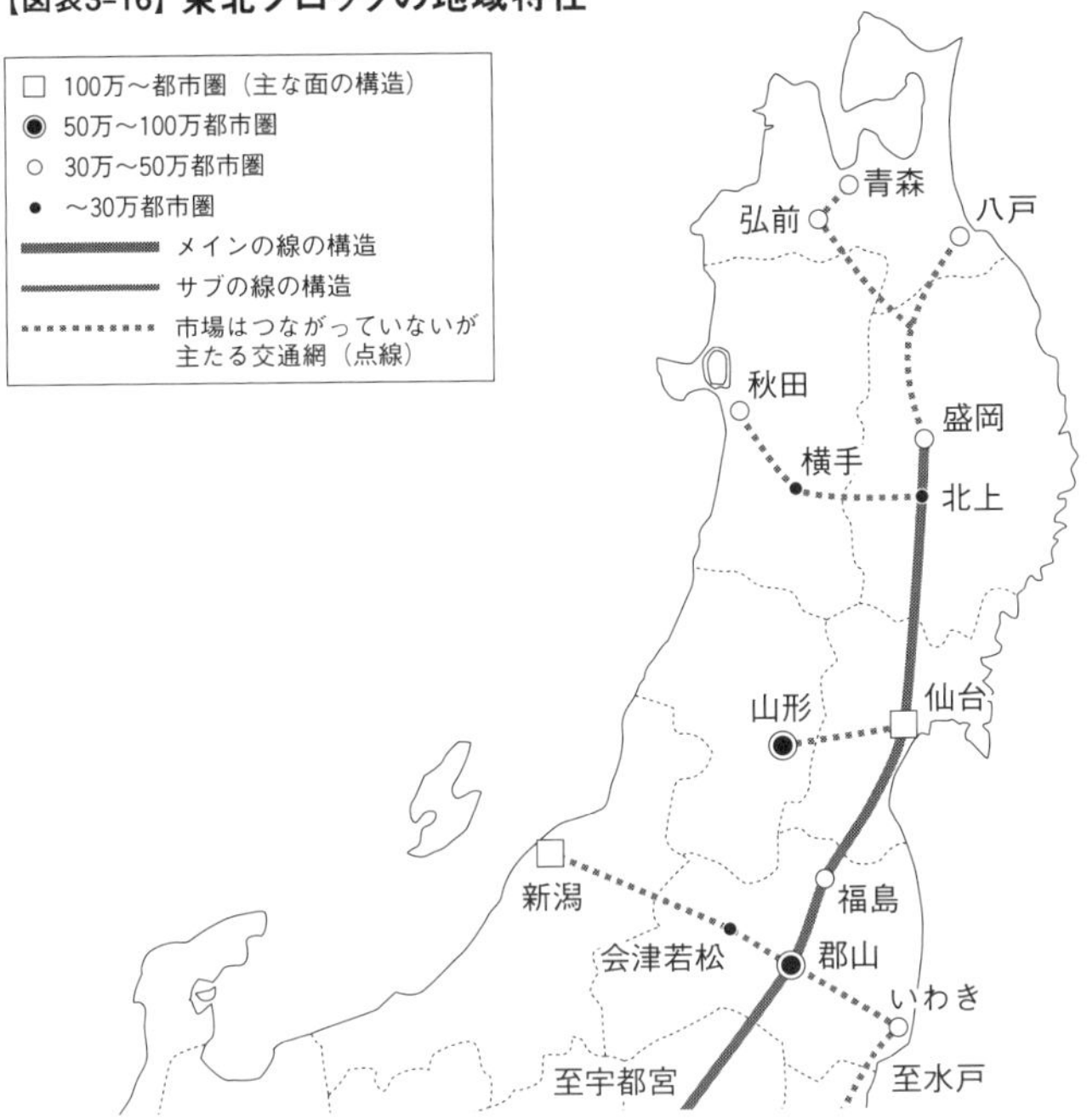

トで他社と差別化できます。
③④は盛岡と北上の岩手県を中心にして青森県と秋田県の北東北を攻めるルートです。仙台からの距離もあり、強者は北東北を後回しにしますので狙い目です。

こうして、**東西のルートで郡山と盛岡を確保**したら、最後は郡山と盛岡の南北から、そして②の山形から東へと3方向から仙台を攻めるのが弱者の東北攻略法です。

③北関東の攻略法——太田・小山・筑西（下館）ラインが狙い目

甲信越は東京へのベクトルが強い地域なので関東と一体で捉えます。関東甲信越の面積は全国の15・8％、人口は36・9％、県内総生産の合計は40・7％です。需要が巨大すぎるので二つの支店を置き、テリトリーを区分します。北関東3県と新潟県と長野県の東北信で北関東信越支店として、支店は北関東と信越の中継地となる高崎。南関東1都3県と山梨県と長野県の中南信（飯田は東海支店）で南関東甲信支店として、支店は東京。

北関東信越には前橋圏（高崎・伊勢崎との三つ子都市）126万人、宇都宮圏110万人、新潟圏107万人の三つの「面」の市場があります。東京圏・宇都宮圏・東北を結ぶ4号線と、東京圏・前橋圏を結ぶ中仙道（高崎まで、以遠は「点線」として新潟や長野へのルート）と、6号線が東京圏・水戸圏68万人を結びます。北関東信越は東京と南北の線でつながります。強者は北関東の「面」と南北の「線」を重視しています。

一方、東西の交通網は不充分です。北関東自動車道が開通して移動しやすくなりましたが、南北の東京へ向かう強いベクトルが東西にはありません。そこに弱者は着目します。群馬県の東部、栃木県の南部、茨城県の西部はそれぞれ前橋圏、宇都宮圏、水戸圏から離れていて強者が後回しにしています。

【図表3-17】北関東の地域特性

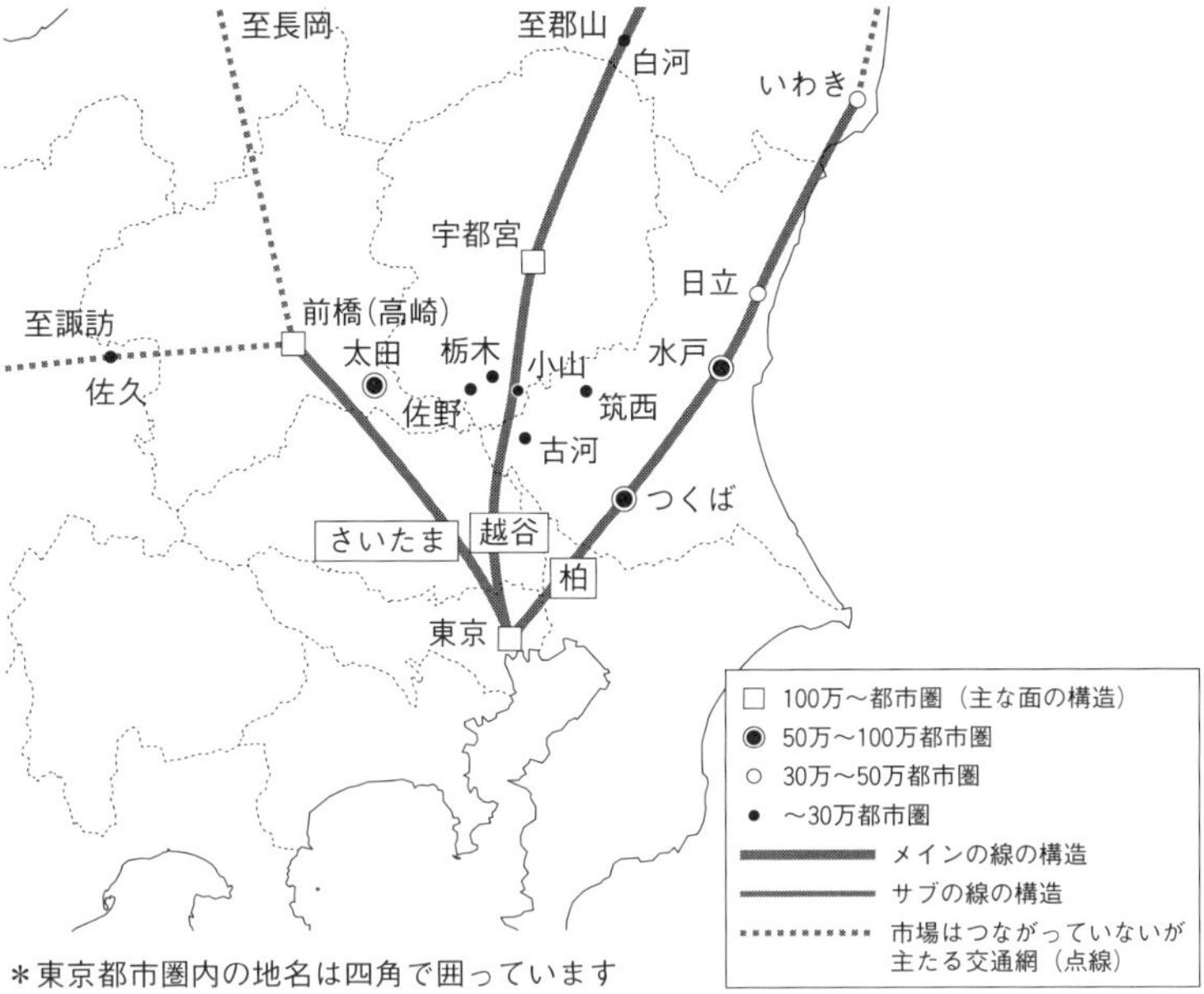

＊東京都市圏内の地名は四角で囲っています

群馬県の太田圏（群馬県桐生と栃木県足利の三つ子都市圏）61万人をはじめ、栃木県の小山圏（茨城県の結城含む）22万人と佐野圏12万人と栃木圏16万人、茨城県の古河圏（栃木県の野木含む）21万人と筑西圏（旧下館）15万人は、県境を超えて都市圏を形成している何県だかわかりにくい地域です。この太田⇔筑西ラインを狙う上でカギを握るのは小山です。小山は北関東の地理的な中心ですが、軽視されています。弱者の狙い目です。信越については⑤146ページで解説します。

④南関東の攻略法――横浜を制するものが日本を制する

南関東甲信は巨大な「面」東京圏（人口3530万人）のうち、平塚以遠の東海道、さいたま（大宮）以遠の中仙道、春日部以遠の日光街道・4号線、柏以遠の水戸街道・6号線、千葉以遠で富津までの湾岸（16号線）を「線」の市場とみなします。そのほか東京・八王子を結び、甲府圏60万人・諏訪圏20万人・松本圏45万人につながる甲州街道の六つの線が幹線です。東京の攻め口として6方向あるということです。うち3点以上の拠点を確保することの重要性は36項で解説したとおりです。横浜、八王子、さいたま、千葉の4点は必要です。

とりわけ横浜は重要かつ困難です。横浜市の人口は374万人。東京23区に次ぐ日本2位の人口規模です。大阪市や名古屋市より大きく、四国4県と同規模です。北部が東京のベッドタウンとして開発されたので東京都市圏に含まれますが、横浜市の都心部には商業吸引力があり、湾岸は京浜工業地帯の一翼としての工業出荷額があります。横浜を制する者は神奈川を制し、神奈川を制す者が東京を制しますので、日本を制するのです。

関東進出の第一拠点は城下町の歴史をもつ小田原がよいでしょう。小田原から平塚へ東海道沿いに攻めます。厚木へも246号沿いに攻めます。第二拠点は八王子がよいでしょう。八王子からは甲州街道沿いに府中、新宿へと攻め上るとともに、16号線で相模原・町田へも

【図表3-18】南関東の地域特性

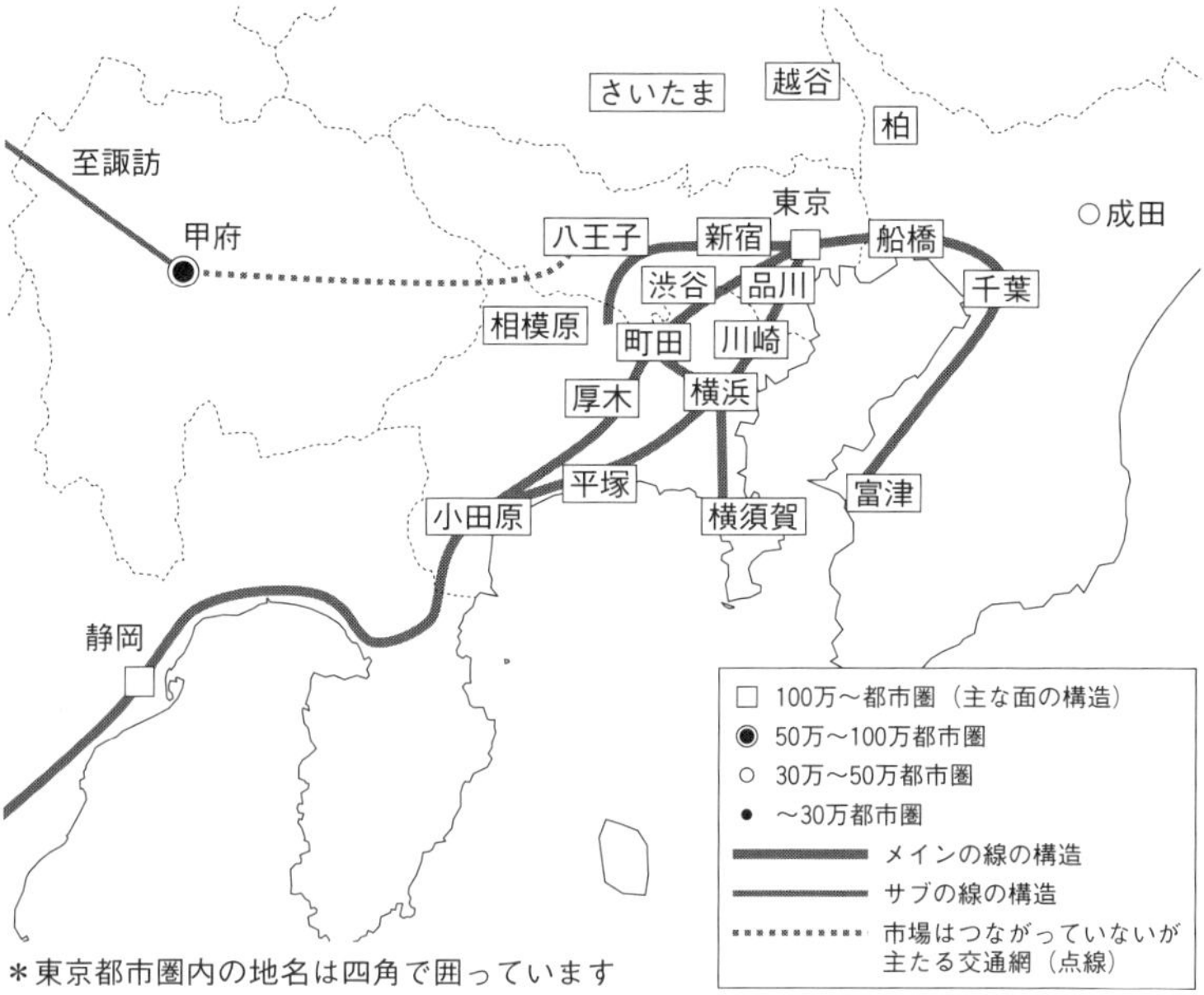

＊東京都市圏内の地名は四角で囲っています

進みます。厚木からも町田へ攻めます。第三拠点は横須賀がよいでしょう。こうして、平塚から東海道、町田と横須賀の16号線の南北から横浜を目指します。川崎は東京へベクトルが向いています。横浜を制した後に攻略します。

これで八王子・府中・新宿の甲州街道ルートと、横浜・川崎・品川の東海道ルート、横浜・町田・渋谷の２４６号ルートで東京の南西部は攻略できます。北東部も同様に攻略します。甲信については次の⑤で解説します。

⑤甲信越と北陸の攻略法――盲点となる地域だけに弱者の狙い目

甲信越は北関東ブロック、南関東ブロック、東海ブロックに分けて位置づけました。北陸3県は県内総生産の合計が2・4％しかありませんので近畿ブロックに位置づけます。紙面の都合で甲信越と北陸はここで解説します。

新潟と東北信の攻略法。上田圏21万人から長野圏59万人は千曲川で、長岡圏37万人から三条圏（燕と双子）22万人経由で新潟圏106万人は信濃川で「線」の市場を形成し、新潟圏は「面」の拡がりがあります。いずれも弱者は川上から川下に攻めるのが原則です。広域には北関東の高崎との関係が重要です。

山梨と中南信の攻略法。松本圏45万人から諏訪圏20万人経由で甲府圏60万人は峠越えもありますが「線」の市場を形成しています。諏訪から伊那圏18万人・飯田圏16万人も「線」です。交差する諏訪は中仙道で東信にもつながりますので地域戦略上の要衝です。広域には八王子との関係が重要です。

北陸の攻略法。高岡市は2015年の国勢調査で富山の通勤圏に入りました。これにより富山県全域が都市圏人口107万人の富山圏に一本化され、「面」の市場となりました。金沢圏75万人から小松圏22万人経由で福井圏65万人までは手取川、九頭竜川などで分断されな

【図表3-19】甲信越と北陸の地域特性

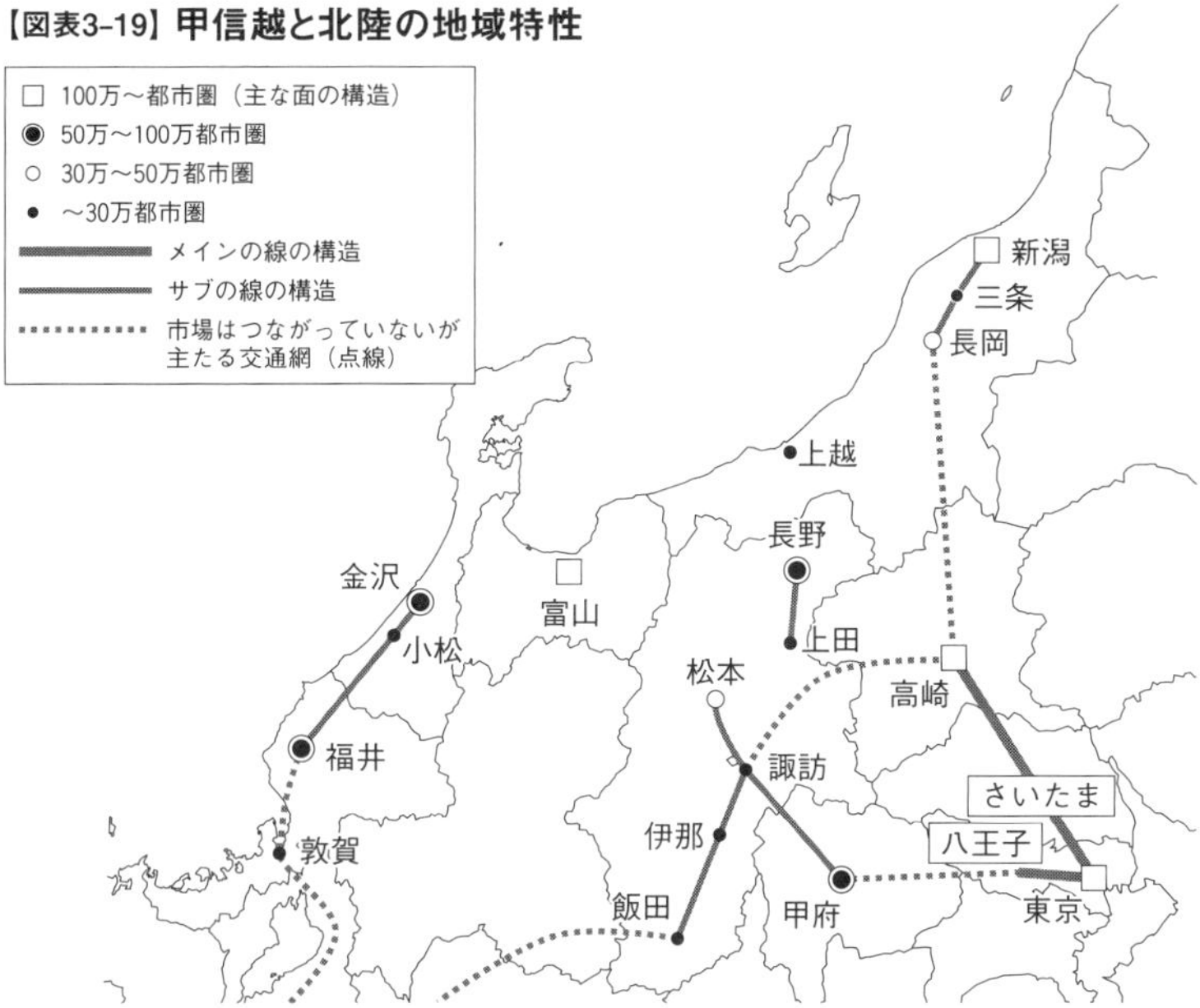

＊東京都市圏内の地名は四角で囲っています

がらも「線」の市場を形成しています。

強者は金沢を中心に考えています。福井は近畿圏の影響を受けやすいです。そこで弱者は東から西へ攻めていきます。黒部↓富山↓高岡↓金沢↓小松↓福井です。福井県の嶺南（敦賀と若狭）は近畿です。滋賀県か京都の丹波・丹後のテリトリーに入れてもよいです。

甲信越は大阪から、北陸は東京から遠いうえに市場も小さいので盲点になっています。それゆえに弱者逆転が起こりやすい地で、弱者の狙い目なのです。

⑥東海の攻略法──境目と、東濃ルート、関西本線ルートが狙い目

愛知、岐阜、三重、静岡の東海四県の面積は全国の7・4％、人口は11・8％、県内総生産の合計は13・3％です。面積の割に需要の大きな効率のよいブロックです。トヨタ、ホンダ、スズキなどの自動車産業の影響を受けやすい地ですが成長性は高い地域です。

支店は名古屋です。東京からの東海道の「線」の市場は名古屋で、JR東海道本線沿いに岐阜・大垣経由で滋賀県の彦根へ、JR関西本線沿いに桑名・四日市経由で滋賀県の草津へと分岐してつながります。

この線上に東から、沼津圏51万人、富士圏41万人、静岡圏99万人、浜松圏113万人、豊橋圏67万人、名古屋圏576万人、岐阜圏82万人、大垣圏32万人、四日市圏62万人などが連なります。名古屋、浜松、静岡が「面」を形成しています。豊田、岡崎、刈谷などの西三河は岡崎平野で一体的で合計人口は162万人、「面」の市場に準じ、名古屋と強く連動しています。

効率がよく面と線がわかりやすい東海ブロックは、どの会社も重視する激戦区です。弱者としては名古屋の影響力が弱い境目が狙い目です。沼津圏、富士圏の静岡東部は東京へベクトルが、伊賀圏18万人（名張との双子都市）は大阪に向いています。静岡圏、津圏（松坂と

【図表3-20】東海の地域特性

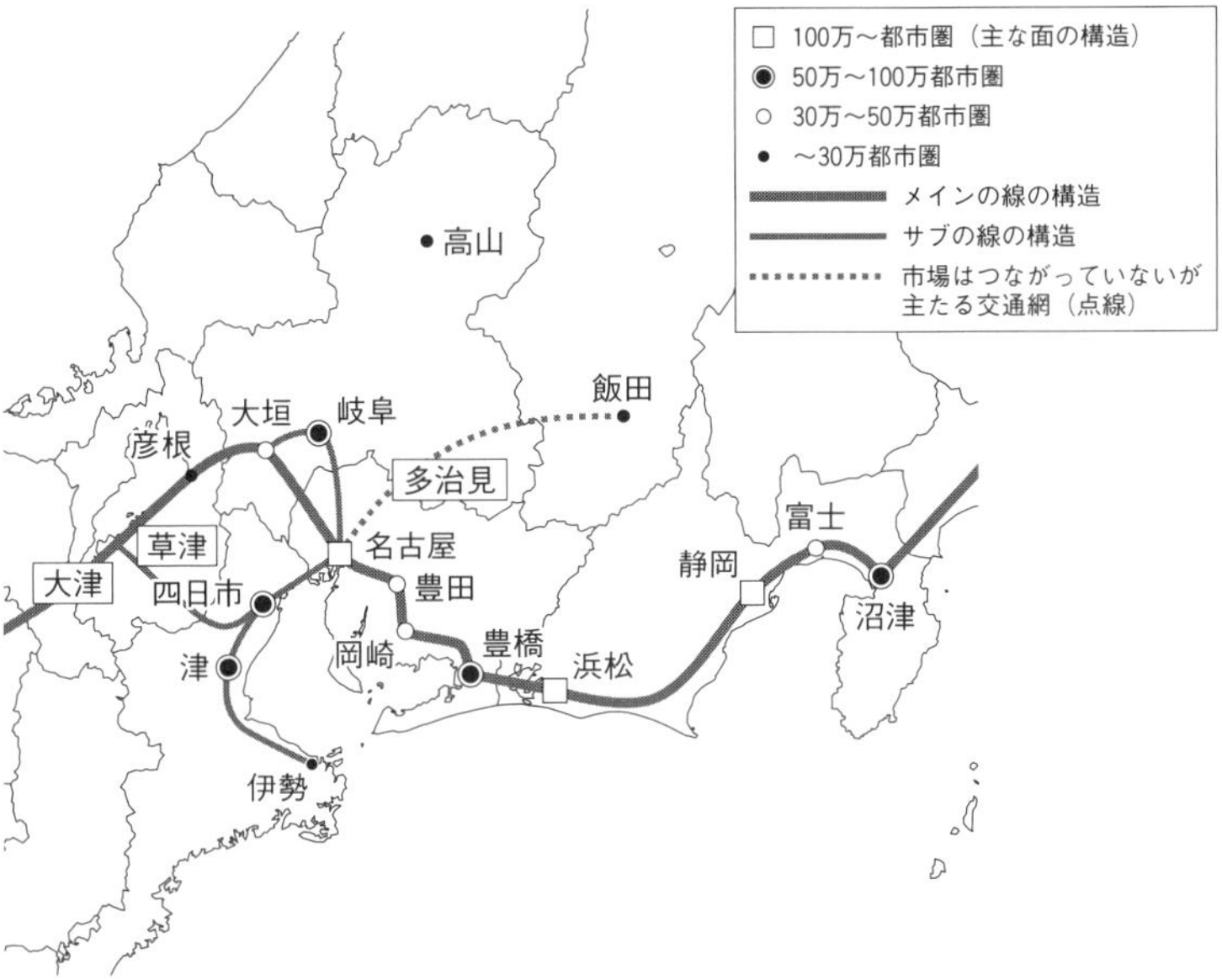

＊多治見は名古屋圏、大津と草津は京都圏です

の双子都市）、伊勢圏は大阪と名古屋の両者の力が拮抗する地です。境目を制したら、いよいよ本丸の名古屋を目指します。

名古屋を制するには①彦根・大垣・岐阜の東海道本線上りルート、②草津・四日市の関西本線ルート、③飯田・多治見の東濃ルート、④浜松・豊橋・西三河の東海道本線下りルートの4方向から攻める必要がありまず。大阪の大手は①、東京の大手は④を重視します。②③のサブルートは軽視されがちなので、弱者としては東濃ルート、関西本線ルートが狙い目です。

⑦近畿の攻略法――阪奈・阪和ルートが狙い目

近畿二府4県、北陸3県を合算すると面積は全国の10％、人口は18・8％、県内総生産の合計は18・2％です。効率のよい地域です。東京圏は横浜、さいたま、千葉を含めて一体なのに対して京阪神はそれぞれが独立した都市圏を形成しています。西三河同様に通勤・通学するところが京都、神戸に多いため、京阪神は連動しながらも独立しています。大阪圏（堺、尼崎、奈良含む）1205万人、京都圏（滋賀含む）280万人、神戸圏248万人の三つの「面」は地理的にはつながっています。併せると東京圏の2分の1の人口規模です。神戸圏に隣接する姫路圏77万人まで「面」と捉えてよいでしょう。支店は大阪です。

滋賀県の湖南・湖東は近畿と東海を結ぶ二つの線の市場（東海道本線と関西本線の2ルート）と北陸三県につながる北陸本線ルート（市場はつながっていない「点線」）です。京都府・兵庫県の内陸部と日本海側、奈良県南部と和歌山県は「点」の市場です。

近畿の最大需要地は大阪です。大阪を攻略するルートは①姫路・神戸・阪神地域（尼崎など）・キタの阪神ルート、②大津・京都・北摂&北河内・キタの京阪ルート、③津・名張・奈良・中河内・ミナミの阪奈ルート、④和歌山・泉州&南河内・ミナミの阪和ルートです。最大の激戦区は市場の大きい①阪神ルートです。次が②京阪ルートです。

【図表3-21】近畿・北陸の地域特性

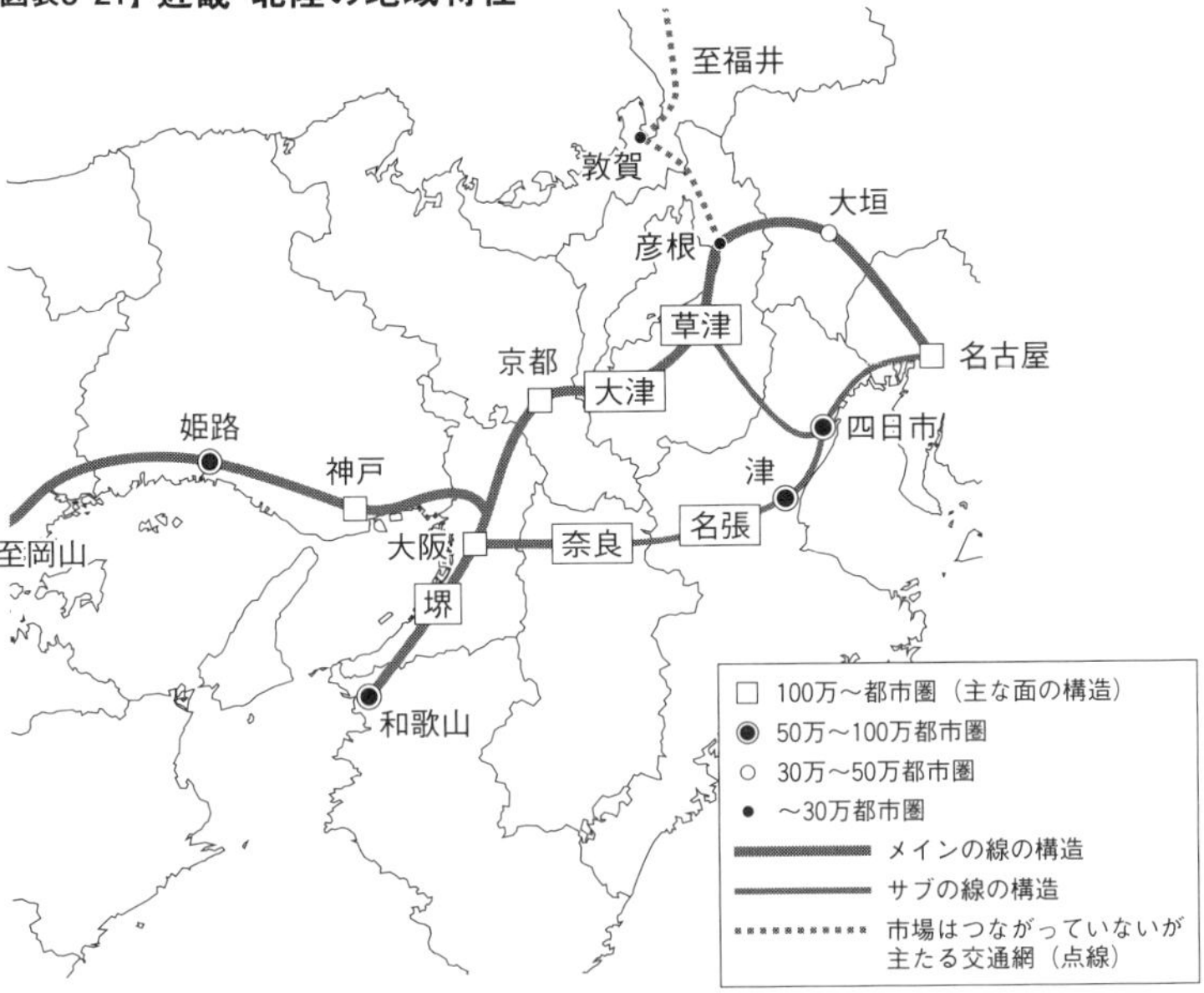

＊堺、奈良、名張は大阪圏、大津と草津は京都圏です

阪奈・阪和の二つのルートで大阪を攻略しようとする会社は少ないです。阪神・京阪ルートよりも市場が小さく「うちもの」体質だからです。奈良、和歌山は大阪でシェアが上がればついてくるようなイメージがありますが、和歌山圏57万人、奈良市は大阪圏の一部ですが35万人の人口のある県庁所在地です。それなりの市場規模はあります。弱者は阪奈・阪和ルートが狙い目です。

北陸については⑤146ページで解説済みです。

⑧中国四国の攻略法——出入り口である下関、岩国、福山を押さえる

中国五県、四国四県を合算すると面積は全国の13・4％、人口は9・2％、県内総生産の合計は8・4％です。面積の割には需要が少ないのですが、需要地は山陽道と四国の瀬戸内側の海岸線と山陰の出雲・松江・米子の海岸線の三つの「線」の市場に集中しています。

なかでも岡山圏（倉敷との双子都市）153万人、広島圏143万人の二つの「面」の市場をもつ山陽道は中国四国の需要の半分以上を占めます。また、地理的にも九州と近畿を結ぶ大動脈です。それだけに各社が力を入れる激戦区です。

中国四国を1支店で管轄する場合は岡山に支店を置くのが原則です。海峡は越えますが高松まで1時間前後、鳥取と米子まで高速道路を使えば2時間強で移動できます。ただし、東に寄りすぎています。中国と四国を分けるのであれば、中国は広島、四国は高松に置きます。

弱者は四国の穴場の高知圏53万人（典型的な「点」の市場）からはじめ、高知から松山圏64万人、徳島圏68万人、高松圏83万人へと攻め進めます。この4都市圏が交差するのが四国中央市（川之江）です。山陰は松江圏29万人、米子圏23万人、鳥取圏24万人の順で攻めます。四国と山陰で力を蓄えたら、いよいよ山陽道です。

山陽道は下関から大阪へと向かうベクトルが強いです。山陽道の入口は本州の入口でもあ

【図表3-22】中国四国の地域特性

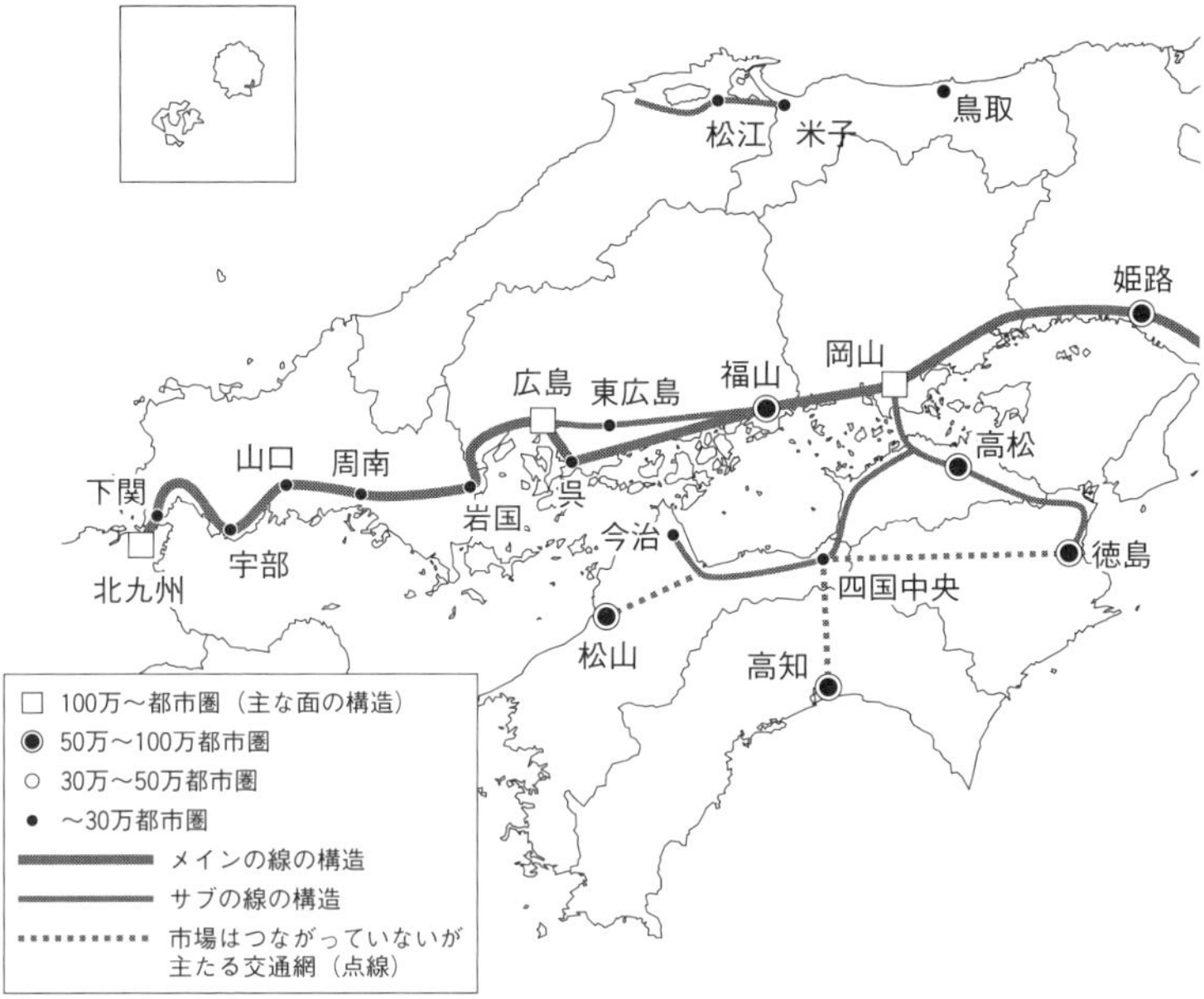

る下関です。下関は九州の出口の北九州と一体的な地域（都市圏人口は合算で１５９万人）です。

ここを制すれば、宇部圏24万人、山口圏（防府との双子都市）33万人、周南圏（旧徳山）27万人、岩国圏（山口県の出口で広島県の入口）17万人、広島圏、呉圏24万人、東広島圏22万人、福山圏（広島県の出口で岡山県の入口）61万人、そして岡山圏へと攻め進めます。

出入口である下関、岩国、福山を押さえることで、広島、岡山で勝つことができます。

⑨九州・沖縄の攻略法──筑紫平野から福岡圏へ

九州・沖縄八県を合算すると面積は全国の11・1%、人口は11・5%、県内総生産の合計は9・2%です。熊本の八代から北九州までの九州の大動脈が「線」の市場（国道3号線ルート）を形成しています。

線の上に福岡圏257万人、北九州圏131万人、熊本圏111万人の三つの「面」が形成されています。筑紫平野には筑後川の北岸に佐賀圏40万人や鳥栖圏12万人が、南岸に福岡県の久留米圏43万人や大牟田圏23万人などが位置します。合計人口で北九州圏に匹敵する筑紫平野は「面」的な拡がりがあります。

八代圏14万人以南は鹿児島まで交通網としてはつながり、鹿児島を起点に九州東海岸は宮崎、大分、北九州と国道10号線で交通網はつながりますが、市場としてはつながらない「点線」です。九州の最大需要地は八代以北で北九州までの3号線沿いです。後は「点」の市場です。離島の沖縄ももちろん「点」の市場です。

地理的にも歴史的にも気候も全く異なる沖縄（那覇圏83万人、沖縄圏28万人など）と、九州の中心の福岡圏から遠い、鹿児島圏72万人、都城圏24万人、宮崎圏50万人、大分圏74万人、中津圏21万人は「点」の市場です。ライバルが後回しにする地域なので狙い目です。いくつ

【図表3-23】九州・沖縄の地域特性

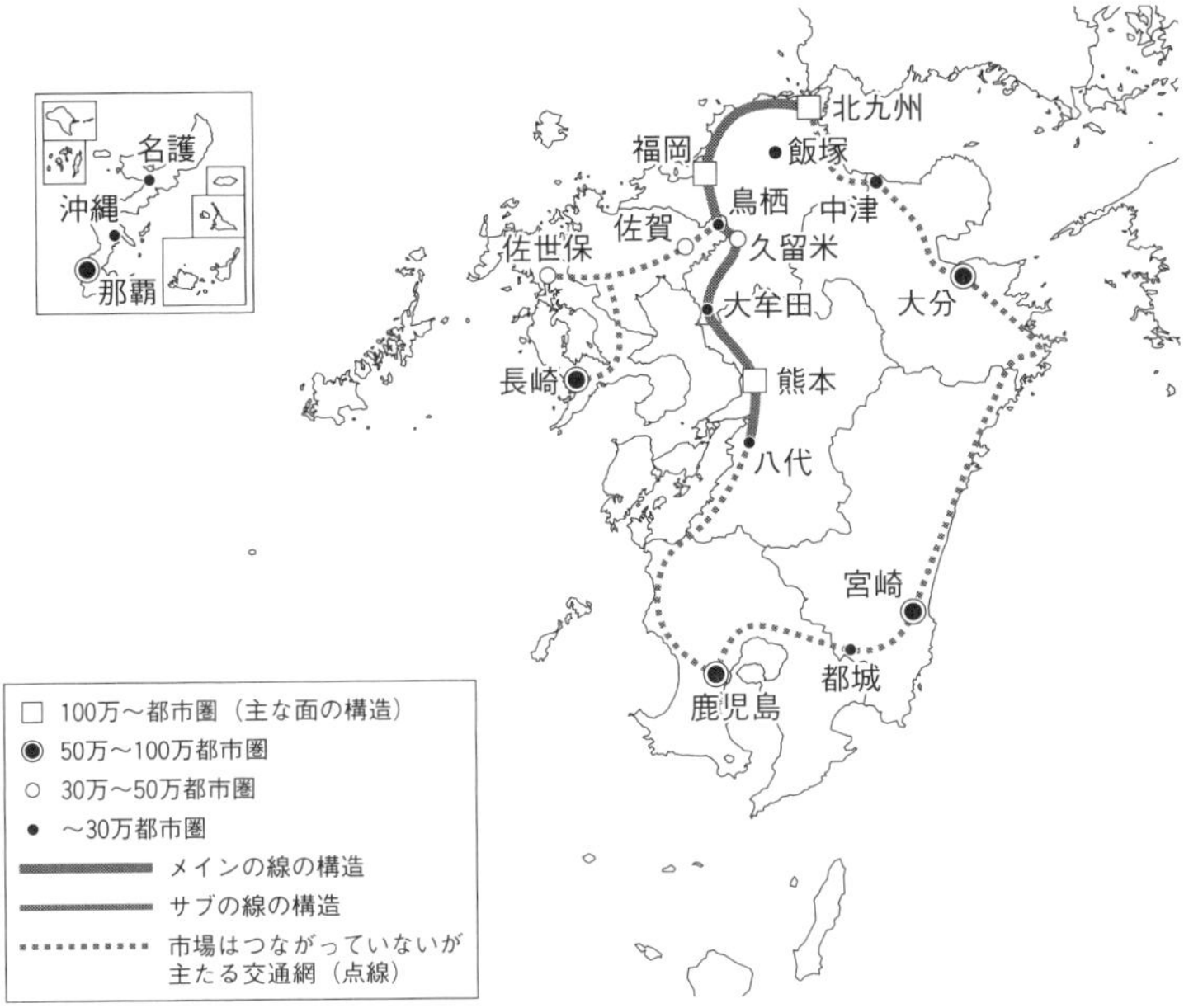

かの「点」をとって力を蓄えたら、いよいよ主戦場を狙います。

九州の南北のルートと東西のルート（点線）が鳥栖で交差する筑紫平野が九州攻略上の要衝です。西は長崎圏79万人、佐世保圏30万人から佐賀圏を目指します。穴場の佐世保から狙うとよいでしょう。南は八代圏・熊本圏から大牟田圏を目指します。

そして、佐賀から鳥栖、大牟田から久留米を攻略し筑紫平野を制した後、福岡圏へ総攻撃をかけます。北九州はその後、下関圏と一体的に攻めます。

38 地域戦略の実務①
商圏分析

販売情報と地域情報を収集・分析

情報なくして戦略なし。地域戦略策定のための商圏・テリトリーの情報を収集し、分析します。必要な情報は販売情報と地域情報です。

(1)販売情報

①顧客情報（**顧客数、総需要**、商品別・顧客層別に、増減も）

②自社と競合情報（**競合数、拠点・テリトリー**、**売上・シェア**、人員数、強み・弱み）

③販社情報（**販社数、拠点・テリトリー**、**売上・シェア**、人員数、強み・弱み）

(2)地域情報

①定量情報（人口、世帯、工業出荷額、商業販売額、事業所数など必要な統計資料）

②定性情報（地理、歴史、市場構造《点・線・面》、市場体質《うちもの・そともの》、気候、産業特性、消費特性、県民性など必要な情報）

【図表3-24】商圏分析

販売情報	顧客情報	顧客数、総需要、商品別・顧客層別に、増減も
	自社と競合情報	競合数、拠点・テリトリー、売上・シェア、人員数、強み・弱み
	販社情報	販社数、拠点・テリトリー、売上・シェア、人員数、強み・弱み
地域情報	定量情報	人口、世帯、工業出荷額、商業販売額、事業所数など必要な統計資料
	定性情報	地理、歴史、市場構造《点・線・面》、市場体質《うちもの・そともの》、気候、産業特性、消費特性、県民性など必要な情報

地域情報については自社事業に必要な情報を収集分析します。たとえば、コーヒーの販売事業者であれば、コーヒーの販売額、小売店や飲食店の数や規模、消費者の消費量などは把握すべきです。消費量が多いのは神戸、名古屋、岐阜、東京です。

正確で詳細な情報があればそれに越したことはありませんが、ないものねだりに時間をかけるべきではありません。早く戦略を策定し実行に移し、走りながら考えていけばよいと割り切り、スピード優先で取り組みます。それにはまず、仮説をもつことです。そして、情報収集を営業員の重要な仕事と位置付け、日々の営業活動を仮説検証の場とします。合言葉は**「売りながら調べ、調べながら売れ」**です。

39 地域戦略の実務②

顧客マップの作成とテリトリーの再編成

地図にするからわかることがある

テリトリーの地図を用意し、顧客、他社、販社などに印をつけます。顧客は、需要規模の大中小を印の大きさに、競争関係の強中弱を印の色に、買い替え需要業種は年次別の数字を、担当営業員別に印の形を変えてもよいでしょう。

顧客の地理的な分布状況は住所録を見ているだけではわかりません。32項で指摘した実力以上にテリトリーが広い会社が多いです。会社で定めた営業所のテリトリーや担当者のテリトリーと実態がズレている場合も多く、定期的に見直す必要があります。

需要が多い地域と少ない地域と、自社の顧客が多い地域と少ない地域にバラつきがあります。需要の割に自社顧客が多い地域は**地盤地域**です。需要の割に自社顧客が少ない地域はライバルの地盤地域です。自社の顧客数だけでなく需要とのバランスで判断します。

顧客マップを作成するとテリトリーそのものを見直す必要を感じる場合があるでしょう。

【図表3-25】顧客マップの作成例

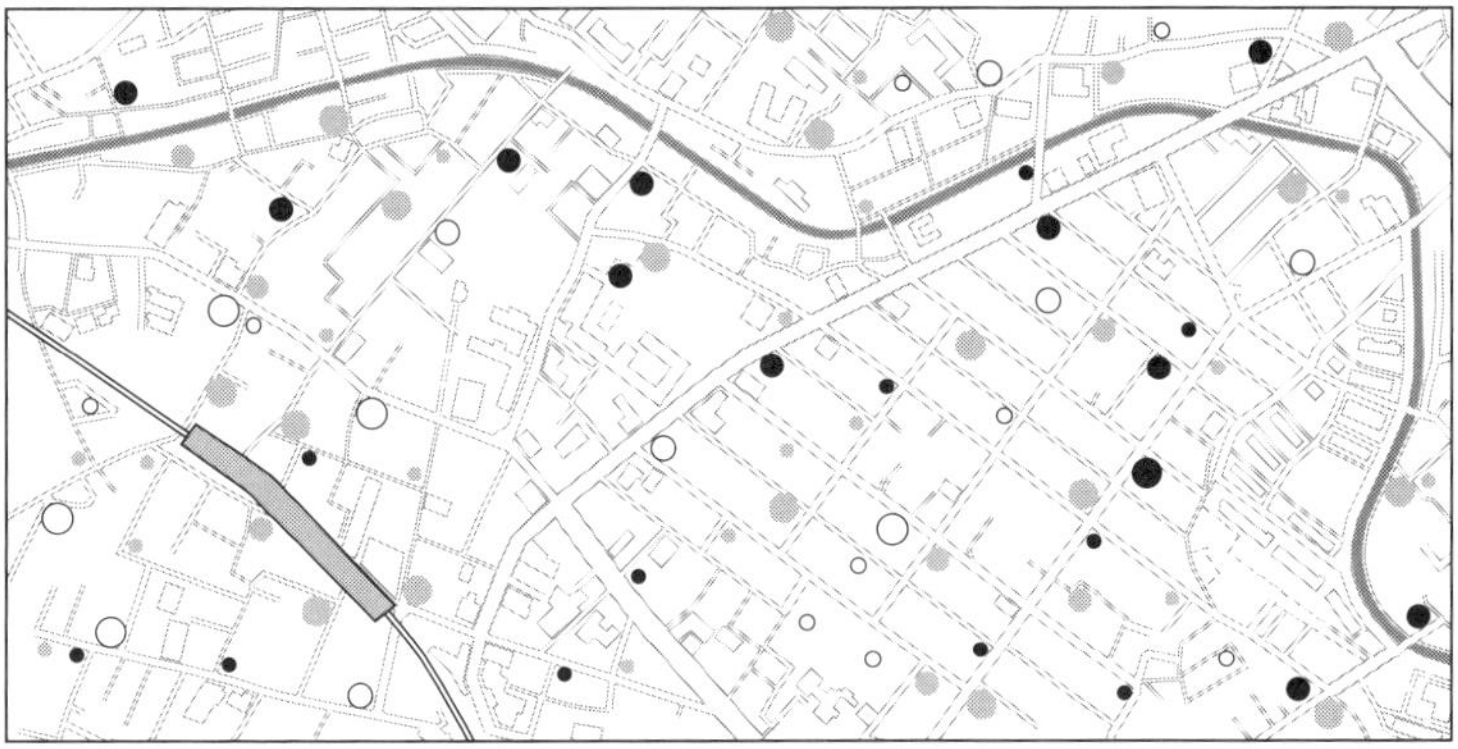

●：自社メイン顧客　●：どこもメインではない顧客　○：他社メイン顧客

テリトリーを再編する際には行政区分に縛られる必要はありません。37項で解説したように長野県や三重県や山口県などは分割してもよい。群馬県・栃木県・茨城県の一部で一つの営業所のテリトリーとしてもよいのです。**弱者は強者とテリトリーを一致させないことが重要な差別化戦略**です。

顧客マップ作成はＧＩＳ（地理情報システム）を活用することも検討しましょう。ローコストで使い勝手がよいものが増えています。需要が地域ごとにわかるＧＩＳは「魚がいるところで釣りをするための道具」といわれます。強者はそれでよいのですが、**弱者は「魚という需要と、釣り人というライバルとの力関係」で重点地域を決めることが勘どころです。**

40

地域戦略の実務③

テリトリーの細分化と平準化

市場規模で重点エリアを決めてよいのは強者だけ

実務①②でテリトリーを把握できたら、テリトリー内で重点エリアを設定するためにテリトリーを細分化します。一つの都道府県がテリトリーなら小さな県で2エリア、大きな県で7エリアほどに区分します。川・山の地形、江戸時代の国（武蔵国など）や藩の境により形成されている都市圏をベースに東西南北などと区分すればよいでしょう。

次に各エリアの市場規模を割り出します。おおよそでもかまいません。すると各エリアの規模の差が大きい場合が多いです。図表の例では南部が50億円の市場規模があるのに対して北部と西部は各10億円しか市場がありません。この区分のまま重点エリアを選ぼうとすると、規模の大きな南部を選ぶことになりそうです。強者ならそれでかまいません。しかし、弱者はそれでは強者と重点エリアを差別化することができません。

そこで、市場規模を平準化します。平準化とは均等にすることです。ぴったり同じ大きさ

【図表3-26】テリトリーの細分化と平準化

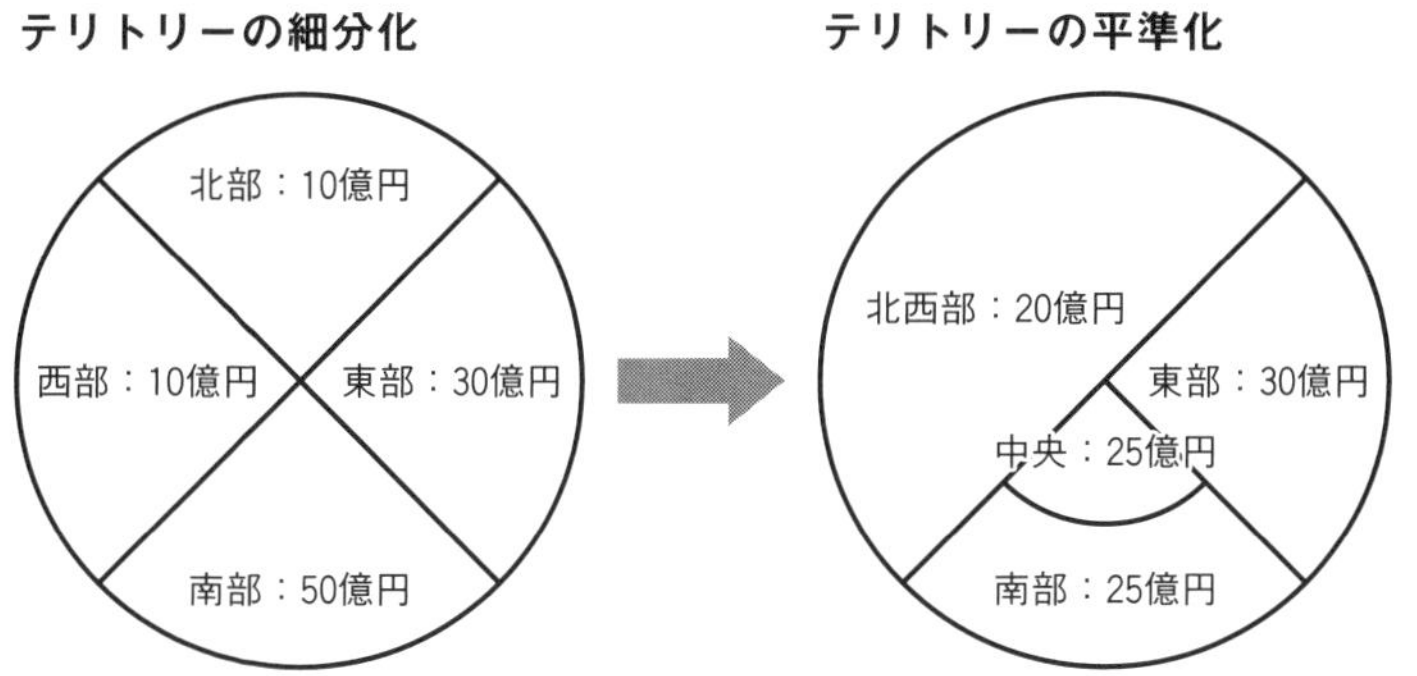

にはできませんし、する必要もありません。大きなエリアと小さなエリアの差をルート3倍未満にできれば充分です。**規模に引きずられずに重点エリアが決められればよい**のです。

上の図表の場合は小さすぎる北部と西部は一体化させて20億円市場としました。大きすぎる南部は中央と南部に分割して各25億円市場としました。これにより東部30億円が最大となり、最小の北西部20億円との差が1・5倍となります。平準化できました。

テリトリーの細分化と平準化ができたら、各エリアの市場分析を行ないます。エリア別に市場規模と各社シェア、成長性、「点・線・面」の市場構造、「うちもの・よそもの」の市場体質などを整理します。整理が済めば、いよいよ重点エリアを選定します。

41

地域戦略の実務④

重点エリアの選定

市場地位により重点エリアの選定基準が異なる

市場地位により重点エリアの選定の基準が異なります。弱者はナンバーワンになりやすいエリアを選べばよいのです。「勝ち易きに勝つ」です。ただし、弱者といっても2位・3位でシェアがそこそこある弱者と、4位以下の全く弱い弱者とでは狙い目が異なります。全く弱い弱者を圏外弱者、そこそこのシェアがある弱者を圏内弱者と筆者は呼びます。強者も1位とナンバーワンでは異なります。市場地位別の重点エリアの選定基準を解説します。

①圏外弱者：1位に対してルート3倍以上の差のある弱者、シェア10％未満、4位以下

勝ち易さ（地域ナンバーワンになる可能性の高いエリア）を最優先。市場性（規模、成長性、代表性《県庁所在地など地域を代表する都市圏》）は後回し。弱いながらも一番シェアが高いエリア、上位との差が少ないエリアを選ぶ。東北の例：会津若松圏、北上圏

②圏内弱者：1位に対してルート3倍未満の差の弱者、シェア20％未満、2位・3位

【図表3-27】重点エリアの選定基準

圏外弱者	1位に対してルート3倍以上の差のある弱者、シェア10%未満、4位以下。	勝ち易さを最優先。市場性（規模、成長性、代表性）は後回し。弱いながらも一番シェアが高いエリア、上位との差が最も少ない逆転しやすいエリアを選ぶ。
圏内弱者	1位に対してルート3倍未満の差の弱者、シェア20%以上、2位・3位。	勝ち易さを優先しながらも市場性も意識する。ただし、強者と重点エリアが同じになる可能性がある。強者の重点エリアを想定して、差別化する。
強者	1位の強者、シェア26%以上、2位との差は圏内。	市場性を優先してナンバーワンになれそうなエリア。「足下の敵」を叩くことを意識。
ナンバーワン	2位にルート3倍以上の差をつけたナンバーワン、シェア42%以上。	無理にそれ以上にシェアを上げる必要はないが、やるとするなら弱い地域のテコイレ。または他エリアへの出口になる地域。

勝ち易さを優先しながらも市場性も意識する。ただし、強者と重点エリアが同じにならないように差別化する。東北の例：秋田圏、郡山圏、盛岡圏

③強者：1位の強者、シェア26%以上、2位との差は射程圏内

市場性を優先してナンバーワンになれそうなエリア。東北の例：仙台圏

④ナンバーワン：2位にルート3倍以上の差をつけたナンバーワン、シェア42%以上

シェア競争は勝利している。無理にそれ以上にシェアを上げる必要はないが、やるとするなら弱い地域のテコイレ。または他エリアへの出口になる地域。東北の例：北関東への出口としてのいわき圏、白河圏

Question
5
商圏の拡がりを他地域とのつながりや分断から「点」「線」「面」に区分することを市場構造という。弱者は＿＿＿＿→＿＿＿＿→＿＿＿＿の順で攻めるのが原則である。

Question
6
地域住民の気質を「うちもの」「そともの」に区分することを市場体質という。弱者は＿＿＿＿＿＿が狙い目。

Question
7
三点攻略法とは、中心地を囲む３点を順に＿＿＿＿＿＿になるまで攻略して、最後に３点から中心を攻略する手法である。

Question
8
商圏分析で収集する販売情報は、商圏内の顧客、競合、販売会社についてだが、顧客については＿＿＿＿と＿＿＿＿が必須。競合と販売会社については＿＿＿＿と＿＿＿＿、＿＿＿＿と＿＿＿＿が必須である。

Question
9
重点地域を決めるためにテリトリーを細分化するが、その際、各地域の市場規模を＿＿＿＿化する必要がある。規模に引きずられずに決めるためである。

Question
10
市場地位により重点エリアの選定基準が異なる。その地位は以下の４区分である。＿＿＿＿弱者、＿＿＿＿弱者、強者、＿＿＿＿＿＿。

第3章 地域戦略編

理解度テスト

下記の文章の空欄を埋めましょう。答えは166ページです。

Question 1

ランチェスター地域戦略の基本方針は「地域を＿＿＿＿し、差別化した地域に集中して＿＿＿＿＿＿をつくる」ことである。

Question 2

周辺から中心へヒト、モノ、カネ、情報が向かうことを＿＿＿＿という。地域のつながりや分断を知ることができる。

Question 3

核となる都市とその影響を受ける周辺地域や郊外をひとまとめにした地域の集合体を＿＿＿＿＿という。一般に全通勤・通学者の＿＿＿＿％以上が中心地へ通っているかどうかを基準とする。

Question 4

拠点数が少ない会社の場合、１次・２次・３次の商圏を決め、顧客の分布を理想像に近づけていく必要がある。１次商圏15km・車で30分圏に顧客を＿＿＿＿％つくり、２次商圏＿＿＿＿km・車で＿＿＿＿分圏に顧客の25％をつくるのが理想である。

A 解答

□欄に正解は○、不正解は×をつけます。
×は当該項を復習して、理解を深めてください。

1	□	29参照	ランチェスター地域戦略の基本方針は「地域を**細分化**し、差別化した地域に集中して**ナンバーワン**をつくる」ことである。
2	□	30参照	周辺から中心へヒト、モノ、カネ、情報が向かうことを**ベクトル**という。地域のつながりや分断を知ることができる。
3	□	30、37参照	核となる都市とその影響を受ける周辺地域や郊外をひとまとめにした地域の集合体を**都市圏**という。一般に全通勤・通学者の**10**%以上が中心地へ通っているかどうかを基準とする。
4	□	32参照	拠点数が少ない会社の場合、1次・2次・3次の商圏を決め、顧客の分布を理想像に近づけていく必要がある。1次商圏15km・車で30分圏に顧客を**70**%つくり、2次商圏**30**km・車で**60**分圏に顧客の25%をつくるのが理想である。
5	□	34参照	商圏の拡がりを他地域とのつながりや分断から「点」「線」「面」に区分することを市場構造という。弱者は**点→線→面**の順で攻めるのが原則である。
6	□	35参照	地域住民の気質を「うちもの」「そともの」に区分することを市場体質という。弱者は**うちもの**が狙い目。
7	□	36参照	三点攻略法とは、中心地を囲む3点を順に**ナンバーワン**になるまで攻略して、最後に3点から中心を攻略する手法である。
8	□	38参照	商圏分析で収集する販売情報は、商圏内の顧客、競合、販売会社についてだが、顧客については**顧客数**と**総需要**が必須。競合と販売会社については**拠点**と**テリトリー**、**売上**と**シェア**が必須である。
9	□	40参照	重点地域を決めるためにテリトリーを細分化するが、その際、各地域の市場規模を**平準**化する必要がある。規模に引きずられずに決めるためである。
10	□	41	市場地位により重点エリアの選定基準が異なる。その地位は以下の4区分である。**圏外**弱者、**圏内**弱者、強者、**ナンバーワン**。

第4章

ランチェスター販売チャネル戦略編

42 ランチェスター販売チャネル戦略

チャネルを差別化、集中し、接近戦を展開し、ナンバーワン顧客をつくる

缶コーヒーのシェア1位はコカ・コーラ社のジョージアです。缶飲料市場の主要なチャネルの自動販売機の設置台数において他社を圧倒しているからです。強者は最大のチャネル網を維持強化することが基本戦略です。

ただし、ときとして既存のチャネル網が足かせになることがあります。1993年に文具メーカーのプラスはアスクル事業を始めます（現在のアスクルはソフトバンクのグループ会社）。アスクルは通信販売のようにユーザーからの注文を直接受け、契約している文具小売店に納品と代金回収と営業代行の業務を行なってもらう商社を中抜きしたビジネスモデルです。

このとき文具業界の強者のコクヨの対応は遅れました。8年後の2001年にカウネットを立ち上げ、追撃体制に入りますが、アスクルに追いつくことはありませんでした。なぜ、

【図表4-1】第4章 チャネル戦略編の構成　　数字は解説する項目の番号

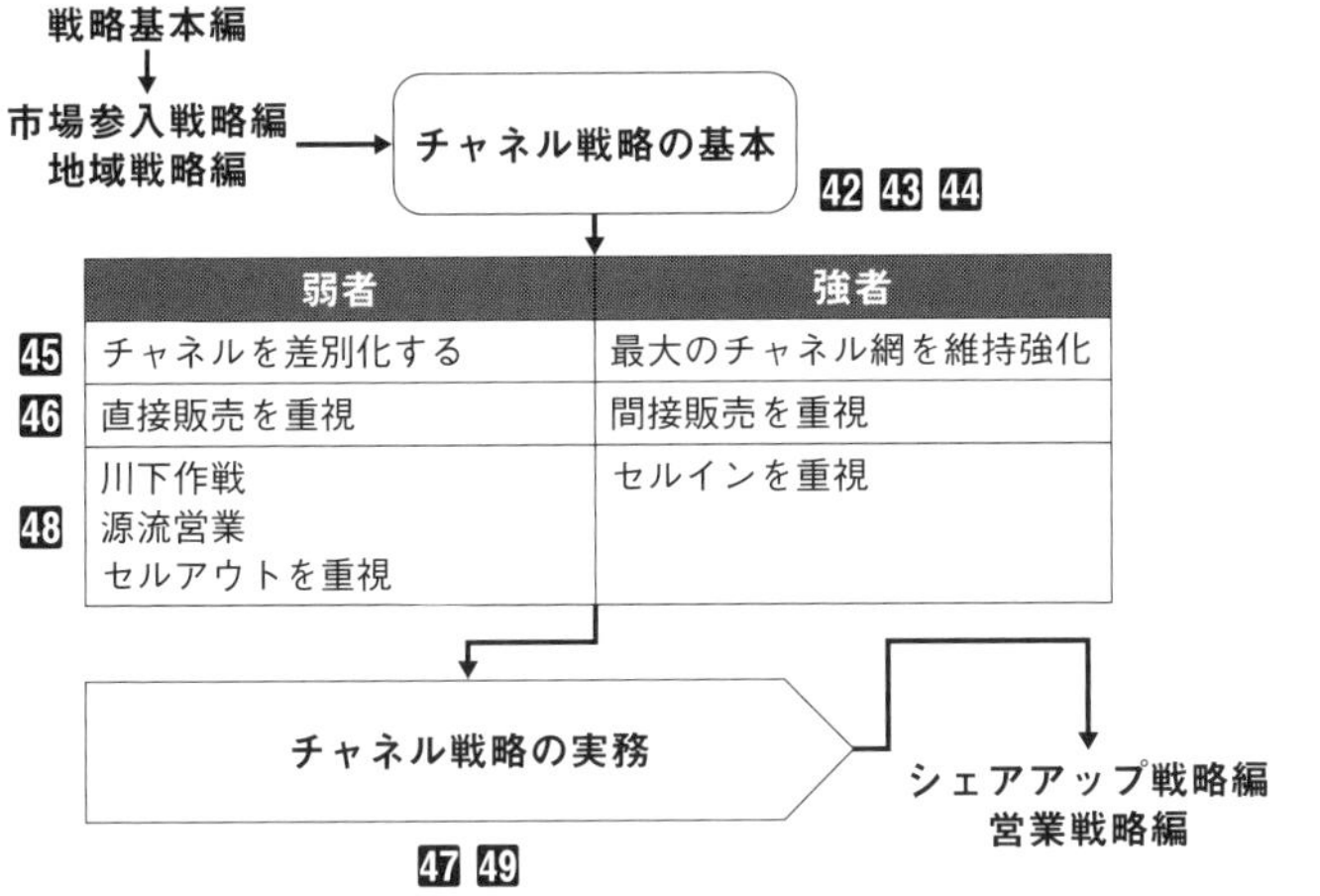

コクヨのミート戦略は遅れたのか。それはコクヨが文具業界における強大な販売チャネルが崩れることを避けようとしたからと思われます。アスクルのチャネルの差別化の成功による歴史的な弱者大逆転です。このように**販売チャネルを制する者が市場を制します**。

本章では販売チャネル戦略について解説します。**販売チャネルとは事業の流通・販売・顧客とのコミュニケーション方法**です。販売チャネルは大きく**直接販売（直販）**と**間接販売（間販）**とに区分されます。直販は間販業者のマージン（売買差益）が発生しないので顧客に安く提供できるとアピールしています。たしかに工場に顧客が訪れて購入する工場直売ならそのとおりです。ですが、各地のユーザーにメーカーが訪問して商談して納品してアフターサービスを行なうとするとどうでしょうか。相当な投資が必要となり販売価格に転嫁せざるを得ません。既存の販売チャネルを活用した間販のほうがコストダウンできることも多いのです。直販すれば必ず安く提供できるわけではありません。

間接販売には三つの機能があります。**第一に販売機能**、**第二に物流機能**、**第三に金融機能**です。全国に拡がるユーザーや消費者へ訪問・情報提供・商談・アフターメンテ、物流、代金回収を自社だけで行なおうとすると一体、全国にいくつの営業所や物流拠点を設け、何人の営業員や配送員やメンテナンス要員が必要となるでしょうか。三つの機能を自社だけで行なうのは現実的ではありません。ここに間販業者の存在価値があるのです。間販業者を使うことで小規模なメーカーも全国に販売できるのです。

もちろん、直接販売にもメリットがあります。**第一に戦略の一貫性が保てること**。ブランド価値を訴求したい消費財や、個別対応が必要で高度に専門的な生産財は直販のほうがやりやすいです。**第二にニーズやクレームといった重要な情報を直接収集し対応できること**です。**第三にマージンカット**です。前述のようにすべてのビジネスが直販すれば安く提供できるわけではありませんが、マージンカットできるビジネスモデルもあります。

強者は原則として間接販売が向いています。強者とはシェア1位のトップブランドです。よく売れます。値崩れも起きにくく利益性も高い。ゆえに間販業者が喜んで売ります。トッ

【図表4-2】直接販売と間接販売

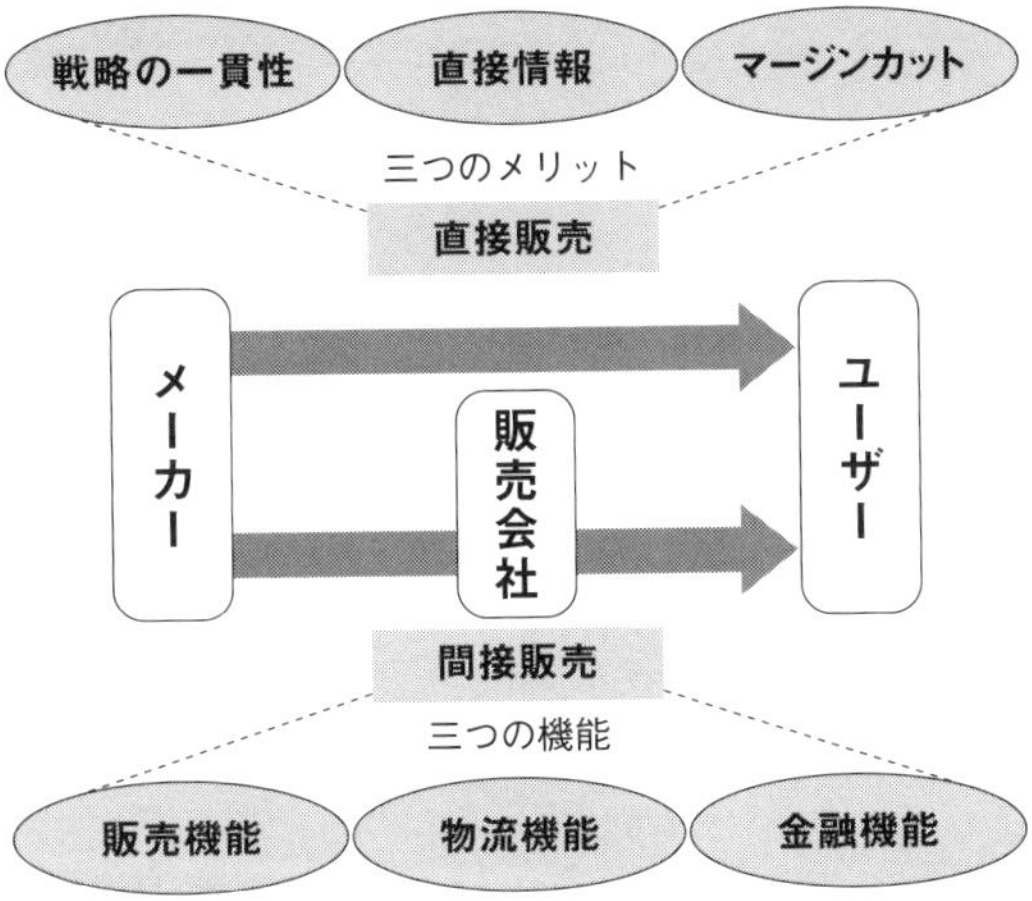

プブランドの販売権のない間販業者は存在感が問われるくらいです。弱者は原則として直接販売が向いています。弱者とは2位以下ですから、売れていませんし、売りにくいので値崩れもしやすいです。間販業者が後回しにしがちなので、間販業者が頼りになりません。

しかし、間接販売にも三つの機能があるので、弱者は間接販売をしてはならないわけではありません。間販業者任せにしていては売れないので、セルアウト活動・川下作戦・源流営業（48項で解説）を行ない、間接販売を補強するのです。チャネルを差別化、集中し、接近戦を展開しナンバーワン顧客をつくることが販売チャネル戦略の基本方針です。

合言葉は**「弱者は自ら売り切る力をもて！」**です。

43 見込事業と受注事業

販売チャネルの前提となる事業の二つの形態

販売チャネルの前提となる事業の形態について、コンサルタントの牟田學氏は**「見込事業」**と**「受注事業」**の二つしかないと主張されています。見込事業とは自発的に製造、仕入れ、販売を行なう事業です。受注事業とは顧客の発注を受けてから仕事をする事業です。

たとえば、注文住宅の建築は受注事業です。顧客の発注により業務を請け負うからです。では、建売住宅の建築はどうでしょうか？　建てた後に売るから建売といいます。自発的に建築するので見込事業です。このように同じ住宅建築であっても異なります。

建売は売れたら儲けは大きい。売れなければ大損です。見込事業はハイリスク・ハイリターン。商品力が事業の成否を左右します。いかに市場のニーズを捉えた商品を提供できるか。注文住宅は顧客から受注するので、大きく儲けることはできない。だが損をすることは稀です。受注事業はローリスク・ローリターン。受注事業は顧客が事業の成否を左右します。い

【図表4-3】見込事業と受注事業

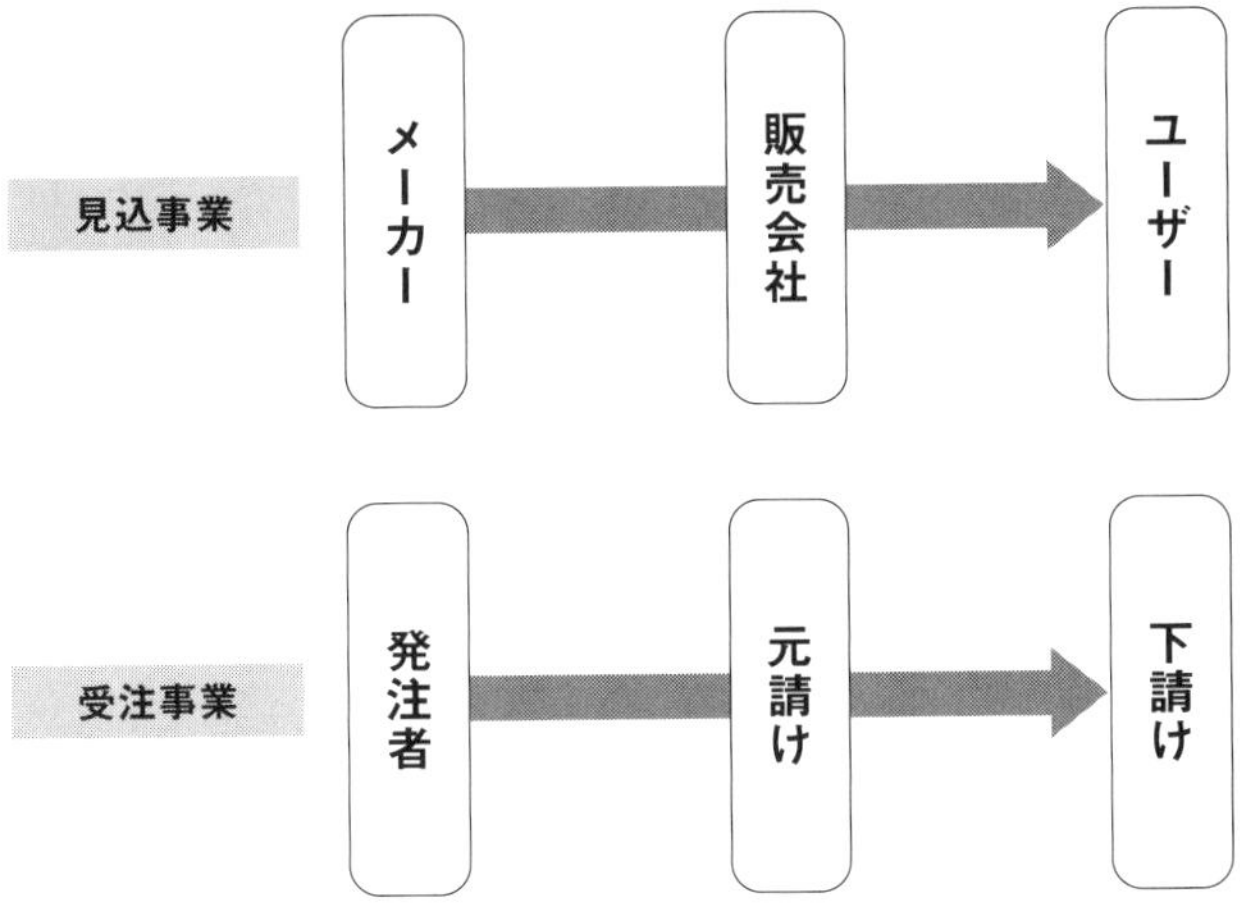

かに顧客との良好な関係を築くか。

見込事業の商流はメーカー↓販売会社（商社や小売店）↓ユーザー（または消費者）です。受注事業の商流は発注者↓元請け業者↓下請け業者です。見込事業のメーカーは市場のニーズを知るためにユーザーや消費者へ接近することがポイントです。受注事業は下請けであっても発注元へ接近することがポイントです。いずれも接近戦の思想です。48項で解説します。

自社の事業は見込事業か、受注事業か。両方あるならその構成比は。両事業には良し悪しがあるので、中期的には見込事業者は受注事業の安定性を、受注事業者は見込事業の収益性を取り入れるべきです。

44 五つの販売チャネル

①訪問販売、②店頭販売、③通信販売、④配置販売、⑤その他

牟田學氏は、販売チャネルは五つであるとも言われています。第一の**訪問販売**は営業員が顧客に訪問して商談して販売する方法です。個人宅を訪問する販売方法を思い浮かべるかもしれませんが、企業など法人を訪問するB to B事業は訪問販売です。たとえば、旅行代理店の営業員は企業や団体の旅行業務を受注するために訪問して営業活動を行なっています。

旅行代理店の営業員は個人の顧客に対しては原則として訪問しません。店舗を構え、顧客に来店してもらい商談します。カウンターセールスといいます。第二の**店頭販売**とは小売店のみならず、カウンターセールスも含みます。

楽天トラベルなどネット上でホテルを予約する人が増えています。第三の**通信販売**です。

第四の**配置販売**とは自動販売機が典型です。電車やバスの券売機は配置販売です。

第五の販売チャネルは展示販売や組織販売など、その他の販売方法です。たとえば駅構内

【図表4-4】五つの販売チャネル

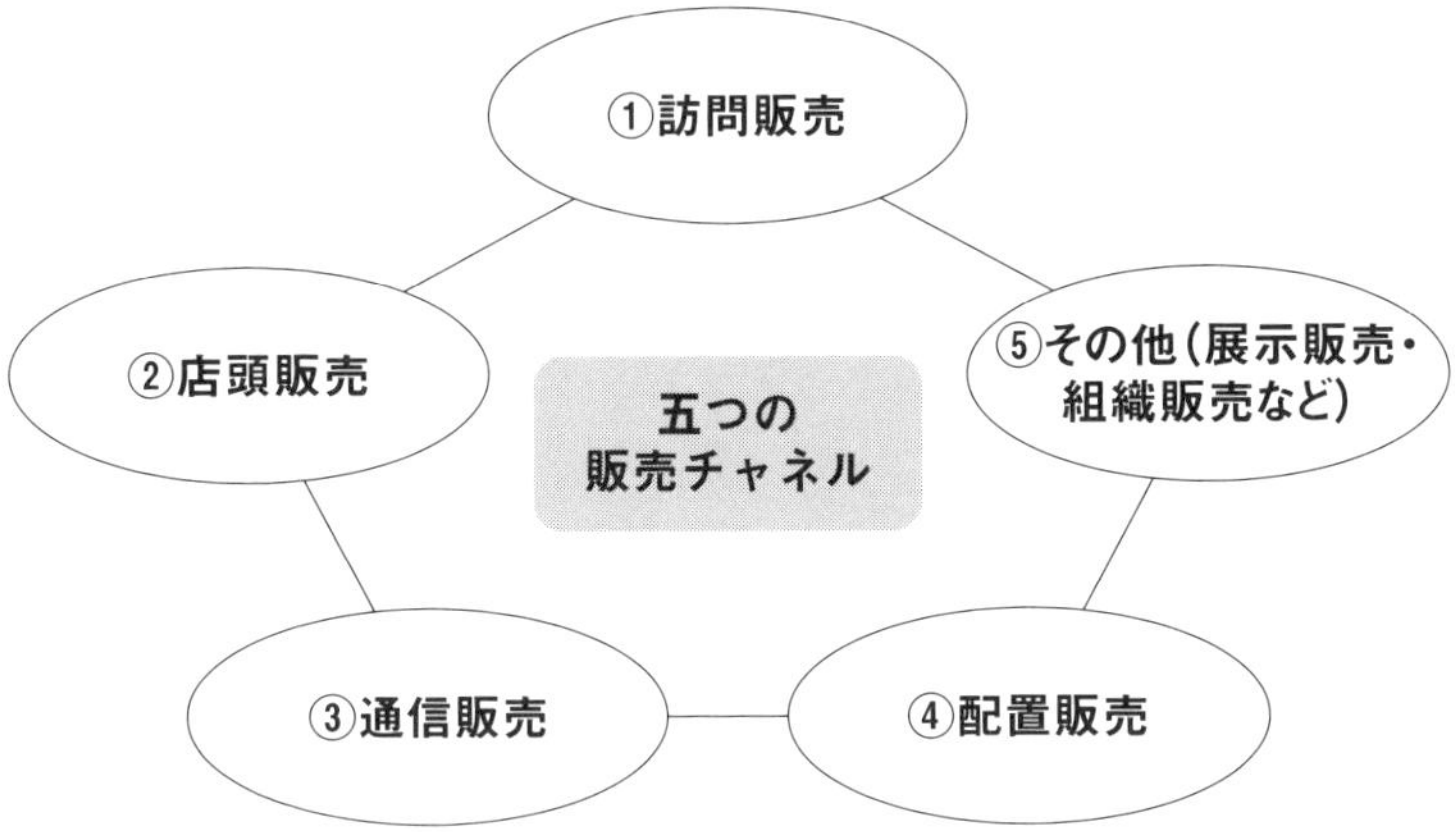

で期間限定の物産展が行なわれています。ホテルなどの会場で展示即売会が行なわれています。常設店舗ではない小売の手法が展示販売です。組織販売とは互助会やネットワークビジネスのことです。

自社はどの販売方法で営業をしているでしょうか。その構成比はどのようになっているでしょうか。いま行なっていない販売チャネルを付け加えることで強者と差別化し、売上を拡大させることができます。筆者の助言を受け入れた機械工具の直需商社は、顧客の事業所の中に富山の置き薬方式の工具箱を置き、定期訪問し補充をする④配置販売を付け加えました。これにより、①訪問販売がしやすくなり、全体の売上増につながりました。

45 チャネルの差別化

強者とチャネルを差別化することで新たな需要を喚起

江崎グリコ（以下、グリコ）は日本最大の菓子メーカーですが、市場ごとにみると強者とはいえません。チョコレートではロッテと明治が強い。ブランド別ならネスレのキットカットが強い。スナック菓子ではカルビーが強い。アイスクリーム市場は分散していて森永、ロッテらと拮抗しています。製品カテゴリーごと、ブランドごとに細分化するとグリコは弱者といえます。同社はチャネルの差別化が実に巧みです。

グリコは一部の百貨店の贈答菓子コーナーに出店しています。ポッキーの贈答品版のバンドドールといいます。36本入りで税込５０１円と標準的なポッキーの3倍の価格です。ポッキーの大衆的なイメージは全くなく贈答菓子のおしゃれ感・高級感があります。また、大阪の阪急百貨店など6店にしか出店していません。東京にはなく、通販もしていないので、希少価値があり、店頭には行列ができています。爆買いするお客もいます。

【図表4-5】グリコのチャネルの差別化

グリコはアイスクリームの自動販売機を設置しています。中身は一般小売しているものとは分けて自販機専用品です。当初は女子高生をターゲットにボウリング場やプールなどに設置していきましたが、後に駅への設置が進みます。いまは意外にお酒を呑んだあとのおじさんが買っているとのこと。

富山の置き薬や農家の無人販売のように、オフィスに様々なお菓子が入った箱を設置。価格は1個100円均一。小腹がすいた従業員が利用するオフィスグリコ。いまやお菓子は生産性向上のリフレッシュツール。こちらも意外におじさんに人気があるとのこと。

グリコは**チャネルの差別化により新たな需要を喚起**しています。

46 直接販売と間接販売

直間比率を最適化する

消費者を最終顧客とする商材を**消費財**といいます。BtoCともいいます。法人を最終顧客（エンドユーザー）とする商材を**生産財**または産業財といいます。BtoBともいいます。同じ文具であっても消費者に販売すれば消費財、法人に販売すれば生産財となります。

消費財の販売チャネルには卸商社と小売店が介在します。

生産財の販売チャネルには**卸商社**と**直需商社**が介在します。卸商社とは仲卸《なかおろし》ともいい、直接ユーザーには販売せずに商社間の取引を行なう商社です。直需商社とは直接に需要家に販売する商社です。小売ともいいますが、法人を顧客としていますので商社というべきです。

メーカーからすると卸商社は1次店、直需商社は2次店です。卸商社はメーカーとの契約に基づき取り扱います。直需商社はユーザーとの契約（カテゴリーやメーカー別に商権《独占的に取り扱う権利》が定められることもある）に基づき取り扱います。

【図表4-6】生産財の販売チャネル例

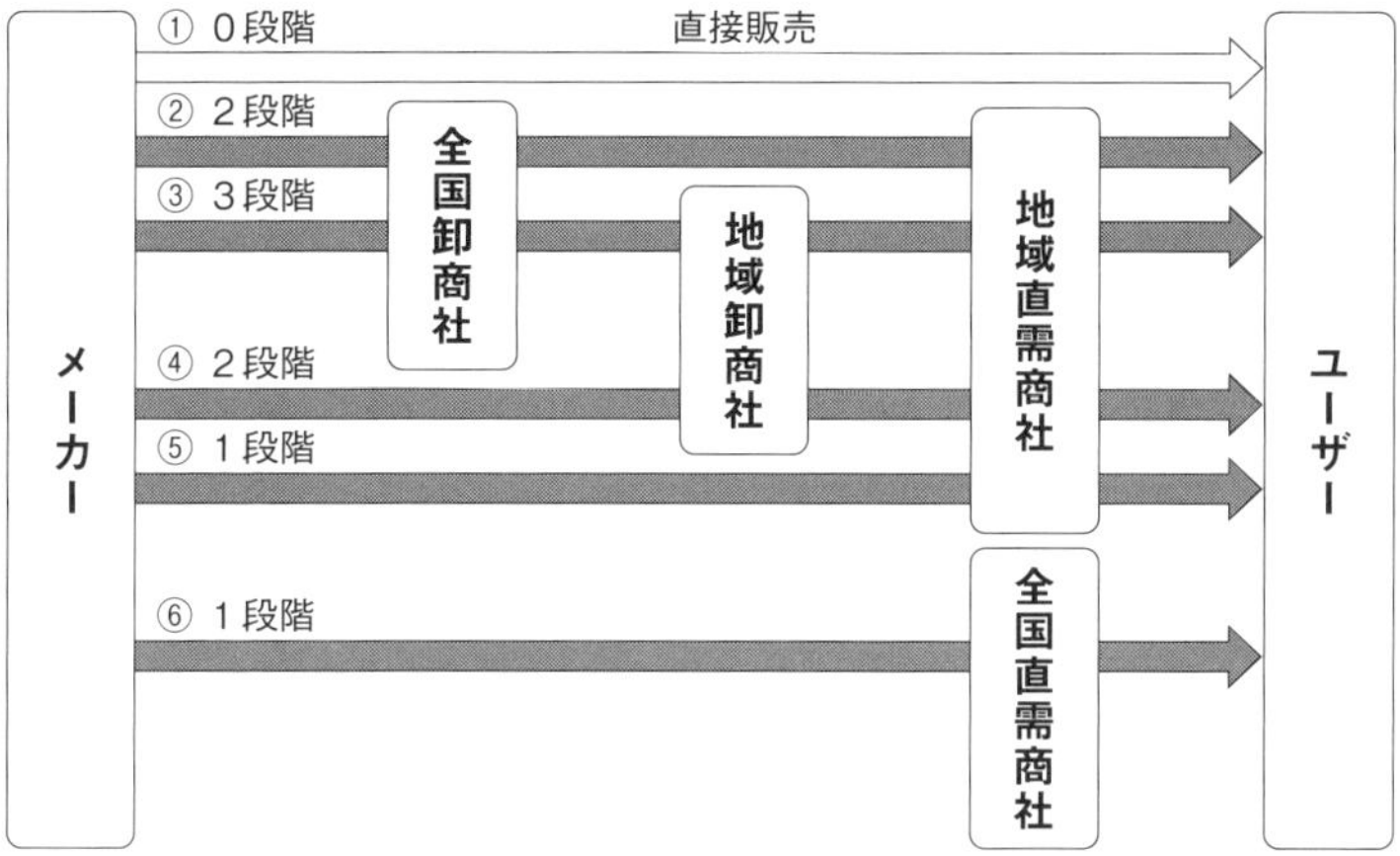

図表に示したように、卸商社も直需商社も全国展開している大企業もあれば、地域限定の中小零細企業もあります。ただ、地域の特定業種や特定顧客では高いシェアをもつ中小の商社もありますので、経営規模だけで力関係をみてはなりません。また、力のある直需商社はメーカーから直接仕入れることもあります。さらに卸商社部門と直需商社部門を併せもつ商社もあります。例では⑥の全国直需商社はメーカーから直接仕入れていますが、卸商社経由の場合もあります。図表は例として捉えてください。

ここに示した0から3段階とはメーカーとユーザーの間に何段階の商社が介在するかということです。1社なら1段階チャネル、2社なら2段階……といい、まとめて**N段階チ**

ャネルといいます。直接販売とは0段階チャネルのことです。1段階以上であれば間接販売です。42項で例示したアスクルは文具業界のチャネルが図表の②③④であったときに、卸商社を中抜きして文具店（地域直需商社）と直接取引する⑤の1段階チャネルにしたのです。

販売チャネルの最大の戦略課題は**直間比率**をどうしていくかです。販売チャネルの直間比率とは直接販売と間接販売の構成比です。受注事業の場合は元請け（直接受注）と下請け（間接受注）の構成比です。直接販売と間接販売にはそれぞれ向き不向きがあります。

第2章で解説した製品ライフサイクルの導入期と飽和期以降は直接販売が向いています。成長期と成熟期は間接販売が向いています。なぜならば、導入期は認知度も低く売りにくい時期です。ピークを越えた飽和期以降は売れなくなっていきます。売れないときは自ら売る直接販売を重視すべきです。成長期はどんどん売れていきます。成熟期は横ばいながら高い水準で売れています。売れるときですから、間接販売で売っていくべきです。

景気動向も同様です。不況期は売れないときですから直接販売が、好況期は売れるときですから間接販売が向いています。弱者は売りにくい立場ですから直接販売が向いています。強者は売りやすい立場ですから間接販売が向いています。

取扱い商品が複雑なもの、高額なもの、個別対応が必要なもの（説明型商品という）であればよく説明をしなければ売れません。専門知識も求められますので直接販売が向いていま

【図表4-7】直接販売、間接販売の向き・不向き

	直接販売	間接販売
市場時期	導入期 飽和期以降	成長期 成熟期
景気動向	不況期	好況期
市場地位	弱者	強者
商品特性	説明型	売切型

す。一方で単純で低額で個別対応が不要なもの（売切型商品という）は間接販売が向いています。

事業や商品により市場時期（ライフサイクルの時期）も競争地位（弱者か強者か）も商品特性も異なります。直接販売と間接販売の二つのチャネルを持っておくことが大切です。そして、その構成比に着目してください。一般に弱者なのに間接販売が多すぎる、下請け（間接受注）が多すぎる会社が多いです。迷ったら、**直間比率は5対5が原則**です。

自社のチャネルがどうなっているのか。ユーザー・消費者までに何段階の間販業者が介在しているのか。それぞれのチャネルの構成比がどうなっているのかを把握し、あるべき姿を描き、理想に近づけていく必要があります。

47 五つの商社区分法

①業種、②業態、③総合・専門、④全国・地域、⑤ルート・案件

商社には五つの区分法があります。第一が業種による区分です。**業種とは売り物の違い**です。工具なのか、文具なのかです。通販に市場を食われている、商社の中抜きが進んでいる、合併統合が進んでいる……など、自社の業種の商社が置かれている状況を確認します。同じ文具であっても売り先によって消費財にもなれば生産財にもなることには注意が必要です。

第二が業態による区分です。**業態とは売り方の違い**です。スーパー、コンビニといった小売店の売り方の違いのみならず販売会社に対しても使います。前46項で既に解説した消費財における卸商社と小売店、産業財における卸商社と直需商社です。**最重要な卸商社の直需商社へのカバー率向上にメーカーが支援すること**がポイントです。次の第5章で解説します。

第三が総合商社か専門商社かです。**売り物の幅は広いが浅い総合商社と、幅は狭いが深い専門商社**の違いです。総合商社はフルラインナップの品揃えなので、自社だけで顧客が望む

【図表4-8】五つの商社区分法

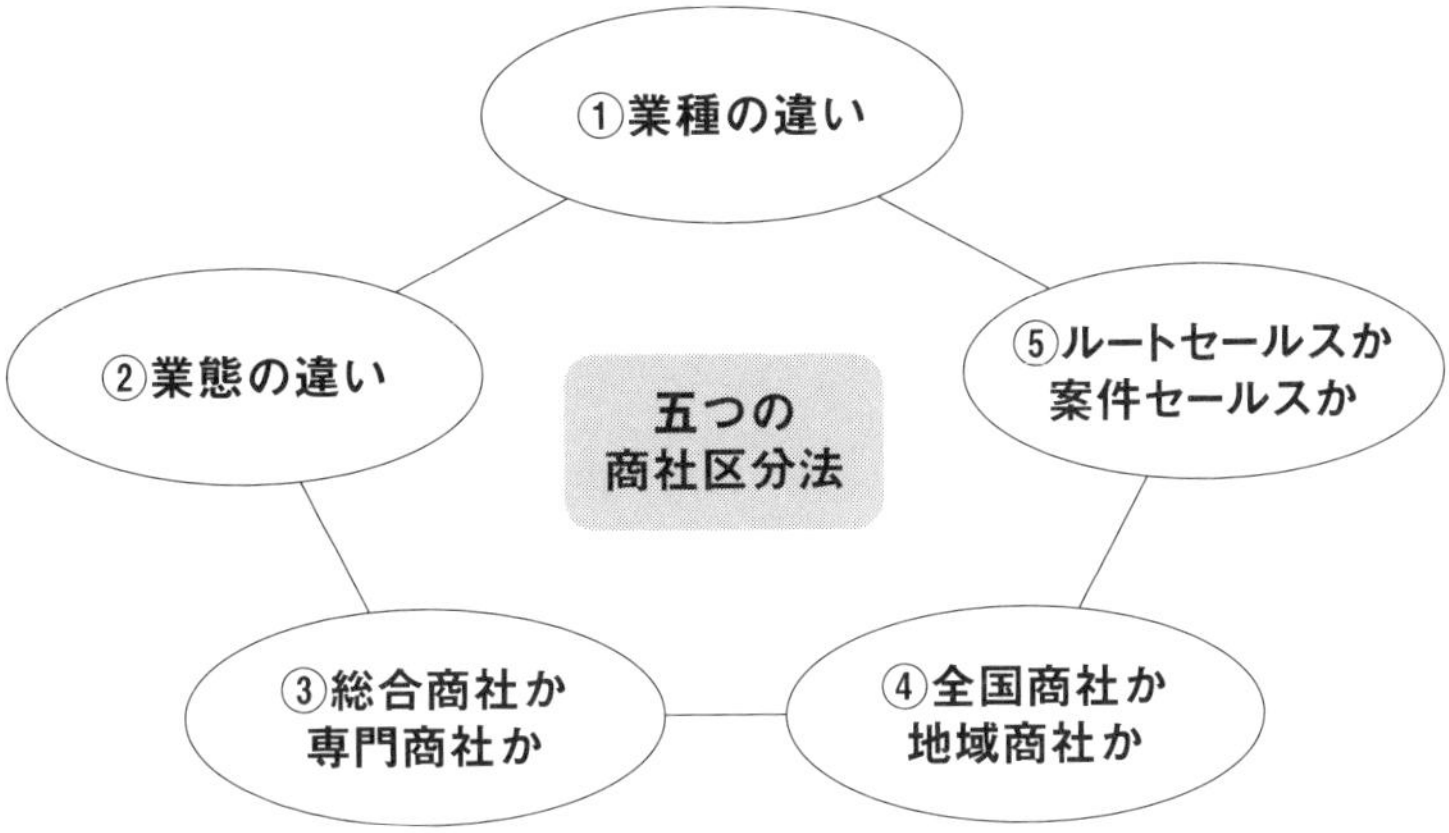

すべてを供給できます。ワンストップショッピングといいます。個別に商社に発注する顧客の手間が省けるのみならず、トータルで顧客の全体最適を提案できます。専門商社は総合商社にはない専門性があります。個別対応し、カスタマイズすることに長けています。

第四が**全国商社か地域商社か**です。商社は売買差益を粗利とするローリスク・ローリターンの受注事業です。生産性を向上していく過程で合併統合が相次ぎました。全国区の商社といえどももとは別々の会社の統廃合の結果である場合も多いです。したがって、全国区の商社も強い地域・弱い地域があります。小規模な地域商社であっても生き残っているのは特定業種や特定企業で高いシェアをもっています。規模ではなく地域・業種・顧客別のシェアで商社をみていく必要があります。

第五が**ルートセールスか案件セールスか**です。消耗品を取り扱い、少額の取引を高頻度で行なうのがルートセールスです。工場の工具が典型です。週に何度も納品します。耐久品を取り扱い、高額な取引を低頻度で行なうのが案件セールスです。工場の機械設備が典型です。納品は年に何度か、商談も月に何度かのペースです。ルートセールスは売切型商品を多品目扱い、案件セールスは説明型製品を少品目扱います。ルートセールスは顧客接点は多いが商品知識は乏しく御用聞き的で提案力も乏しいです。案件セールスは商品知識は豊富で提案力はありますが、顧客接点は少ないです。良し悪しと向き不向きを見極めて付き合います。

商社との取引条件は第一に専売か・併売か、第二にテリトリー（販売地域）を独占させるか・させないか、が重要です。

専売とは同業他社の商品を取り扱わない取引契約です。併売（合売ともいう）とは他社の商品を取り扱ってもよい取引契約です。メーカーからすると専売のほうがありがたいように思えますが、専売の販売会社は資本関係がなくても子会社的に面倒を見なくてはならないので経営力や販売力に劣る専売店は自社にとって負担となります。一方の併売店にはそういった負担が少なく済みますが、どれだけ売れるのか不透明で、販売先や販売価格が見えにくくコントロールできません。

【図表4-9】二つの取引条件

		メリット	デメリット
商品	専売	直接販売に近いので戦略の一貫性を保ちやすい。弱者商品でも売りやすい。	子会社的に丸抱えしなければならない。販売力が乏しい商社もある。
	併売	健全な距離感を保てる。一般に販売力がある。強者商品には注力する。	コントロールが効かない。販売価格や販売先が見えにくい。
地域	クローズド・テリトリー	販売価格の維持や販売先が見えやすい。	権利を主張しても義務を果たさない商社が少なくない。
	オープン・テリトリー	自社の力が重複化するので強者には有利。	コントロールが効かない。販売価格や販売先が見えにくい。共食いの調整が必要。

テリトリーを独占させる取引条件をクローズド・テリトリーといい、独占させない取引条件をオープン・テリトリーといいます。クローズド・テリトリー制度は独禁法に抵触する可能性もありますので注意が必要です。新聞、牛乳、宅配ピザといった宅配を伴なう業種では一般的ですが、そうでなければリスクの高い制度です。テリトリーを独占させても売らない販売会社もあります。**「権利は主張しても義務は果たさないのが代理店」**との言葉もあります。オープン・テリトリーは併売と同様にコントロールが効きにくいです。

併売もオープン・テリトリーも強者に有利です。かといって専売やクローズド・テリトリーはリスクが高いやり方です。では、弱者はどうするか。次項で解説します。

48 セルアウト、川下作戦、源流営業

弱者のチャネル戦略の決め手の接近戦

弱者は直接販売が向いています。では、間接販売をしてはならないのかと問われると、その答えはノーです。弱者も間接販売をしてもよいのです。ただし、弱者の間接販売は強者のそれとは差別化して接近戦を展開する必要があります。どういうことかを理解してもらうために**セルイン**と**セルアウト**という言葉を解説します。

メーカーから商社へ商品を出荷することをセルイン（倉庫に入れることから「蔵入り」ともいう）といいます。商社からユーザーや小売店に販売することをセルアウト（倉庫から出ていくことから「蔵出し」ともいう）といいます。

セルインはメーカー出荷ベースの数量や金額として「工業統計」などの統計資料に出ています。セルアウトはエンドユーザーや小売への販売ベースの数量や金額として「商業統計」などの統計資料に出ています。出荷ベースと販売ベースの差が流通在庫です。

【図表4-10】セルインとセルアウト

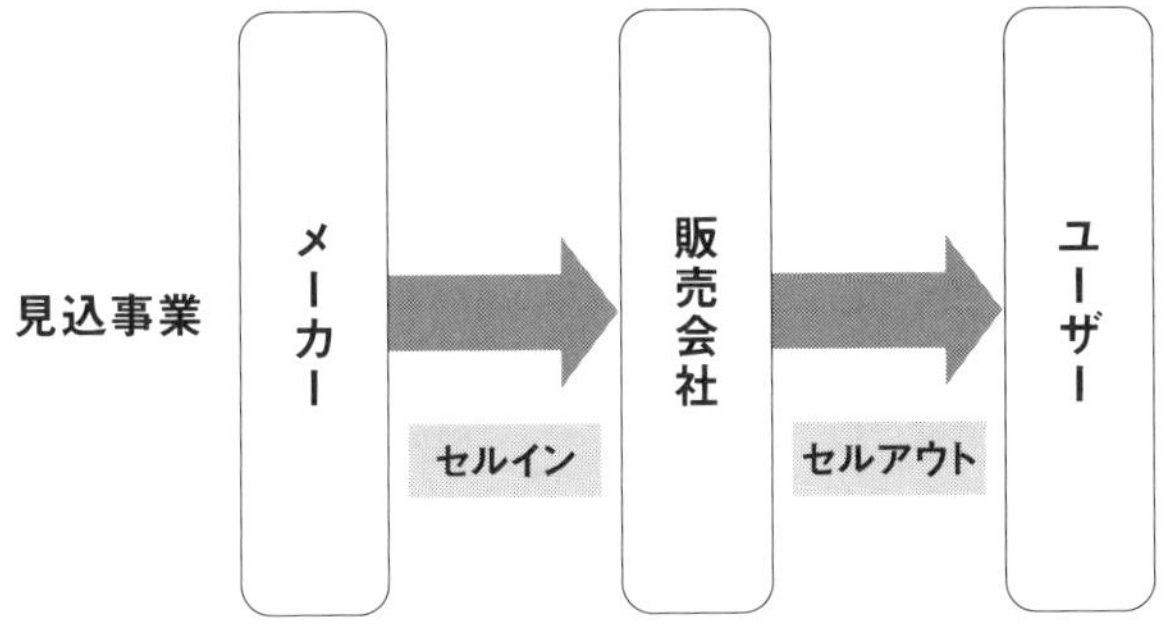

メーカーはセルインすれば売上が立ちますが、セルアウトされない限り商社に在庫されているだけです。強者はトップブランドですからセルインすれば、ほぼセルアウトされます。しかし、弱者はセルアウトまで見届けない限り在庫はさばけないかもしれません。いや、それ以前にセルアウトにかかわらない限りセルインすら困難ではないでしょうか。

弱者はセルアウト活動を積極的に行なうことでセルインを推進していくことが大切です。**「卸は売れるものしか売らないし、売れるものなら売る」**からです。売れないものを売れるものにしていくことがセルアウト活動です。

セルアウト活動のことを見込事業では**川下《かわしも》作戦**といいます。商流を川の流れにたとえています。メーカーが川上、商社が川中、ユーザーや小売店が川下です。川上のメーカーが川下のユーザーや小売店へ出向き商社とともに販売活動を行なうことです。わかりやすい例はスーパーでの試食販売です。メーカー派遣のスタッフが説明し試食を促し販売しています。

ハウス食品は中国市場に、中国人にとって馴染みのなかった日本式カレーを徹底的な川下作戦で普及させていきました。カレー料理店を直営。試食を実演する女性販売員を養成し、スーパーはもちろん学校や工場などで10年間に20万回の試食会を実施。親子料理教室、工場見学などあらゆる機会を活用して徹底的に食べてもらう作戦を実施します。こうしてハウスのバーモントカレーは中国で普及していきます。ハウスは国内のカレー市場では強者ですが、新市場の中国では弱者の川下作戦に徹したのです。

受注事業では**源流《げんりゅう》営業**といいます。こちらも商流を川の流れにたとえています。発注者を源流といい、元請けが川中、下請けが川下です。川下の下請けが源流の発注者へ出向き発注情報を収集し、元請けから下請けの自社へスムーズに発注されるように取り計らうことです。建設業界であれば、施主である顧客や施主から設計を任されている設計事務所が源流です。中流に元請けのゼネコンやハウスメーカーがいます。建材や設備メーカーや工事店は川下にあたります。たとえば材工とも（建材設備とその設置工事を一式）で引き受ける建材メーカーの場合、直接の発注者であるゼネコンにはもちろん訪問し営業しますが、設計事務所

【図表4-11】川下作戦と源流営業

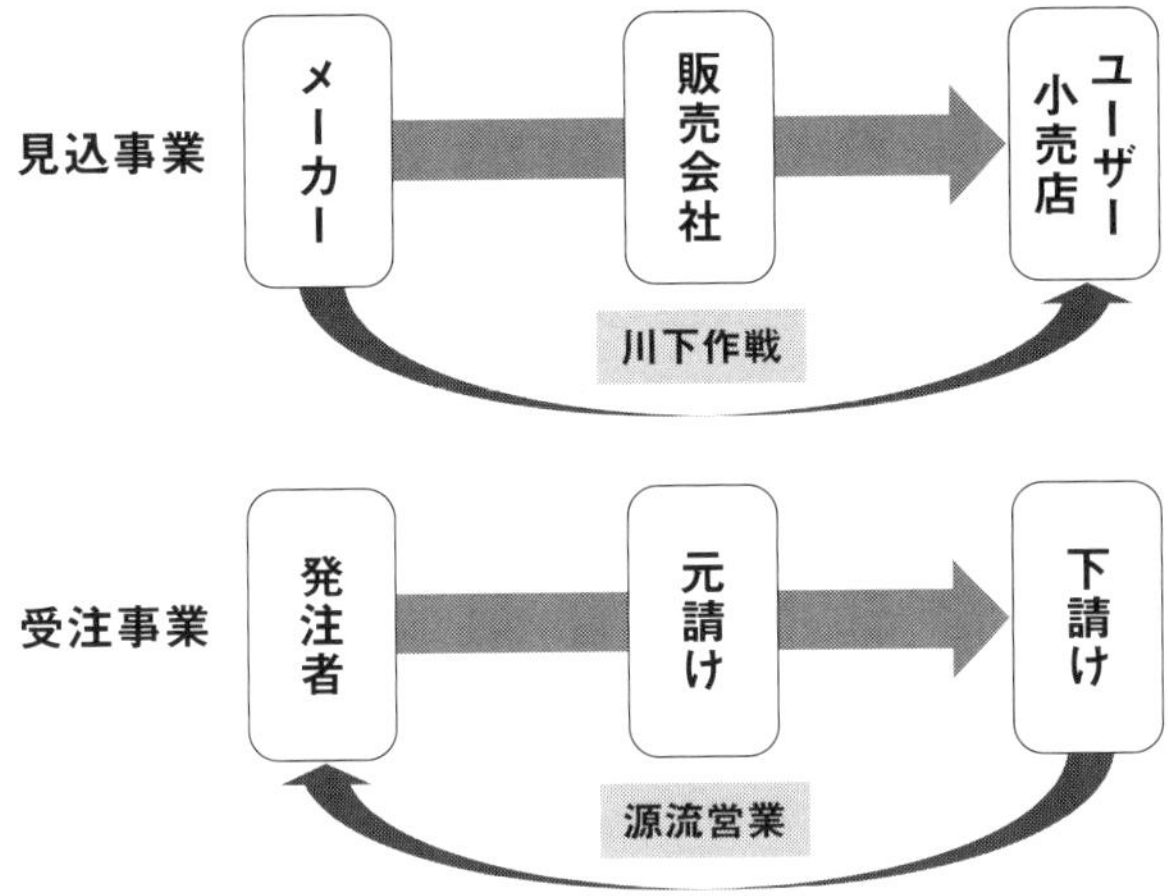

へも訪問し、自社建材を設計に組み込んでもらうようにします。これが源流営業です。

セルアウト、川下作戦、源流営業の重要性について筆者がコンサルティング先に助言すると必ず出てくる反応は「そこまでやる必要があるのなら直接販売や元請け受注をするほうがよいのではないか」ということです。

直販できて成り立つ、元請けできるのなら、それを否定はしませんが、セルアウト活動は弱者や新製品や新市場の場合に、売れるようにもっていく**過程において必要な活動**として行なうものです。シェアが上がり、普及率が上がれば段階的にセルアウト活動を減らし、セルイン活動中心にもっていきます。そのとき、弱者は強者になっているでしょう。

49 商社への四つの基本活動

①説明会、②同行、③会議、④トップとのコミュニケーション

商社への基本活動は四つあります。順に解説します。

①商品説明会

商品のスペックを説明するのではなく、商品が売れて商社は儲かって顧客に喜ばれることを示すのが商品説明会である。誰がターゲットでどのようなメリットがあり、どのような実績があるかを理解させれば、商社の営業員は自ずからスペックに関心を示す。

②同行営業

前48項のセルアウト活動の一環として商社の営業員にメーカーの営業員が同行すること。ただし、同行営業は商社の営業を代わりにやることやお手伝いではない。まずはメーカーの営業員が売りの現場や現実を知ること。次に商社の営業員との信頼関係をつくること。そのうえで商社の営業員に販売能力を高めてもらい、販売実績を上げることが目的である。

【図表4-12】商社への四つの基本活動

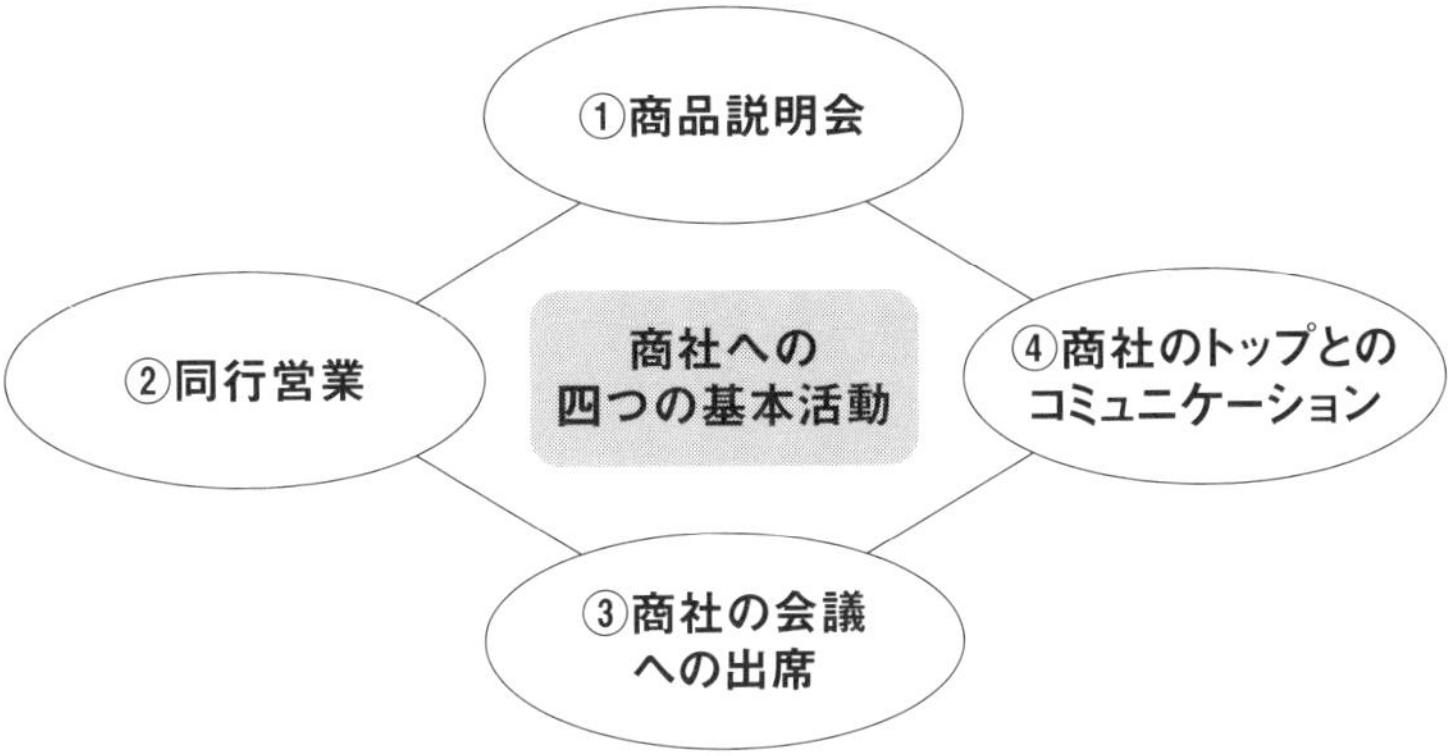

現場教育（OJT）の場として活用し、同行しなくても売れるようにもっていく。

③商社の会議への出席

お願いや押し込みのために会議に出席するのではなく、**メーカーの営業員は担当する商社の業績を向上させることが使命**であることの理解を深めてもらい、販売戦略・活動を見える化して決めたことをやり切り、達成感を共有するために会議に出席する。

④商社のトップとのコミュニケーション

中小企業であれば社長、大企業であれば部長級と定期的に会い、担当する商社の業績を向上させることが使命であると思っていることを理解してもらう。業界動向などの情報を提供し、現在の諸施策の進捗状況を報告。

Question 5

直接販売と間接販売には向き・不向きがある。市場時期が導入期や飽和期以降は＿＿＿＿が向いているが、成長期や成熟期は＿＿＿＿が向いている。景気動向では＿＿＿＿期は直接販売が向いていて、＿＿＿＿期は間接販売が向いている。市場地位では弱者は＿＿＿＿が向いているが、強者は＿＿＿＿が向いている。商品特性では＿＿＿＿型商品は直接販売が向いているが、＿＿＿＿型商品は間接販売が向いている。

Question 6

商社を区分する五つの視点がある。①業種、②＿＿＿、③＿＿＿か・＿＿＿か、④全国か・地域か、⑤＿＿＿＿＿＿か・＿＿＿＿＿＿＿か。

Question 7

商社との取引条件で重要なことは第一に、専売か、＿＿＿か。第二に＿＿＿＿・テリトリーか、オープン・テリトリーか。

Question 8

メーカーから商社へ出荷することをセル＿＿＿といい、商社からユーザーや小売店へ販売されることをセル＿＿＿という。

Question 9

見込事業のメーカーがユーザーや小売店に訪問し直接・間接的な営業活動を行なうことを＿＿＿＿＿＿という。受注事業の下請けが発注者へ訪問し同様の活動を行なうことを＿＿＿＿＿という。

Question 10

商社への基本活動は四つある。①＿＿＿説明会、②＿＿＿営業、③＿＿＿＿＿＿への出席、④＿＿＿＿＿＿＿とのコミュニケーション。

第4章 販売チャネル戦略編

理解度テスト

下記の文章の空欄を埋めましょう。答えは194ページです。

Question 1

ランチェスター販売チャネル戦略は「チャネルを＿＿＿＿＿＿＿、集中し、＿＿＿＿＿を展開し、＿＿＿＿＿＿＿＿＿の顧客をつくる」ことである。

Question 2

事業の形態は＿＿＿＿＿事業と、受注事業の二つに区分される。その構成比を把握し、両事業のよい点を取り入れる。

Question 3

販売チャネルは五つに区分される。①＿＿＿＿販売、②店頭販売、③通信販売、④＿＿＿＿販売、⑤ほか（展示販売、組織販売など）。

Question 4

お菓子を置き薬方式でオフィスに配置することはチャネルの＿＿＿＿＿だが、そのことでオフィスで働く大人の男性の新たな＿＿＿＿を喚起した。

A 解答

□欄に正解は○、不正解は×をつけます。
×は当該項を復習して、理解を深めてください。

1	□	42参照	ランチェスター販売チャネル戦略は「チャネルを**差別化**、集中し、**接近戦**を展開し、**ナンバーワン**の顧客をつくる」ことである。
2	□	43参照	事業の形態は**見込**事業と、受注事業の二つに区分される。その構成比を把握し、両事業のよい点を取り入れる。
3	□	44参照	販売チャネルは五つに区分される。①**訪問**販売、②店頭販売、③通信販売、④**配置**販売、⑤ほか（展示販売、組織販売など）。
4	□	45参照	お菓子を置き薬方式でオフィスに配置することはチャネルの**差別化**だが、そのことでオフィスで働く大人の男性の新たな**需要**を喚起した。
5	□	46参照	直接販売と間接販売には向き・不向きがある。市場時期が導入期や飽和期以降は**直接販売**が向いているが、成長期や成熟期は**間接販売**が向いている。景気動向では**不況**期は直接販売が向いていて、**好況**期は間接販売が向いている。市場地位では弱者は**直接販売**が向いているが、強者は**間接販売**が向いている。商品特性では**説明**型商品は直接販売が向いているが、**売切**型商品は間接販売が向いている。
6	□	47参照	商社を区分する五つの視点がある。①業種、②**業態**、③**総合**か・**専門か**、④全国か・地域か、⑤**ルートセールス**か・**案件セールス**か。
7	□	47参照	商社との取引条件で重要なことは第一に、専売か、**併売**か。第二に**クローズド**・テリトリーか、オープン・テリトリーか。
8	□	48参照	メーカーから商社へ出荷することをセル**イン**といい、商社からユーザーや小売店へ販売されることをセル**アウト**という。
9	□	48参照	見込事業のメーカーがユーザーや小売店に訪問し直接・間接的な営業活動を行なうことを**川下作戦**という。受注事業の下請けが発注者へ訪問し同様の活動を行なうことを**源流営業**という。
10	□	49参照	商社への基本活動は四つある。①**商品**説明会、②**同行**営業、③**商社の会議**への出席、④**商社のトップ**とのコミュニケーション。

第5章

ランチェスター
シェアアップ戦略編

50 ランチェスターシェアアップ戦略

目標、戦略シナリオ、ターゲット顧客の設定

市場の成長期と成熟期以降とでは競争原理が異なります。市場が拡大する成長期に経営体力に勝る大手が同等品で市場に後発参入し、圧倒的な物量で後発逆転することを**強者のミート戦略**といいます。先発が弱者とならないためにはどうするか。成長期は小さな企業であっても投資をしていくべきとするのが**成長期のパーの戦略**です。自社の売上が伸びていても安心できません。自社の伸び以上に市場が伸びているなら、自社のシェアは下がっているのです。**成長期の競争原理はレース型**です。競争といっても競い争う競争ではなく、徒競走の競走、すなわちレースなのです。早い者勝ちです。スピード勝負、体力勝負です。

市場の成熟期とは市場の伸びが鈍化する時期です。ピークを越えたら飽和期、減少が顕著となったら減衰期です。市場が伸びない、横ばい、縮小する成熟期以降に各参入業者はどうするのか。市場が横ばいだから自社の売上・利益も横ばいでもしょうがない、などと思った

【図表5-1】成長期と成熟期以降の競争原理

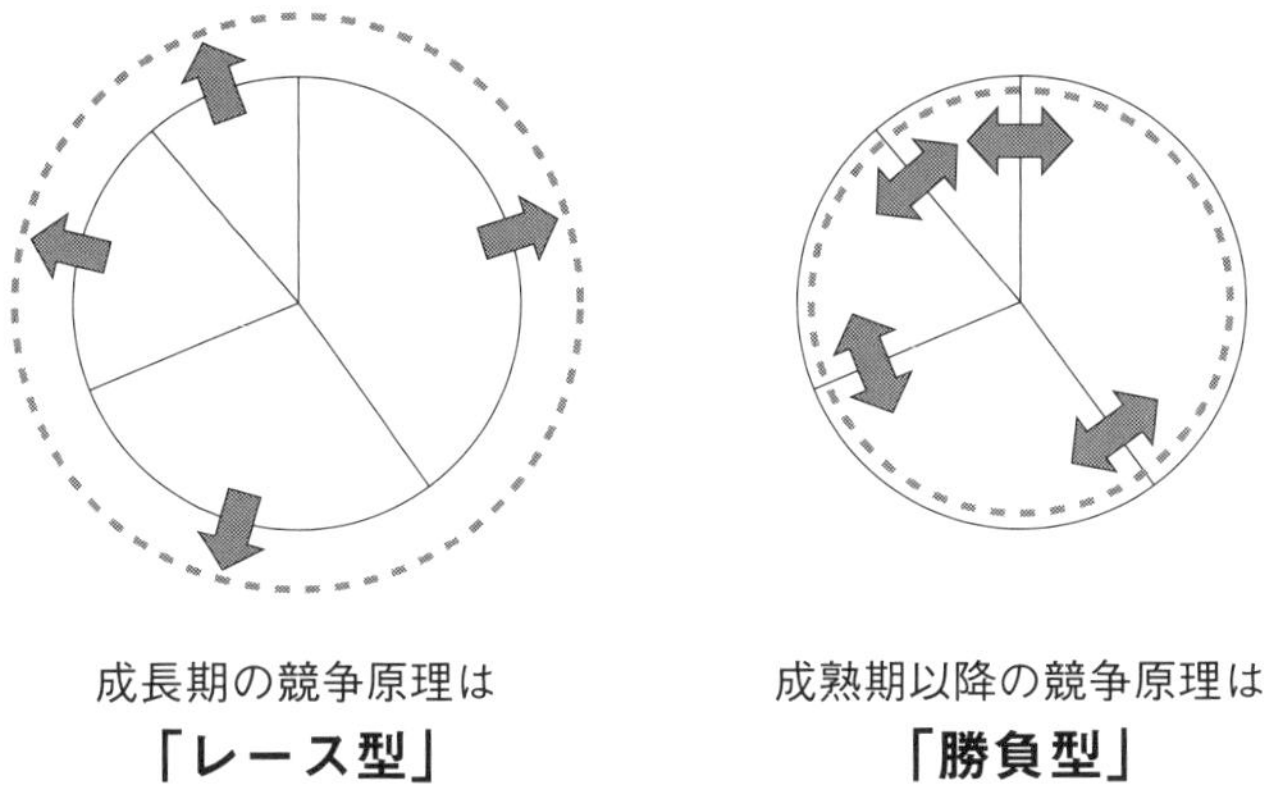

ら他社に奪われることになります。競争環境がどうあれ、企業というものは原則として売上・利益を向上させることに取り組まなければなりません。市場が横ばいでも自社は増やしたいとするならば、ライバルの市場、顧客、売上を奪うしかありません。

成熟期以降の競争原理は勝負型です。自社が増えれば他社が減る、勝ち負けを競い争う競争です。大きな会社も苦しいのです。小さなライバルから奪わざるを得ません。ましてや小さな会社は存亡の危機となります。ではどうすればよいのか。顧客層、商品、地域、販売チャネルなどで市場を細分化し、伸ばすべき部分を伸ばし、ダメな部分は損切りして撤退する**チョキの戦略**でメリハリをつけます。そして**強者の部分では強者の、弱者の部**

分では弱者の戦略と、市場地位に応じて戦略を使い分けます。伸ばす部分は市場シェアのナンバーワンを目指します。

ランチェスター戦略とは市場シェアのナンバーワンを目指すための理論と実務の体系です。弱者は部分的なナンバーワンを一つひとつつくっていきます。第1章の戦略基本編で解説しました。そのため、顧客層や商品や価格をどうするのかを、第2章の市場参入戦略で解説しました。第3章では地域について、第4章では販売チャネルについて、どのように差別化し集中し接近戦を展開するのかを解説しました。

集中する顧客層、商品、地域、販売チャネルが定まりました。この第5章では**営業活動を通じて売上・利益・シェアを上げていくための目標、戦略シナリオ、ターゲット顧客の設定**を行ないます。ランチェスター戦略の実務の要《かなめ》となるシェアアップ戦略です。本章のゴールはライバルと差別化された集中すべき顧客を選択することです。次の第6章（最終章）で、集中する顧客に対してどのように接近戦を展開するのかを解説します。

本章でテーマとなるシェアアップに取り組むためには、まずは市場シェアを把握しなければなりません。市場シェアについてはすでに12項で解説しています。市場に占める各社商品の割合ですから、これを知ろうとするなら、第一に市場を定義することです。第二に各社商品の売上を知ることです。ただし、これが容易でない場合が多いのが現実です。そこで多く

【図表5-2】第5章 シェアアップ戦略編の構成　　数字は解説する項目の番号

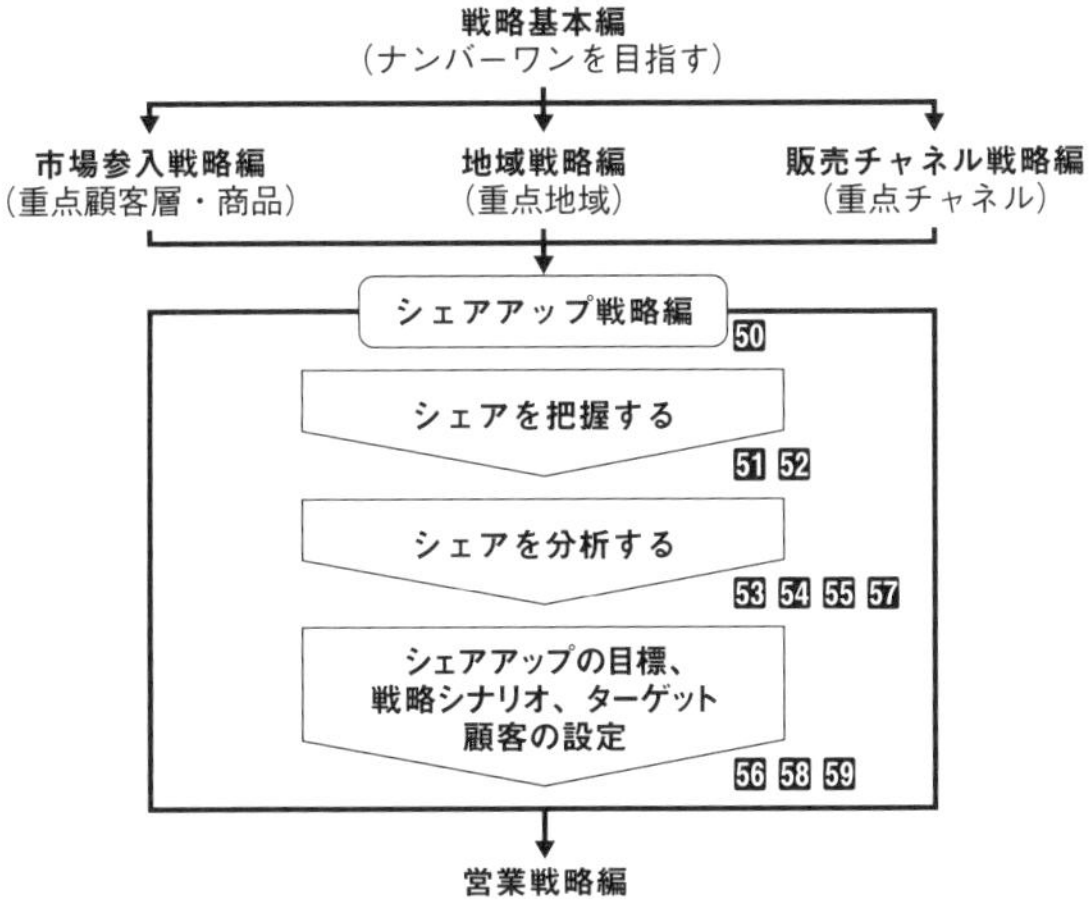

の企業はシェアを無視ないし軽視しています。売上や利益は重要な指標としていても、企業間競争の勝ち負けの指標である市場シェアに無頓着な企業が多いのです。ですから、これを知ることは大いなるチャンスなのです。では、どうやって把握するのか。次の51項、52項で解説します。まずは市場シェア算出の基本方針を示します。

①最低限、弱者か強者か判定できれば先に進める

②迷ったら弱者とすればよい

③戦略は仮説検証である（売りながら調べ、調べながら売れ）

④シェアは三点攻略法でつかむ（一つの情報を鵜呑みにしない）

51 シェア推計の方法1・2・3

統計資料の分析法、TAM法、三点攻略法

消費財（B to C）の小売ベースの市場規模は商業統計ほかの統計資料で発表されています。消費ベースの市場規模も家計調査年表ほかの統計があります。たとえば、家電の小売市場規模は国内7・1兆円（Gfkジャパン2015年調べ）です。これを人口1・26億人で割ると国民一人当たり年間5万6000円の家電製品を購入しています。人口10万人を商圏とすると56億円が市場規模です。自社の売上が5600万円だったら市場シェアは1％です。まことに小さな存在です。しかし、商圏を人口10万人ではなく近隣1万人とするなら10％です。存在感が出ます。第3章で解説した地域を細分化し集中する意味が伝わると思います。

以上がシェア推計の**第一の方法の統計資料の分析法**です。いくつかの注意点があります。

①自社の市場と統計資料の市場の定義がズレる場合がある。上記の家電市場にはパソコンなどの情報家電も含まれている。その部分を取り扱っていなければ割り引く必要あり。

【図表5-3】シェアの推計方法　①TAM法

TAM《タム》（Total Available Market）とは
顧客の需要。顧客が自社製品へ投資可能な想定金額

TAM(円) ＝ 顧客の需要 × 自社製品のカテゴリー構成比

例

TAM ＝
顧客の売上1000億円 × 設備投資費1％ × 自社製品のカテゴリー構成比３％ ＝ 3000万円

$$シェア(\%) = \frac{売上}{TAM} \times 100$$

例

シェア ＝ 売上1000万円 ÷ TAM3000万円 × 100％ ＝ 33.3％

②地域差を考慮する必要がある。全国平均をそのまま当てはめると誤差が大きくなる。

生産財（BtoB）の場合はメーカー出荷ベースの市場規模が工業統計ほかの統計資料で発表されています。これで全国規模の市場規模は押さえられます。それを前提として、生産財は法人営業ですから、個々の企業の需要を把握し、顧客内シェアを算出することが重要です。個々の企業にどれだけの需要があるのか。長く深い付き合いがあれば把握していることも多いです。わからない場合は**TAM《タム》(Total Available Market) 法**（第二の推計方法）で推計します。たとえば、電気設備メーカーが顧客の需要を推計する場合。顧客の売上規模１０００億円に対して設備投資の構成比は１％とします。設備投資に占める自社

製品のカテゴリー構成比が３％の場合、１０００億円×１％×３％＝３０００万円が顧客のこの製品カテゴリーへ投資可能な金額＝ＴＡＭとなります。ＴＡＭに対する各社の売上の構成比が顧客内シェアです。自社売上が１０００万円なら33・３％です。

カテゴリー構成比は業界平均を当てはめますので誤差はあります。３０００万円と想定しても個別企業の状況や判断で４５００万円に拡大することもあれば１５００万円に縮小することもあります。そんな誤差の大きな仮説でも、数値があるのとないのとでは大違いです。

ここで大切なことは、戦略は仮説検証であることです。合言葉は**「調べながら売り、売りながら調べよ」**です。不確かな情報であっても複数の情報を集め、それらから真実に近いところを読み取るのです。三つの情報源から探るようおすすめしています。**シェアの三点攻略法**（第三の推計方法）と筆者は呼んでいます（36項で解説した地域攻略の三点攻略法を応用）。

たとえば、人員数は各社の力関係を示す重要な指標です。特に売上に占める人件費率の高い業界であれば「人員数シェア≒市場シェア」といっても過言ではないでしょう。医療・介護・美容・情報システム開発などの専門スタッフが人的サービスを提供する事業は人件費率が50％前後です。製造業でも加工業なら40％前後です。それほどは人件費率が高くない業界でも比例はしますので、指標の一つになります。たとえば、同じ商圏内の同業者の営業員の合計が１００人として、自社は15人なら15％と算出します。

【図表5-4】シェアの推計方法　②シェアの三点攻略法

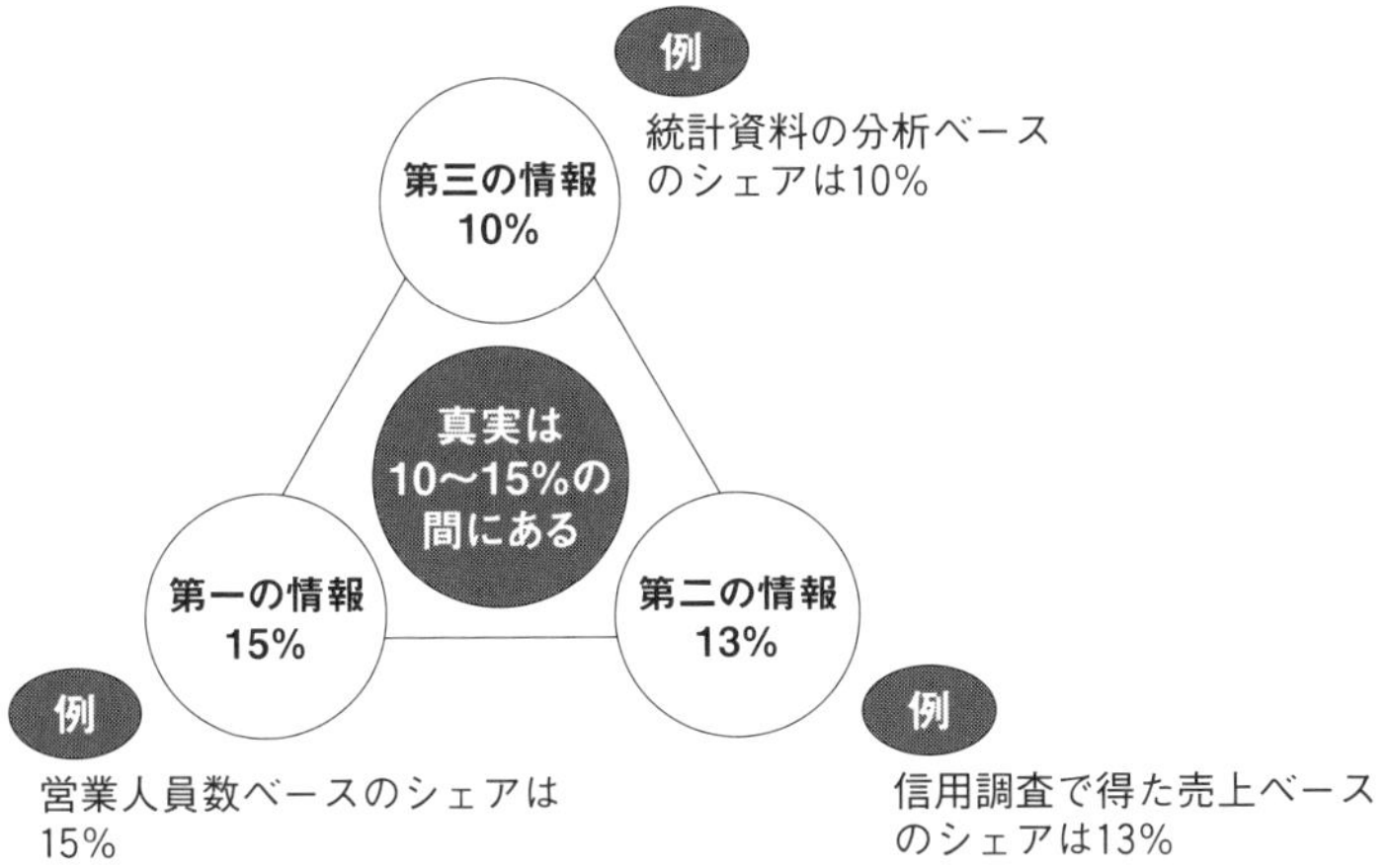

信用調査会社のデータも有力な情報源です。新規開拓候補先については与信管理上、信用調査機関のデータを参照することが多いです。信用調査データには顧客の需要規模やライバルの売上といった市場シェアの分母と分子の情報が含まれます。与信管理のみならず、市場情報の情報源としても活用します。

たとえば、同じ商圏内の同業者の売上の合計が１００億円として、自社が13億円なら13%と算出します。

三つ目の情報源として、第一の推計方法で解説した統計資料の分析法で推計した結果が10%だったとします。15%、13%、10%の異なる推計ができました。この場合、真実は10%から15%の間にあると推計して差し支えないでしょう。これがシェアの三点攻略法です。

52 シェア推計の方法4

ローラー調査法：営業戦略策定のための市場総点検活動

情報なくして戦略なし。強者が強いのは情報が豊富で正確で詳細で早いからです。なぜ、強者は情報力が強いのか。最大の理由は関係者の数が多いからです。営業員、顧客、販売会社、仕入先、金融機関、地域の経済団体などの関係者の数が多いので、それに比例して情報力が強くなります。それに比べると弱者の情報力は劣ります。

情報力のギャップを埋めない限り、弱者逆転は困難です。そこでまずは前51項で解説したシェアの推計方法から取り組みます。こうして大づかみできたら、ナンバーワンを目指す重点商品、重点チャネル、重点地域に集中して詳細で正確な調査を実施します。それがローラー調査です。

シェア推計の四つ目の方法がローラー調査です。**ローラー調査とは市場を把握し、顧客情報を収集・管理し、営業戦略を策定することを目的とした市場総点検活動**です。ローラー調

【図表5-5】ローラー調査

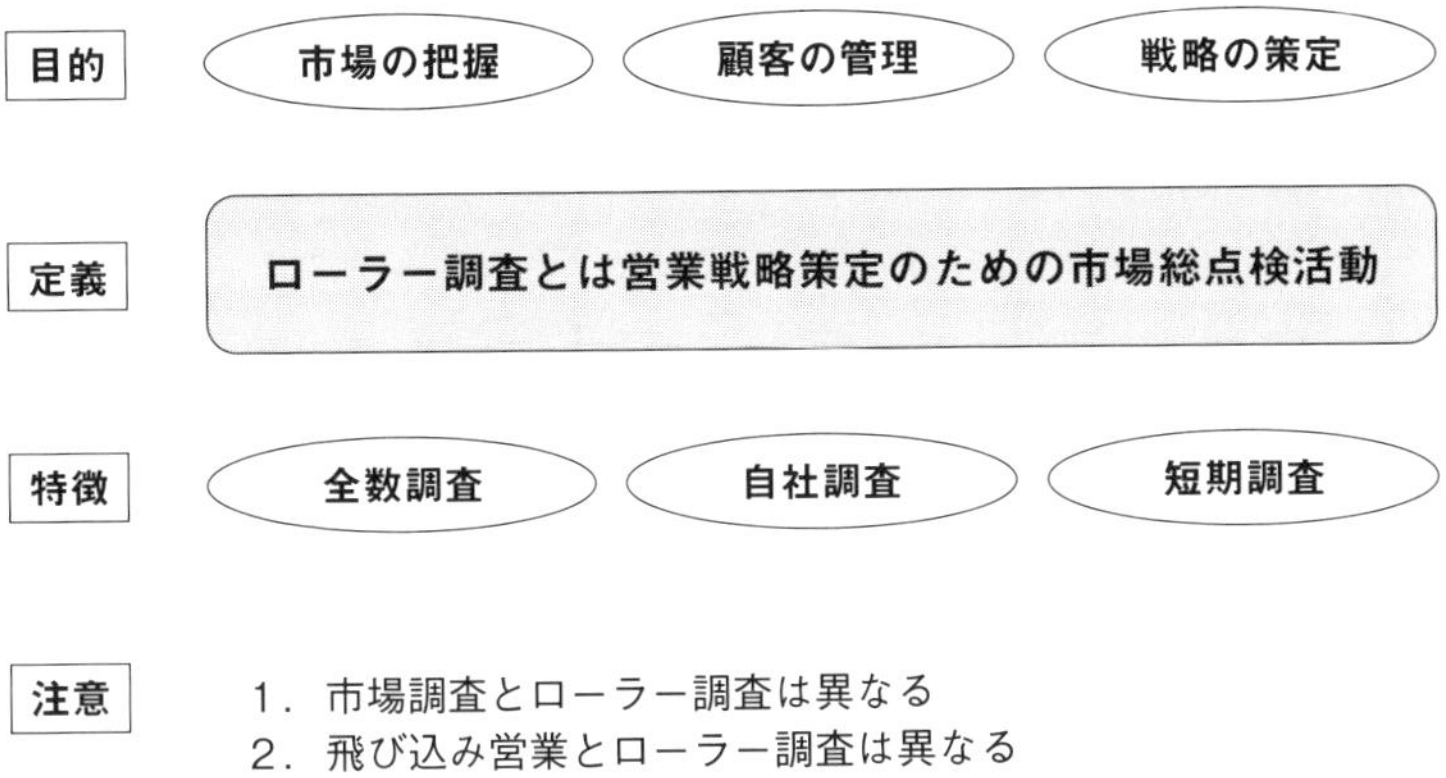
目的
市場の把握
顧客の管理
戦略の策定
定義
ローラー調査とは営業戦略策定のための市場総点検活動
特徴
全数調査
自社調査
短期調査
注意
1. 市場調査とローラー調査は異なる
2. 飛び込み営業とローラー調査は異なる

査と市場調査は異なります。市場調査とはサンプル調査です。全体の中から一部を標本（サンプル）として抜き出して調べて全体を統計的に示します。内閣支持率やテレビの視聴率などです。それに対してローラー調査とは商品・チャネル・地域は限定しますが、限定した範囲はローラーをかけるように、もれなく調べる**全数調査**です。まさに総点検です。

外部の調査機関への委託やアルバイトにやらせるものではありません。営業戦略を策定し、ターゲット顧客を選定するために行なうことなので営業員を中心に行なう**自社調査**です。自社で行ないますので長々とやっていられません。**短期調査**です。

営業員が行なうローラーというと飛び込み営業を思い浮かべる人がいますが、ローラー調査と飛び込み営業は異なります。飛び込み営業は直接売り込む純然たる営業活動です。しかし、ローラー調査は**売り込まないことが成功の秘訣**の調査活動です。ただし、調査のための調査ではなく、ターゲット顧客を決めるための調査です。ターゲットとした先には2回目以降の訪問をしていきますが、初回はあくまでも売り込みではありません。

ローラー調査の実施手順は次のとおりです。

①調査対象の選定（地域、販売チャネルを絞り、その範囲は未取引先も含み全数調査）
②調査商品を一つ選定し、調査用紙を作成
③調査計画を策定（時期・日程、人員、準備物、説明会、必要に応じてロールプレイ練習）
④調査を実施（原則として3日以内に終えること）
⑤集計・分析・戦略策定（本章の53項から59項で解説）
⑥アフターフォロー（ターゲット顧客には2回目訪問、それ以外はお礼状送付など）

次ページに事務機の販売会社のアンケート用紙の例を示しました。調査するとなるといろいろなことを聞きたくなるものですが、質問項目が多ければ多いほど、回答率は下がります。調査品目を一つに絞り込み、調査項目を必要最小限にします。回答率を上げるコツは次のとおりです。

①会社のジャンパーや身分証明カードなど、社名と名前をキチンと伝え、あやしい者ではな

【図表5-6】アプローチトーク例と調査用紙例

アプローチトーク例

こんにちは。
(自社名)の(本人名)と申します。日頃は(ブランド名)でお世話になり、ありがとうございます。
こちらをどうぞ。《粗品進呈》

きょうは(自社名)のアフターサービス向上のために(カテゴリー名)の利用状況をおたずねしたく訪問しました。

5分ほどで済みます。
もちろん、お宅様へご迷惑をかけるようなことは決していたしません。
ご協力お願いします。
《深々とお辞儀する》

アンケート用紙例

Q1. ここで、ご商売を始められたのはいつ頃ですか。
________年頃

Q2. (カテゴリー名)は使ってらっしゃいますか。YES、NO
(NOの場合Q6へ飛ぶ)

Q3. どちらの機械ですか。機種は何ですか。
メーカー名:__________ 機種名:__________

Q4. いつ購入されましたか。(リースの場合は契約年月、契約期間も)
年 月

Q5. どこから購入されましたか。販社名:__________

Q6. 導入されるご予定やご計画はありますか。
検討中、いずれ導入したい、まるでその気なし
(検討中の場合は機種名、営業担当者の訪問動向も)

Q7. お決めになるのはどなたでしょうか。__________

いことを明らかにすること。マナーや身だしなみも大切。

②「本日は売込みではありません」と明言するなど、売り込み臭を出さないこと。

③切り出し方が大切。「サービス向上のため」など、顧客にメリットがありそうな調査趣旨を伝える。

④粗品を用意し、先出しすること。事務所ならクリアファイル、現場ならタオルなど、どんな職場でも使えるもの。受け取りにくい高額なものではなく、100円ショップで売っているようなもの。粗品なので回答のお礼として後出しするものではなく、先出しする。先に受け取ってもらうことで回答を促す効果を狙う。

53 カバー率

対象顧客軒数に対する自社顧客軒数の割合

シェアを把握できたら、どう上げていくのかに取り組みます。シェアの上げ方は大きくは2方向あります。一つはメーカーがユーザーや消費者に直接に情報発信するやり方です。広報、広告、販促などで商品を認知してもらい、好感度を上げ、これが欲しいと反応してもらいます。マーケティング用語では**プル戦略**（需要を引っ張ってくる意味合い）といいます。ランチェスター戦略では**遠隔戦**の中に位置づけられます。消費財（B to C）では重視されています。生産財（B to B、法人営業）であっても展示会への出展や学会で発表するなどの遠隔戦は有効です。

遠隔戦は強者に有利なやり方で弱者には不向きといわれてきましたが、インターネットの普及により競争環境は変わりました。インターネットでの情報発信は少ない予算でもやれることが多々あります。弱者や中小企業であってもインターネットでの遠隔戦は活用できます。

【図表5-7】プッシュ戦略とプル戦略

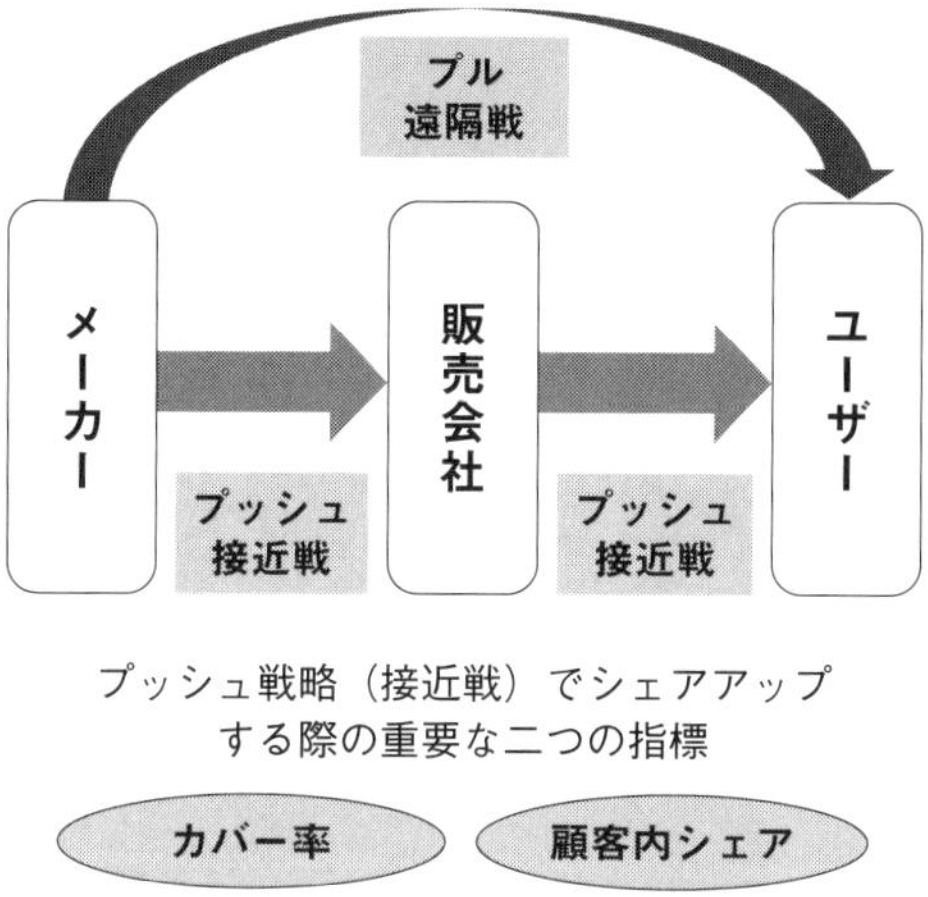

むしろ、弱者逆転の手法として積極活用すべきです。

二つ目はメーカーから販売チャネルを通じてユーザーや消費者に営業していく方法です。マーケティング用語では**プッシュ戦略**（商品を押し出す意味合い）といいます。ランチェスター戦略では**接近戦**といいます。生産財（BtoB、法人営業）の場合は特に重要です。本章ではプッシュ戦略・接近戦でのシェアアップ戦略について解説します。

プッシュ戦略でシェアアップする際の重要な指標が二つあります。一つが**カバー率**（カバレッジ、取引店率ともいう）です。二つ目が**顧客内シェア**（インナーシェア、インストアシェアともいう）です。たとえば、カバー率が50％で、自社顧客の顧客内シェアの平均が50％だった場合の市場シェアは50％×50％＝25％です。半分の顧客に半分ずつ供給しているのですから25％です。したがって、市場シェアを上げることはカバー率と顧客内シェアを上げることにほかなりません。本項ではカバー率について解説し、顧客内シェアについてはAa率に代表させますが次項以降で解説します。

例を挙げます。自社が工場で使用される消耗品を供給する直需商社だとします。顧客は工場です。このテリトリー内に工場が100軒あるとします。そのうち、50軒に自社が納入しているとするとカバー率は50％です。

カバー率は全対象顧客軒数を分母に、各社取引顧客軒数を分子にした指標です。各社の取引の拡がりを示します。カバー率が上がれば市場シェアが上がります。カバー率が下がれば市場シェアは下がります。カバー率とは市場シェアの**先行指標**です。ランチェスター戦略では「質」と「量」を常に重視しますが、カバー率は市場シェアを構成する「量」の構造といえます。

カバー率が低くても市場シェアが高いことは理論的にはあり得ます。たとえば、工場が100軒あるうち、ある一軒の規模がずば抜けて大きい場合に、その大きな工場を独占していれば、中小顧客の取引がなくカバー率が低くても市場シェアで1位になることがあります。ただし、その場合の1位は安定的な強者とは言い難いです。なぜなら、大きな工場の取引が

【図表5-8】カバー率

意味	シェアの先行指標	シェアの「量」の構造

定義

$$\text{カバー率(\%)} = \frac{\text{各社取引顧客軒数}}{\text{全対象顧客軒数}} \times 100$$

例　カバー率
＝自社取引顧客軒数50軒 ÷ 全対象顧客軒数100軒 × 100 ＝ 50％

注意
1．強者にとって重要
2．成長期に重要
3．顧客内シェア５％未満はカバーしていないとみなす

なくなれば自社の売上・シェアが失われるからです。安定的な強者とはカバー率でも1位であるべきです。

2位の弱者が1位逆転を狙うなら、まずカバー率で勝ち、その後に市場シェアで逆転するプロセスをたどることが原則です。先行指標ですから。また、カバー率は成長期に重視すべき指標です。レース型競争原理の成長期は他社よりも早く顧客を増やすことが売上・シェアを増やします。

取引口座があっても休眠している、お試し的・スポット的な取引でしかなく、定期的な取引ではない場合（顧客内シェア5％未満）は原則としてカバー率を算出する際にカウントしません。

54 拡大販売余地

顧客の未来価値

法人営業（BtoB事業）の会社は顧客の重要度を格付けしています。自社売上が大きい（例：月商200万円以上）顧客をA、中くらい（例：50万～200万円）の顧客をB、小さい（例：50万円未満）顧客をCなどと。このように多くの会社は売上規模別に顧客の重要度を格付けしています。一定の意味はありますが、この方式には限界があります。

たとえば、自社に月間売上高が100万円の顧客が3社あるとします。イ社、ロ社、ハ社とします。売上規模別に重要度を格付けるなら同じ格になります（先の例では3社ともB）。しかし、イ社は月間に1000万円を仕入れているとします。ロ社は300万円、ハ社は130万円を仕入れているとします。

イ社は、需要規模は大きいが自社の顧客内シェアは10％でしかありません。伸びしろ（**拡大販売余地**、略して拡販余地という）は大きいが、自社は弱い立場です。ハ社の需要規模は

【図表5-9】拡大販売余地

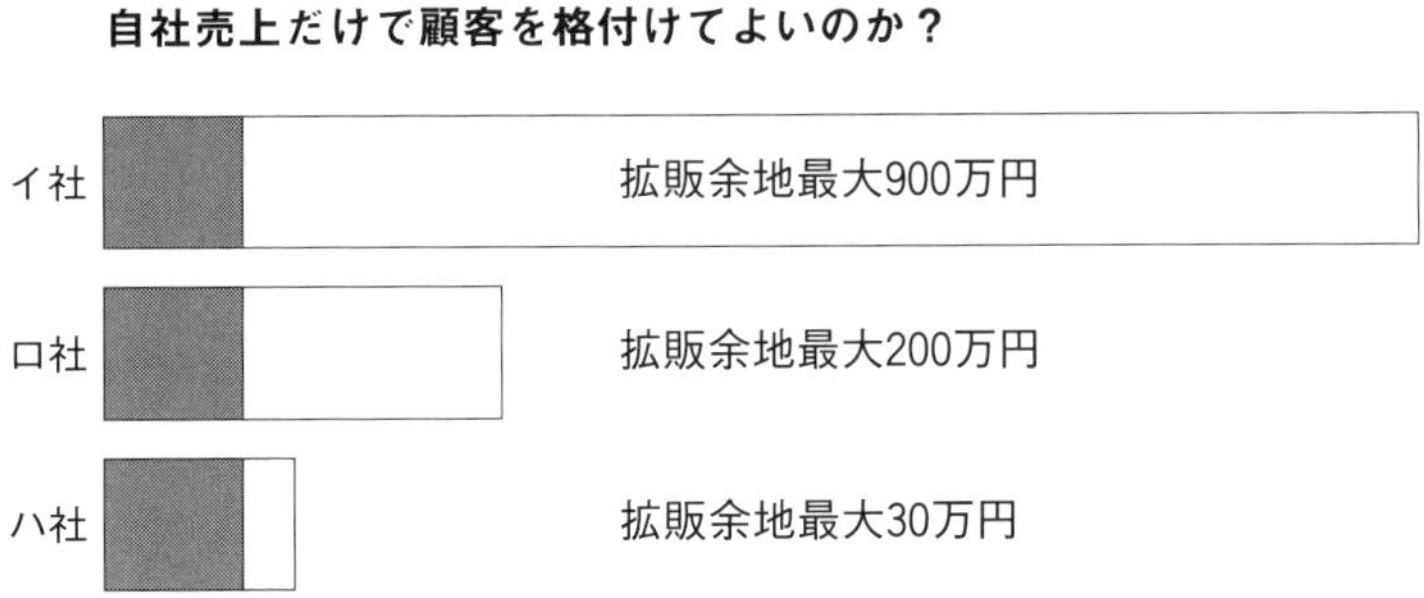

小さいが顧客内シェアは77％と高く、自社は強い立場です。ですが、拡販余地はありません。ロ社は需要規模は中くらいで、顧客内シェア33％でこちらも中くらい。拡販余地も中くらいです。

この3社を同格と見るのは顧客を「現在価値」でしか見ておらず、限界があります。各顧客へのこれからの取り組み方針は顧客の**「未来価値」**をもとに決めるべきです。ランチェスター戦略では、顧客の需要規模と顧客内シェア（前53項で触れたシェアアップの二つ目の指標「顧客内シェア」）の二つの軸で顧客を戦略的に格付けしています。こうすることで各顧客の「未来価値」を見出すことができるのです。次項以降でその方法を解説します。

55 ランチェスター式ABC分析

顧客の需要規模と顧客内シェアの二つの軸で顧客を戦略的に格付ける方法

顧客の需要規模と顧客内シェアの二つの軸で顧客を戦略的に格付ける「ランチェスター式ABC分析」のやり方を解説します。53項で例示した、自社が工場で使用される消耗品を供給する直需商社だとします。同業他社にセンノ、コニシ、イマイ、チャヤがあり、五社競合です。このテリトリー内に顧客である工場が北条以下の100軒あります。

①テリトリー内の全顧客（未取引先も含む）を需要の大きな順に並べる（自社の売上順ではない）
②全顧客の需要を総計する（総需要は3億円／月）
③総需要に対する各顧客の需要の構成比を求める（総需要を分母に各顧客の需要を分子に）
④構成比を累計する
⑤構成比累計の上位70％未満をラージA、70％以上95％未満をラージB、95％以上をラージ

【図表5-10】ランチェスター式ABC分析

①対象市場の全顧客（未取引先も含めて）を需要の大きな順に並べる（自社の売上順ではない）

⑥顧客別に自社と他社の売上を記載（0は空欄）
⑦顧客の需要を分母に各社の売上を分子に顧客内シェアを算出（下記では自社のみ記載）
⑧顧客内シェアをスモールabcdに格付け

顧客名	需要	構成比	構成比累計	⑥自社	⑦シェア	⑧格	センノ	コニシ	イマイ	チャヤ	ABC分析
北条	2,910	9.7	9.7	1,160	39.9	b	980	440	290	40	A
島津	2,670	8.9	18.6	1,740	65.2	a	260	360	310		A
上杉	2,290	7.6	26.2	450	19.7	c	60	1,680	50	50	A
武田	1,700	5.7	31.9		0	d	1,020		680		A
毛利	1,450	4.8	36.7	870	60.0	a		150	270	160	A
今川	1,200	4.0	40.7	360	30.0	b	600	240			A
道三	940	3.1	43.8		0	d	280			660	A
他 13軒											
大内	830	2.8	70.0	160	19.3	c		580	90		B
尼子	780	2.6	72.6	410	52.6	b			370		B
三好	740	2.5	75.1	590	79.7	a	150				B
朝倉	600	2.0	77.1		0	d	580	10		10	B
織田	470	1.6	78.7	470	100	a					B
鍋島	410	1.4	80.1		0	d		410			B
伊達	350	1.2	81.3	100	28.6	b	170		80		B
他 33軒											
南部	130	0.4	95.0	130	100	a					C
佐竹	120	0.4	95.4		0	d	120				C
最上	110	0.4	95.8		0	d			110		C
長野	100	0.3	96.1		0	d	100				C
真田	90	0.3	96.4		0	d				90	C
黒田	80	0.3	96.7	30	37.5	b	20	30			C
立花	70	0.2	96.9	40	57.1	b		30			C
他 33軒											
計	30,000	100.0		9,000			7,500	4,500	4,500	4,500	
シェア				30%			25%	15%	15%	15%	

A（大） 構成比累計70％未満
B（中） 構成比累計70％以上95％未満
C（小） 構成比累計95％以上

②全顧客の需要を総計する

③各顧客の需要全体に対する構成比を出す
②の総計を分母、各顧客の需要を分子とする

④構成比を累計する

2位までの構成比累計 ＝ 1位の構成比 ＋ 2位の構成比

3位までの構成比累計 ＝ 1位の構成比 ＋ 2位の構成比 ＋ 3位の構成比

⋮

n位までの構成比累計 ＝ 1位の構成比 ＋ 2位の構成比 ＋… n位の構成比

⑤ABCに区分する

Ｃに区分する（例では上位20軒がＡ、中位40軒がＢ、下位40軒がＣ）

⑥顧客別に自社と他社の売上を記載（例では売上０を空欄としている。各社の合計が最下段に記載されている。自社の売上は９０００万円でテリトリー内のシェアは30％）

⑦顧客の需要を分母に、各社の売上を分子に顧客内シェアを算出（例では自社だけを記載している。たとえば北条の顧客内シェアは39・９％）

⑧顧客内シェアをスモールａｂｃｄに格付ける

- スモールａ：自社が顧客内シェアナンバーワン（単品なら２位に３倍以上の差の１位）
- スモールｂ：どの供給者もナンバーワンではない（自社がカバーしている場合）
- スモールｃ：他社が顧客内シェアナンバーワン（自社がカバーしている場合）
- スモールｄ：未取引先または顧客内シェア５％未満（自社がカバーしていない場合）

北条は自社が１位ですが、２位との差は３倍未満なのでナンバーワンではありません。したがってスモールｂと格付けます。島津は自社がナンバーワンなのでスモールａです。上杉は自社は２位ですがコニシがナンバーワンなのでスモールｃです。武田は取引がないのでスモールｄです。

メーカーが商社や小売店を格付ける場合のスモールａｂｃｄは系列度を示します。金融機関でいうメインバンクとはスモールａを意味します。

【図表5-11】スモールabcd

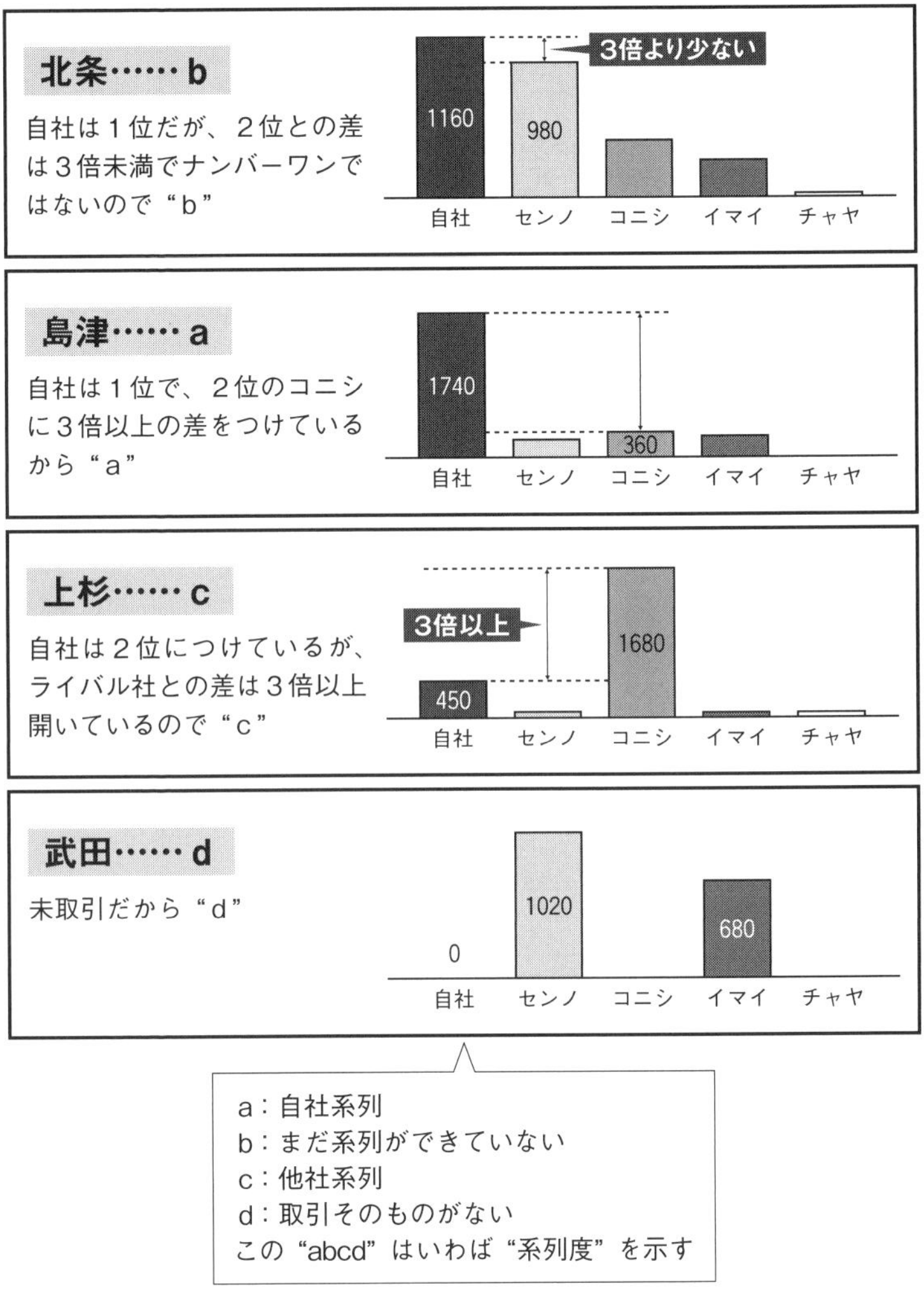
北条……b
自社は1位だが、2位との差は3倍未満でナンバーワンではないので“b”
3倍より少ない
1160
980
自社
センノ
コニシ
イマイ
チャヤ
島津……a
自社は1位で、2位のコニシに3倍以上の差をつけているから“a”
1740
360
自社
センノ
コニシ
イマイ
チャヤ
上杉……c
自社は2位につけているが、ライバル社との差は3倍以上開いているので“c”
3倍以上
450
1680
自社
センノ
コニシ
イマイ
チャヤ
武田……d
未取引だから“d”
0
1020
680
自社
センノ
コニシ
イマイ
チャヤ
a：自社系列
b：まだ系列ができていない
c：他社系列
d：取引そのものがない
この“abcd”はいわば“系列度”を示す

56 顧客の戦略的格付け法

顧客の格別に攻略の方針と攻撃の量を定める

前55項で顧客の需要規模をラージA・B・Cに格付け、顧客内シェアをスモールa・b・c・dに格付けるランチェスター式ABC分析について解説しました。この2軸を掛け合わせると未取引先も含めたすべての顧客はAaからCdまでの12通りに格付けできます。既存客だけであればCcまでの9通りです。これを**戦略的格付け**といいます。前55項の例では自社のAaは島津と毛利の2社です。

さて、この12通りの中で一番大切な格はどこでしょうか。Aaです。規模が大きく自社のシェアも高い。二番目に重要なのはAbです。なぜなら、最も重要なAaの次の候補は短期的にはAbの中にいるからです。顧客内シェアをアップしてAaを目指します。三番目に重要なのはBaです。成長の可能性がある顧客に対して客先繁盛支援を行なう**育てる先**です。以上の**Aa・Ab・Baは重要顧客としてAクラス**といいます。

【図表5-12】顧客の格に応じた攻略の方針と攻撃の量

・攻略の基本方針

○ 守る先
↑ 攻める先（点線は選択して攻める）
← 育てる先（点線は選択して育てる）
無印 見極める先

・攻撃の量

■ Ａクラス：高頻度（例）週4回
▨ Ｂクラス：中頻度（例）週2回
□ Ｃクラス：低頻度（例）週1回
▧ 新規開拓：原則としてＢクラス同等

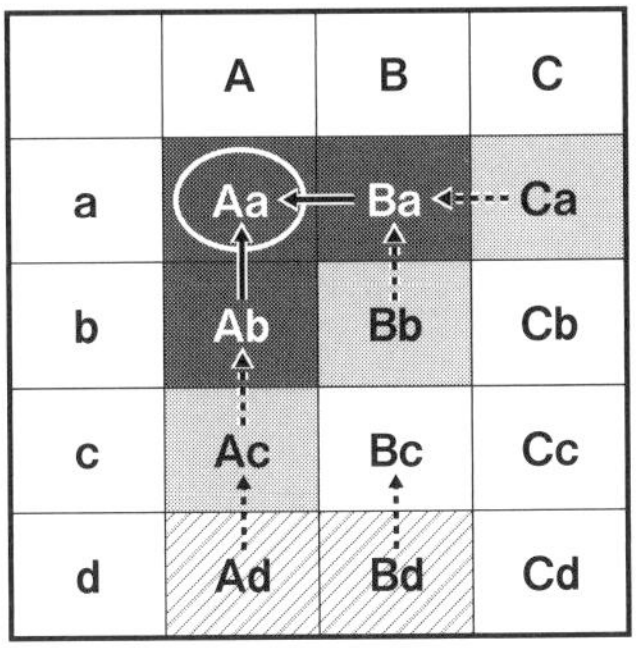

Ａｃ・Ｂｂ・Ｃａは普通の重要度としてＢクラスといいますが、その性格は全く異なるので攻略の方針は違います。54項で例示したイ社・ロ社・ハ社のイ社はＡｃの例です。強者に徹底的に差別化していく**攻める先**です。ハ社はＣａの例です。成長の可能性があるならＢａ同様に育てる先ですが、成長の可能性が低いＣａには時間をかけ過ぎないこと。ロ社はＢｂの例です。顧客内シェアをアップさせてＢａを目指します。**Ｂｃ・Ｃｂ・Ｃｃは非重要顧客のＣクラス**です。ここに時間をかけてはなりません。新規開拓はＡｄ・Ｂｄの中から候補を決めて行ないます。Ｃｄは対象外です。

攻撃の量については、たとえばＡクラス週４回、Ｂクラス週２回、Ｃクラス週１回などとメリハリをつけます。これまで、どの顧客にどれだけの定期訪問をしていたのかを確認し、顧客の戦略的格付けに基づく訪問頻度を定め、増やすべき顧客を増やし、減らすべき顧客を減らします。

一般にCa客に必要以上に行きすぎている傾向があります。逆にAc客への訪問頻度が足りないことが多いです。Ca客（54項の例のハ社）は需要規模は小さいが自社が強い顧客です。仕事がありますので何かと用事があります。小さな会社でかつ自社をメインの仕入先にしていますので、自社を頼りにしてくれます。訪問すると喜んでくれます。お茶も出てきます。世間話も盛り上がることでしょう。

そんな顧客を筆者は**オアシス客**と呼びます。ビジネス砂漠で営業員がホッと一息つける有難い顧客です。ただし、伸びしろは少ないのです。急成長する顧客もいますが（シンデレラ客という）、稀です。多くのCグループ客は衰退傾向で廃業も視野に入っています。オアシス客に必要以上に時間をかけてはなりません。

Ac客（54項の例のイ社）は需要規模は大きいが自社が弱い顧客です。仕事が少ないので用事が少ないです。大きな会社で他社をメインの仕入先にしていますので、自社を頼りにしていません。訪問してもまともに相手にしてもらえません。座れともいわれず、世間話をする雰囲気すらありません。しかし、ここに伸びしろがあるのですから、攻めなければなりま

【図表5–13】攻撃の量、増減のポイント

	A	B	C
a	Ａａ 互恵客	Ｂａ	Ｃａ オアシス客
b	Ａｂ	Ｂｂ	Ｃｂ
c	Ａｃ 伸代客	Ｂｃ	Ｃｃ 見切客
d	Ａｄ	Ｂｄ	Ｃｄ

せん。**伸代《のびしろ》客**と呼びます。ただし、あまり相手にしてもらっていません。伸代客対策は営業員任せにせずに、会社として総合的に対策し対応すべきです。

訪問回数の総数は増やす必要があります（その方法は第6章で）が、すぐには増えませんから、どこかを減らして、どこかを増やすことに取り組みます。まず、Ｃｃ客（筆者は**見切客**と呼ぶ）への定期訪問はカットすべきです。一方、意外に訪問が足りていないのがＡａ客です。会社間の信頼関係にあぐらをかいて手抜きをしていると足元をすくわれます。Ａａ客へはＡｃ客以上に、会社全体で総合的な対策を行ないます。戦略的互恵関係を強化していく意味で**互恵客**と呼びます。

57 Aa率

Aグループ軒数に対する自社Aa軒数の割合

55項のABC分析の例では全顧客100軒中にAグループ（Aa、Ab、Ac、Ad）が20軒ありました。そのうち、自社のAa客は島津と毛利の2軒でした。この場合の自社のAa率は10％（20分の2）です。

Aa率（顧客が販売店など店であればAa店率ともいう）とは**Aグループ軒数に対する自社のAa軒数の割合**です。市場全体の7割を占めるAグループの中で顧客内シェアがナンバーワンである顧客ですから、顧客内シェアを代表する指標です。カバー率が取引の拡がりを示す「量」の構造なら、Aa率は取引の深まりを示す「質」の構造です。

特に弱者にとって重要な指標です。弱者は強者に比べて営業員の数が少ないです。少ない人員で強者と同程度の数の顧客がいるとどうなるか。1客当たりの訪問頻度において強者に劣ってしまいます。新規開拓を行ないカバー率を上げることは大切ですが、人員数にふさわ

【図表5-14】Aa率

意味	顧客内シェアを代表する指標	シェアの「質」の構造

定義

$$\text{Aa率（\%）} = \frac{\text{Aa軒数}}{\text{Aグループ軒数}} \times 100$$

例　Aa率 ＝ Aa軒数2軒 ÷ Aグループ軒数20軒 × 100 ＝ 10%

注意
1．弱者にとって重要
2．成熟期以降に重要

しい適正な顧客の数というものがあります。いたずらに増やせばよいというものではありません。限られた営業人員数で売上・シェアを上げるには**顧客の狙い撃ち**をするべきです。Aグループ顧客の中でAa客をつくることが重要です。

また、市場が成熟期に入るとAa率の重要性が高まります。市場が立ち上がって時間が経過して成熟していきます。その間、各社は新規開拓を行ない、カバー率を上げます。各社のカバー率が高いときは、どの顧客を新規開拓しても先発納入業者がいるので、すぐに顧客内シェアは上がりません。ゆえに、成熟期はカバー率を上げることよりもAa率を上げるほうがシェアアップしやすいのです。

58

構造シェア

シェアアップ目標と戦略シナリオを算出する公式

カバー率とＡａ率を足して２で割った数値を構造シェアといいます。構造シェアは市場シェアと近似《きんじ》（ほぼ等しい）します。ランチェスター戦略の独自の理論です。カバー率が50％でＡａ率が10％であれば、足して60、２で割って30％の構造シェアです。この場合、市場シェアも30％程度になるという意味です。

カバー率やＡａ率が算出できるのに、市場シェアが不明ということは稀です。では、なぜ、構造シェアを必要とするのか。それは、構造シェアを活用すればシェアアップの目標と戦略シナリオを算出することができるからです。そして顧客の戦略的格付け表と照らし合わせると戦略シナリオを選択し、ターゲット顧客を決定することができます。

どういうことか。例を挙げて解説しましょう（図表参照）。これまで例示してきた工場の消耗品を供給している直需商社の例です。テリトリー内に全対象顧客軒数は１００軒。自社

【図表5-15】構造シェアを活用したシェアアップ目標と戦略の策定方法①

条件
①全対象軒数100軒、自社取引軒数50軒　→カバー率＝50%
②Aグループ軒数20軒　Aa軒数＝2軒　→Aa率＝10%
③構造シェア＝（カバー率50%＋Aa率10%）÷2＝30%
市場シェアも30%で構造シェアと一致している

問　現在30%シェアを35%に上げたい場合、どうすればよいか？

	カバー率	Aa率	構造シェア	市場シェア
現状	50%	10%	30%	30%
第1の戦略シナリオ			35%	35%
第2の戦略シナリオ			35%	35%
第3の戦略シナリオ			35%	35%

ヒント　構造シェアが35%になるカバー率とAa率の組み合わせを考えればよい。3通りのやり方が考えられる。

取引顧客軒数は50軒。自社のカバー率は50%です。100軒中、Aグループ軒数は20軒。自社のAaは2軒。自社のAa率は10%。構造シェアは（50%＋10%）÷2＝30%。市場シェア30%と一致しているとします。

さて、今期30%の市場シェアを来期は35%にアップさせたいと目標を立てたとしましょう。あと5%分をガンバローと気合いを入れるだけでは単なる根性論です。どのようにガンバルか。構造シェアが35%になるカバー率とAa率の組み合わせを考えればよいのです。3通りのやり方が考えられます。**戦略シナリオ**と呼びます。どのような道筋をたどって目標を達成するのかという意味です。

次ページをめくる前に、ご自身で上の図表の空欄を埋めてみましょう。現状は足して60

%です。これを足して70％となるカバー率とＡａ率の組み合わせを考えればよいのです。

・第一の戦略シナリオ：カバー率を50％から60％に上げ、Ａａ率は10％のまま
　↓答えは新規開拓10軒

・第二の戦略シナリオ：カバー率は50％のままで、Ａａ率を10％から20％に上げる
　↓答えはＡａを２軒増やす

・第三の戦略シナリオ：カバー率を50％から55％に上げ、Ａａ率を10％から15％に上げる
　↓答えは新規開拓５軒とＡａを１軒増やす

どのシナリオを選ぶのかは、56項で解説した顧客の戦略的格付けのマトリクスを見て現場をよく知る人とターゲット候補の選定と併せて行ないます。理論的にはどのシナリオを選んでも目標は達成できます。

さて、53項でシェアアップする際の重要な二つの指標をカバー率と顧客内シェアといいました。顧客内シェアは平均的に上げていくのではなく、狙った顧客の顧客内シェアを上げていきます。Ａａを増やし、Ａａ率を上げることが最も効果的です。そこからカバー率とＡａ率で市場シェアの構造を示す理論が導き出されました。市場シェアと構造シェアの誤差が出る場合は調整して使用します。調整方法は筆者にお問い合わせください。

【図表5–16】構造シェアを活用したシェアアップ目標と戦略の策定方法②

問 現在30％シェアを35％に上げたい場合、どうすればよいか？

	カバー率	Aa率	構造シェア	市場シェア
現状	50%	10%	30%	30%
第１の戦略シナリオ	60%	10%	35%	35%
第２の戦略シナリオ	50%	20%	35%	35%
第３の戦略シナリオ	55%	15%	35%	35%

答
第１の戦略シナリオ：新規開拓10軒
第２の戦略シナリオ：Aaを２軒増やす
第３の戦略シナリオ：新規開拓５軒と、Aaを１軒増やす

【図表5–17】構造シェア

意味 市場シェアと近似 / シェアアップの目標と戦略シナリオを算出

定義

$$構造シェア(\%) = \frac{カバー率 + Aa率}{2} \times 100 \fallingdotseq 市場シェア$$

例 構造シェア ＝（カバー率50％＋Ａａ率10％）÷ ２ ＝ 30％

注意 ・構造シェアと市場シェアの誤差があれば調整して使用する

59 いますぐできる顧客の戦略的格付け法

簡易版の顧客の戦略的格付け法

構造シェアを活用すれば、シェアアップの目標と戦略シナリオとターゲット顧客が科学的に導き出せます。ローラー調査を実施すればABC分析ができますので構造シェアを活用できます。

しかし、急にはローラー調査ができない、またはローラー調査が向かない業界もあります。その場合は簡易的な顧客の戦略的格付け法を実施します。

次ページの図表は法人顧客を対象とする営業会社の戦略的格付けの例です。横軸は顧客の需要規模です。どれだけ仕入れているのかは顧客の年商規模に比例しますので、需要規模は顧客の年商規模で格付けます。たとえば、年商10億円以上を大口需要先：A、3億円以上10億円未満を中口需要先：B、3億円未満を小口の需要先：Cと定義します。

縦軸は各顧客内での自社の競争地位です。自社がナンバーワンの納入業者であればaです。

【図表5-18】簡易版　顧客の戦略的格付け法（例）

		顧客の需要規模		
		A：大規模 例　年商10億円以上	B：中規模 例　年商３億〜10億円	C：小規模 例　３億円未満
顧客内シェア	a：自社No.1 独占またはメイン	Aa：重要 例）月４回	Ba：重要 例）月４回	Ca：普通 例）月２回
	b：No.1が不在	Ab：重要 例）月４回	Bb：普通 例）月２回	Cb：非重要 例）月１回
	c：他社がNo.1	Ac：普通 例）月２回	Bc：非重要 例）月１回	Cc：非重要 例）月１回
	d：未取引またはスポットのみ	Ad：新規開拓先 ４回訪問で判定	Bd：新規開拓先 ４回訪問で判定	Cd：対象外

ナンバーワンとは正式には1位でかつ2位に3倍差をつけたダントツを意味しますが、簡易的には「独占または自社がメインの納入業者」でよいです。cは他社がナンバーワンです。bはどの納入業者もナンバーワンになっていない状況です。dは未取引先、または取引があってもごくわずか、またはスポット的で定期的な取引となっていない場合です。

このように縦軸と横軸を定めれば12通りに顧客を格付けられます。Aa・Ab・Baを重要なAクラス、Ac・Bb・Caを普通のBクラス、Bc・Cb・Ccを非重要なCクラス、Ad・Bd・Cdの未取引先のうち、Ad・Bdから新規開拓候補を選定することは通常の格付けと同じです。

Question
6

ランチェスター式ＡＢＣ分析におけるラージＡＢＣの定義は、構成比＿＿＿＿の上位＿＿＿％未満がラージＡ、70％以上95％未満がラージ＿＿＿、95％以降がラージ＿＿＿である。スモールａｂｃｄの定義は自社が＿＿＿＿＿＿がａ、他社が＿＿＿＿＿＿がｃ、どこも＿＿＿＿＿＿＿でなければｂ、未取引または顧客内シェア＿＿＿％未満がd。

Question
7

ランチェスター式ＡＢＣ分析に基づく顧客の戦略的格付けにおける重要顧客を示すＡクラスは＿＿＿＿、＿＿＿、＿＿＿＿、重要度が普通を示すＢクラスは＿＿＿＿、＿＿＿、＿＿＿＿、非重要を示すＣクラスは＿＿＿＿、＿＿＿、＿＿＿の顧客である。

Aa	Ba	Ca
Ab	Bb	Cb
Ac	Bc	Cc
Ad	Bd	Cd

Question
8

□を埋めよ。Aa率（％）＝$\frac{\square}{\square}$×100

Question
9

□を埋めよ。

構造シェア（％）＝$\frac{\square}{\square}$×100≒市場シェア

Question
10

顧客の戦略的格付けを簡易的に行なう場合、ラージＡＢＣは＿＿＿＿＿＿＿＿＿で、スモールabcdは＿＿＿＿＿＿＿＿＿で格付ける。

第5章 シェアアップ戦略編

理解度テスト

下記の文章の空欄を埋めましょう。答えは232ページです。

Question 1

ランチェスター シェアアップ戦略は「目標、＿＿＿＿＿、＿＿＿＿＿を選定する」ことである。

Question 2

TAM《タム》とは顧客の投資可能想定金額である。次の式で求める。
顧客の＿＿＿＿＿×自社製品のカテゴリー＿＿＿＿＿

Question 3

ローラー調査とは＿＿＿＿＿戦略策定のための市場総点検活動である。三つの特徴がある。①＿＿＿＿＿調査、②自社調査、③＿＿＿＿＿調査。

Question 4

□を埋めよ。

$$カバー率(\%)=\frac{\square}{\square}\times 100$$

Question 5

顧客イ社の需要金額が1000万円で、イ社への自社の売上が100万円の場合、イ社の拡大販売余地は＿＿＿＿＿万円である。

A 解答

□欄に正解は○、不正解は×をつけます。
×は当該項を復習して、理解を深めてください。

1 □ 50参照

ランチェスター シェアアップ戦略は「目標、**戦略シナリオ**、**ターゲット顧客**を選定する」ことである。

2 □ 51参照

TAM《タム》とは顧客の投資可能想定金額である。次の式で求める。
顧客の**需要**×自社製品のカテゴリー**構成比**

3 □ 52参照

ローラー調査とは**営業**戦略策定のための市場総点検活動である。三つの特徴がある。①**全数**調査、②自社調査、③**短期**調査。

4 □ 53参照

□を埋めよ。

$$\text{カバー率(\%)} = \frac{\textbf{各社取引顧客軒数}}{\textbf{全対象顧客軒数}} \times 100$$

5 □ 54参照

顧客イ社の需要金額が1000万円で、イ社への自社の売上が100万円の場合、イ社の拡大販売余地は**900**万円である。

6 □ 55参照

ランチェスター式ＡＢＣ分析におけるラージＡＢＣの定義は、構成比**累計**の上位**70**%未満がラージA、70%以上95%未満がラージ**B**、95%以降がラージ**C**である。スモールａｂｃｄの定義は自社が**ナンバーワン**がa、他社が**ナンバーワン**がc、どこも**ナンバーワン**でなければb、未取引または顧客内シェア**５**%未満がd。

7 □ 56参照

ランチェスター式ＡＢＣ分析に基づく顧客の戦略的格付けにおける重要顧客を示すＡクラスは**Aa、Ab、Ba**、重要度が普通を示すＢクラスは**Ac、Bb、Ca**、非重要を示すＣクラスは**Bc、Cb、Cc**の顧客である。

Aa	Ba	Ca
Ab	Bb	Cb
Ac	Bc	Cc
Ad	Bd	Cd

8 □ 57参照

□を埋めよ。$$\text{Aa率(\%)} = \frac{\textbf{Aa軒数}}{\textbf{Aグループ軒数}} \times 100$$

9 □ 58参照

□を埋めよ。

$$\text{構造シェア(\%)} = \frac{\textbf{カバー率+Aa率}}{\textbf{2}} \times 100 \fallingdotseq \text{市場シェア}$$

10 □ 59参照

顧客の戦略的格付けを簡易的に行なう場合、ラージＡＢＣは**顧客の需要規模**で、スモールａｂｃｄは**顧客内シェア**で格付ける。

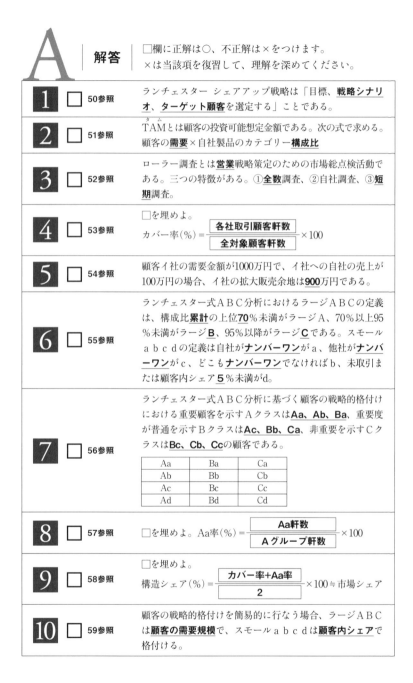

第6章

ランチェスター営業戦略編

60 ランチェスター営業戦略

営業員攻撃力の法則：攻撃力＝活動の質×量

弱者は部分的なナンバーワンを一つひとつつくっていくとの基本戦略（第1章）に基づき、差別化し集中し接近戦を展開する顧客層、商品、価格（以上第2章）、地域（第3章）、販売チャネル（第4章）を決定します。それらを踏まえて第5章では営業活動を通じて売上・利益・シェアを上げていくための目標、戦略シナリオ、ターゲット顧客を設定しました。

こうしてターゲット顧客が定まりました。最終章の第6章では定めたターゲット顧客をいかにして攻略していくのか、**営業活動の最適化**について解説します。活動の最適化にあたり、原点のランチェスター法則に立ち返って考えます。ランチェスター第一法則「戦闘力＝武器性能×兵力数」の戦闘力を、営業員一人ひとりが顧客を開拓し売上を上げ利益を生み出す力（攻撃力という）に置き換えると**「攻撃力＝活動の質×活動の量」**となります。これを**営業員攻撃力の法則**といいます。ランチェスター営業戦略とは営業活動の質と量の最適化です。

【図表6-1】営業員攻撃力、攻撃量の法則

ランチェスター第一法則
戦闘力 ＝ 武器性能 × 兵力数

⬇

営業員攻撃力の法則
攻撃力 ＝ 活動の質 × 活動の量

営業員攻撃量の法則
攻撃量 ＝ 商談時間 × 商談件数・回数

なお、営業チームとしては第二法則が当てはまります（73項で解説）。

活動の量については長時間勤務を推奨していません。顧客と接触する時間を増やすことを推奨しています。活動の量を営業員の攻撃量とすると、**「攻撃量＝商談時間×商談件数・回数」**と置き換えられます。これを**営業員攻撃量の法則**といいます。

1日当たりの攻撃量は何件商談し1回当たり何分商談したのかで示されます。1客当たりの攻撃量は月当たり何回商談し1回当たり何分商談したのかで示されます。勤務時間が長くても顧客と接触する時間が少なければ攻撃量は少ないということです（63項で解説）。

営業活動の質については第一に人材の質、第二に戦略の質、第三に活動の質に分けて考えます。**「優れた人材が正しい戦略に基づいて適正な活動をたくさん実施すれば成果は上がる」**というシンプルな公式です。それでは優れた人材とは？　正しい戦略とは？　適正な活動とは？　どのようにすれば活動量が増えるのか？　これから順に解説していきます。そのなかで触れますが、営業活動の質と量を最適化し攻撃力を増大するうえでポイントとなる三つの管理項目について示しておきます。**第一に市場の情報管理です。第二に商談プロセス管理**です。そして**第三に活動の管理**です。

なお、営業は業界によりその方法が違うので、最適化のポイントや力点の置き方が異なります。弱者や新製品の導入期と強者や成長期によって直接販売・間接販売の力点の置き方が異なります。弱者や新製品の導入期は直接販売または川下作戦・源流営業をメインに間接販売をサブに位置づけます。強者や成長期は間接販売がメインです。46項、47項、48項を参照してください。

生産財（法人営業・BtoB）か、消費財（個人営業・BtoC）かについては、プッシュ戦略・接近戦とプル戦略・遠隔戦（53項参照）の力点の置き方が異なります。生産財はプッシュがメインでプルがサブです。消費財はプッシュとプルの重要度は同等です。ユーザーや消費者とのコミュニケーションにおいては好き嫌いと良し悪しの力点の置き方が異なります。消費財は好き嫌いがメインで良し悪しがサブです。生産財は良し悪しが重要ですが、嫌いだ

【図表6-2】第6章 ランチェスター営業戦略編の構成　数字は解説する項目の番号

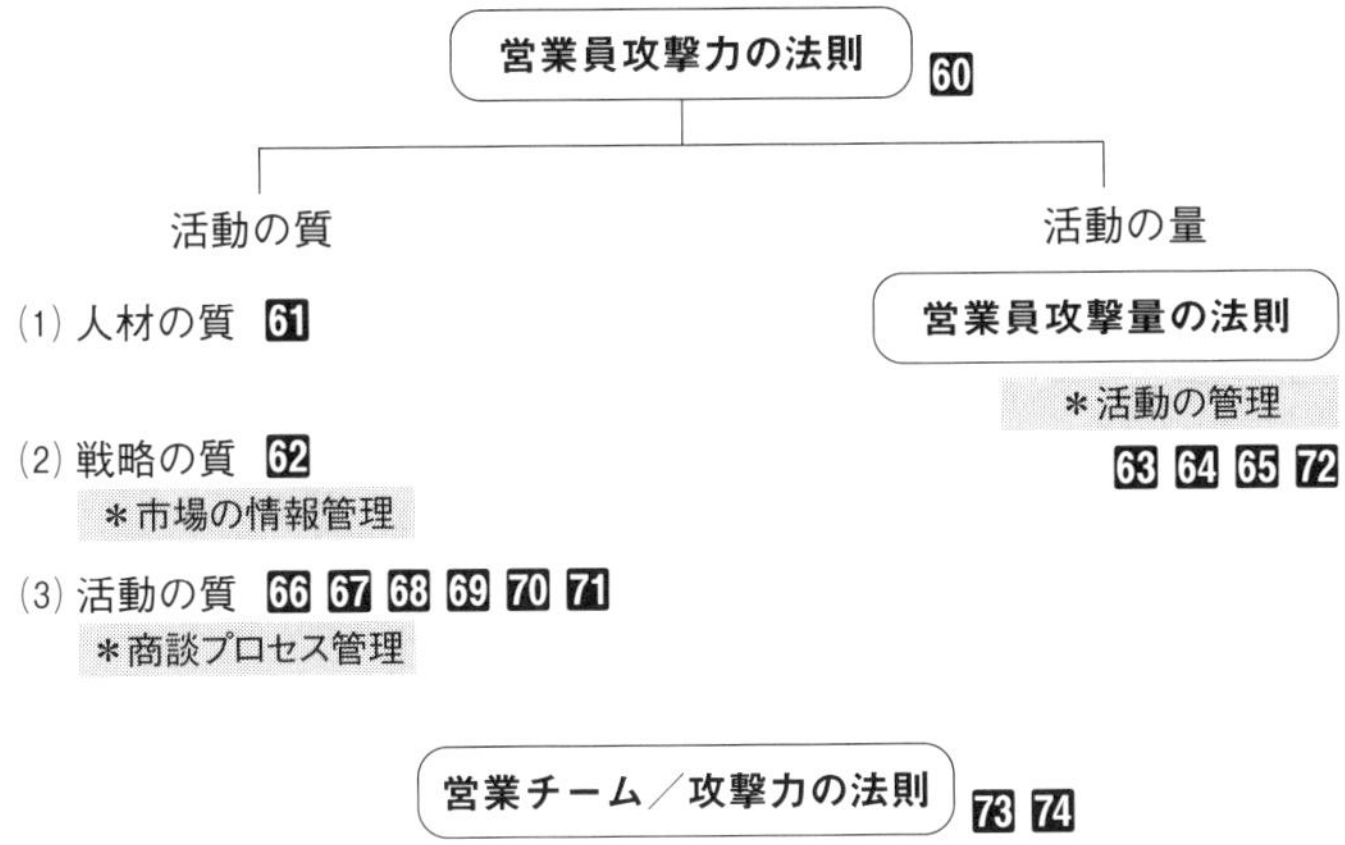

と商談が進捗しません。

見込事業か受注事業か（43項）については、顧客が見込事業者なのか受注事業者なのかによって攻め方の力点が異なります。受注事業者はコスト重視ですが、見込事業者はいま抱えている技術テーマを解決するならばコストよりも技術が優先されます。

ルートセールスか案件セールスかについては、32項でテリトリー設定については解説しました。本章でこれからテリトリー以外のことを詳しく解説していきます。ルートセールスは活動管理がメインで商談プロセス管理がサブです。案件セールスでは商談プロセス管理がメインで活動管理はサブです。

61 人材の質

適性、やる気、知識、スキル

営業活動の質の第一の要素が「人材の質」です。人材の質は、①適性、②やる気、③知識、④スキルで捉えます。

①適性

話術が巧みで口がうまい、押しが強い、要領がよい人。こんな人が「売り込みがうまい」イメージがあります。しかし、「顧客の信頼が厚い人」が売れるのであって、売り込み上手が営業員の適性ではありません。むしろ、不適性といえます。

「誠意ある言動」が第一の適性です。顧客の立場に立ち、顧客に役立ち、喜んでもらおうとする人。正直で真面目で熱心な人。話術が巧みである必要はありません。むしろ、朴訥《ぼくとつ》としていたほうがよいくらいです。

第二の適性は「打たれ強く、プラス思考」です。断られたり、失敗して叱られたりするこ

【図表6-3】人材の質

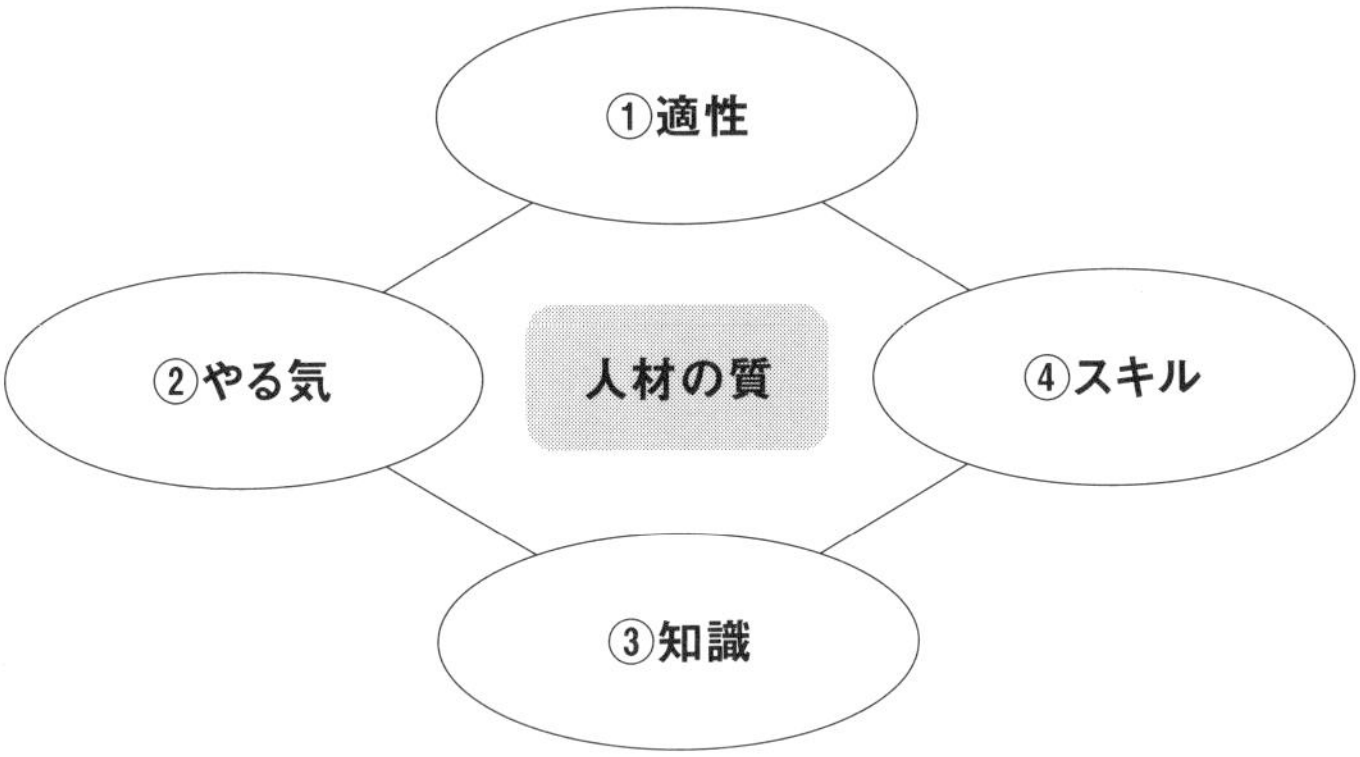

ともあります。そのことでいちいち心を傷つけていては仕事になりません。メンタルの強さが求められます。マイナス思考の人は自分や自社や自社製品に自信がもてないことや、売れない理由を会社や製品や顧客のせいにする傾向があります。責任自分論でなければ成長しませんので仕事も発展しません。

第三の適性は「コミュニケーション能力」です。顧客と心と心の接近戦が展開できる対人関係能力です。いわゆる営業センスとはこのことです。

②やる気

営業員のやる気を高めるためには、人間はどうすればやる気が高まるのかを研究したモチベーション理論について知っておくとよいでしょう。たとえば、ハーズバーグの動機付け・衛生理論があります。アメリカの心理学者のハーズバーグ教授は仕事のモチベーションには満足をもたらす動機付け要因と不満をもたらす衛生要因があると提唱します。給料が安い、休みが少ないと不満となりますが、給料を上げ、休みを増やしても不満の度合いが減るだけで、満足するわけではありません。仕事の達成感や自己の成長感を感じると満足するが、感じなければ満足度は減るけれど、不満足となるわけではありません。

モチベーション理論にはマズローの欲求五段階説、マグレガーのＸＹ理論など様々あります。社員のやる気を持続的に向上させたいのなら、モチベーション理論を学び、自社に取り入れていくべきです。

③知識

業務上の知識はあればあるほど提案の幅が拡がりますが、その知識を正しく整理し、上手に使い、伝えることができた場合にしか、業績向上につながりません。コミュニケーション下手、自信がない、自信過剰では知識は活かされません。

④スキル

知識を上手に使い、相手の知識レベルや興味や関心のレベルに合わせて適切に使う能力がスキルです。スキル化していない知識では役に立たないということです。アメリカの経営学者のカッツ教授はマネジャーに必要な能力をテクニカル・スキル、ヒューマン・スキル、コ

【図表6-4】カッツモデル

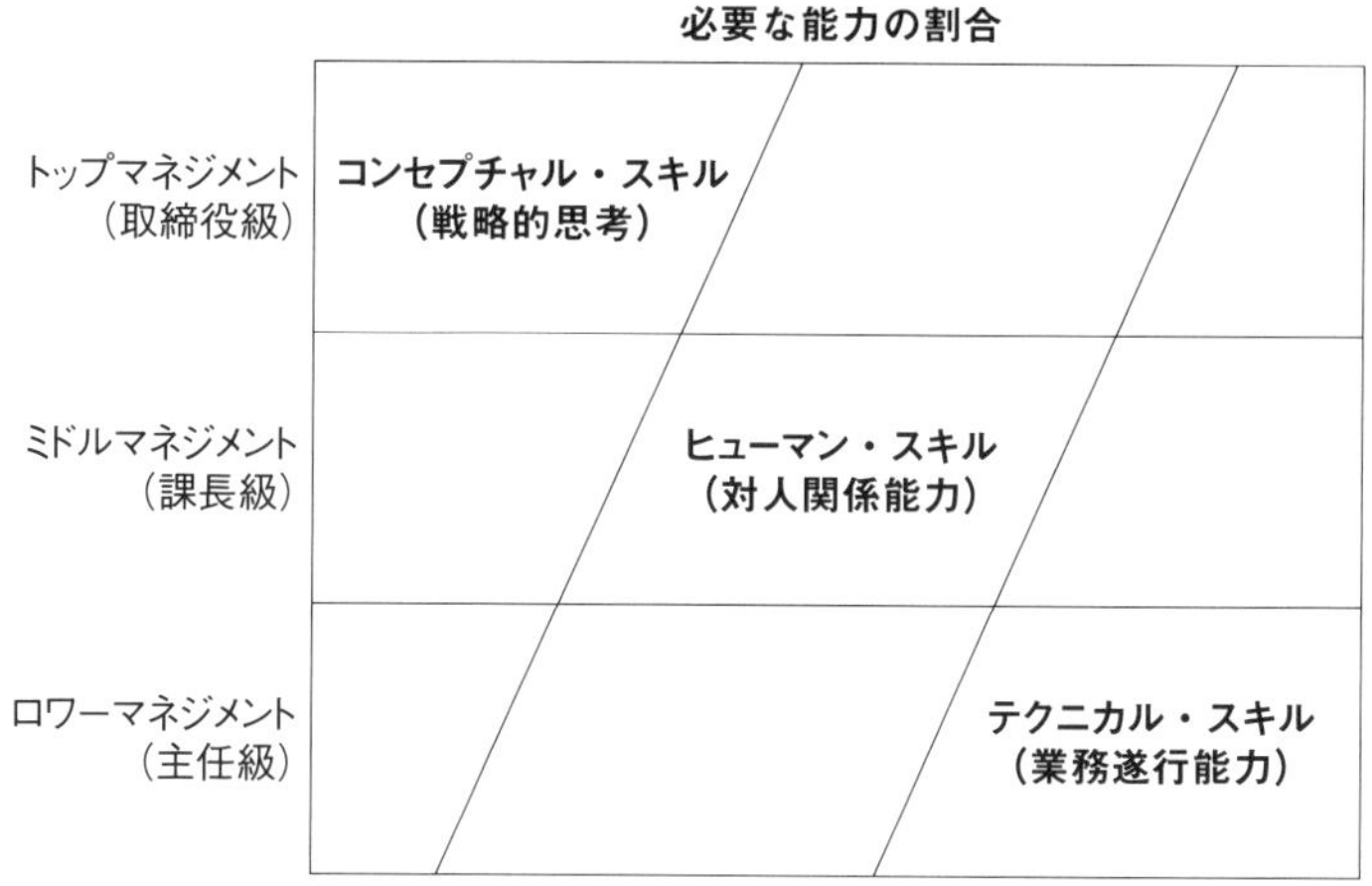

ンセプチュアル・スキルの三つに整理しました。テクニカル・スキルとは業務知識に基づく業務遂行能力です。営業員の場合は商談スキルです（68〜71、74項で解説）。ヒューマン・スキルとは第三の適性のコミュニケーション能力と同じです。コンセプチュアル・スキルとは日本語で概念化能力と訳されていますが、筆者は戦略的思考と捉えています。

カッツはマネジャーの階層が上がるにつれ、テクニカル・スキルの重要度が相対的に下がり、コンセプチュアル・スキルの重要度が高まると提唱しています。商談スキルが乏しくても全社の理念や戦略を示す能力に長けていれば社長や取締役は務まるということです。

62 戦略の質

情報なくして戦略なし

営業活動の質の第二の要素が「戦略の質」です。前61項のコンセプチャル・スキル（戦略的思考）のことです。本書の冒頭で**「営業で一番大切なことは『戦略』である」**と申しました。本書全体がどのように戦略的に思考するのかを解説してきています。

戦略とは会社が考えるべきことで営業員はそれを実行する戦術係とする考えがありますが、筆者はそうは思いません。営業員一人ひとりに戦略が必要です。自らの営業目標達成のために戦略シナリオを立案し、ターゲット顧客を選定し、自らの資源である時間や営業経費を最適に配分します。会社が与える戦略よりも、自らが策定に関与した戦略に取り組み、達成することがモチベーションを上げるのです。

ゆえに営業員一人ひとりに戦略が必要です。ただし、営業員個々の戦略はバラバラではなく、全社の戦略、営業部の戦略と連鎖していなければなりません。**戦略連鎖**といいます。

【図表6-5】戦略連鎖

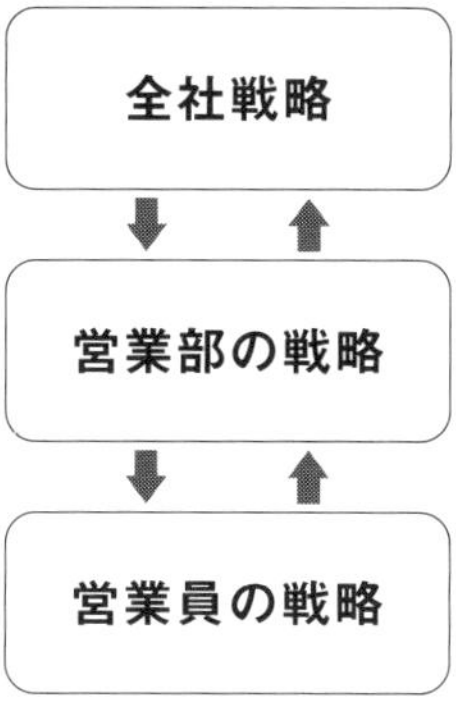

情報なくして戦略なし。よりよい戦略を策定するためには情報は不可欠です。攻撃力を増大する三つの管理項目の第一が**市場の情報管理**です。読者の会社ではいま、市場の情報管理はできているでしょうか。「営業員の頭の中にあるだろうが、会社としては管理できていない」「システムはあるが充分稼働していない」といった会社が多いなか、仕組みをつくり、愚直に推進している会社があります。そんな会社はもちろん高収益企業です。

課題を感じるなら自社の市場の情報管理について現状を把握し、理想を描き、理想に向けて取り組みましょう。必須項目は①自社、②顧客、③競合です。間接販売をしている場合は④チャネル。法人営業の場合は、⑤顧客の競合、⑥顧客の顧客も必要です。必要に応

【図表6-6】3C分析

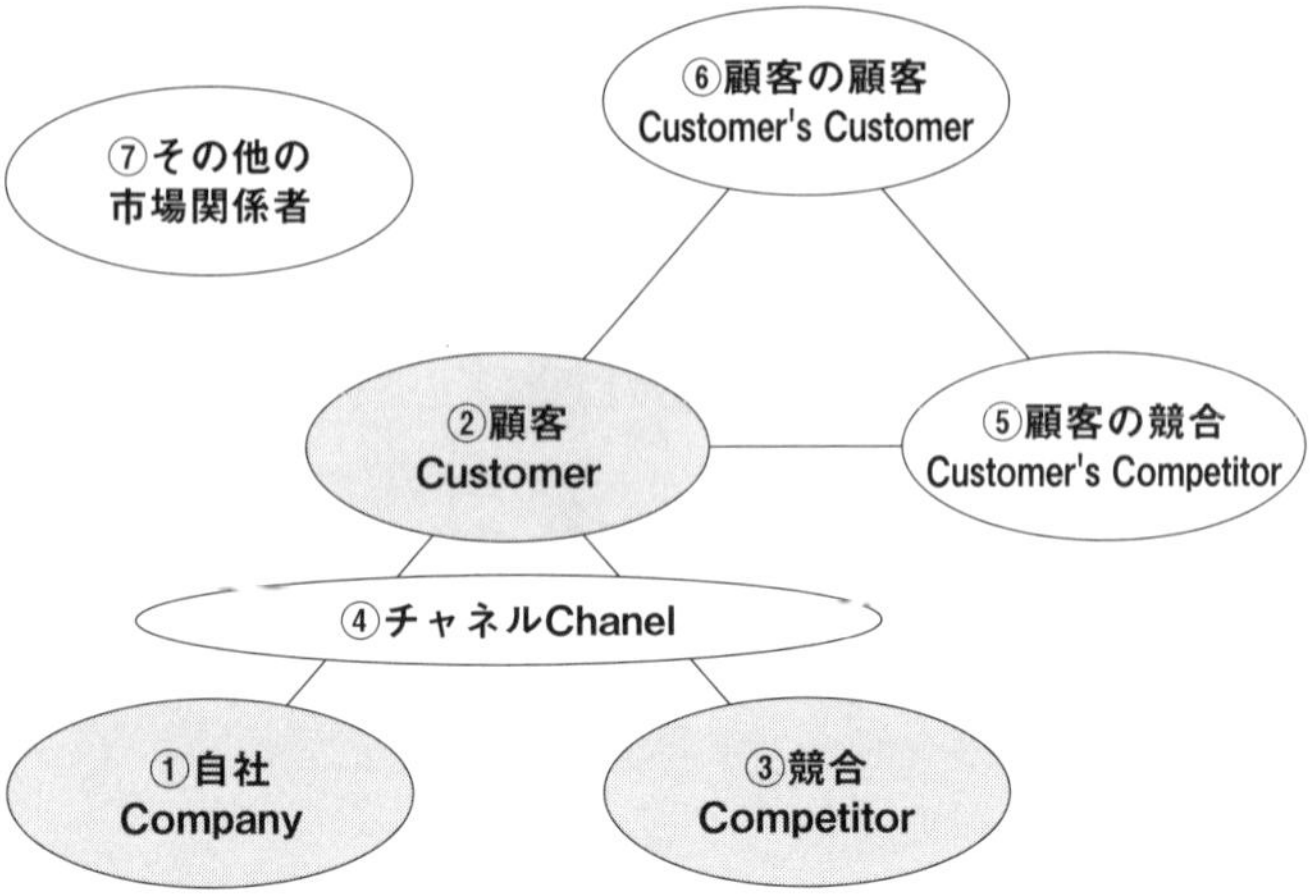

じて、⑦その他の市場関係者（仕入先、代替品の会社、監督官庁、金融機関、同業者団体、地域の経済団体など）を加えてもよいでしょう。

必須の①自社（Company）、②顧客（Customer）、③競合（Competitor）を調べ分析することを**3C分析**といいます。自社のことは調べるまでもないように思われるかもしれませんが、**自社と競合を1対1で比較して強み・弱みを分析する**ことが大切です。

06項の一騎討ち戦には競合会社別に対策する意味がありました。次ページの図表がその例です。ライバル会社別に強み・弱みを分析し自社と競合した場合の対策を整理します。

顧客情報については、顧客のサプライチェーン（調達→生産→流通→販売の流れ）を知

【図表6-7】一騎討ち分析　電気機器メーカーの例　（％は市場シェア）

会社名	強み	弱み	競合時の対策
１位33％ X社	カタログ品が強い 組織的に動く	設計品は後回しにする傾向	設計品で圧倒 カタログ品では川下作戦で野武士的に動く
２位27％ わが社	設計品が強い	カタログ品ではXにかなわない	
３位20％ Y社	総合力で丸ごと ブランド力	専門メーカーではない 丸ごと取れない物件は後回しに	専門メーカーの専門知識 接近戦の量と質で
４位12％ Z社	マンションに強い	マンション以外は弱い	マンションに閉じ込めるように、マンション以外は徹底ミート
５位８％ W社	工事店への源流営業	特定工事店以外は弱い	より源流のゼネコン、ハウスメーカー、設計事務所

り、顧客のキーパーソン情報を知るうえで顧客の組織図を入手することが重要です。入手できなくても、わかる範囲で仮説の組織図を描き、その精度を上げていきます。キーパーソンについては、意思決定者、承認者、担当者、影響者の情報を蓄積していきます。

法人営業であれば顧客の顧客、顧客の競合、顧客の自社以外の仕入先（自社の競合）にまで情報収集の範囲を拡げます。そうすることで、顧客の競争地位（顧客は強者か弱者か）、顧客の強み・弱みは何か、顧客の経営課題は何か、といったことがみえてきます。

顧客の潜在的なニーズを把握できれば、提案内容を差別化することができます。そのために顧客の情報収集を行なう**「定期訪問」**が欠かせません（次々項64項で解説）。

63 活動の量

営業員攻撃量の法則：攻撃量＝商談時間×商談件数・回数

営業活動の質の第三の要素の「活動の質」の前に、営業活動の「量」について解説します。60項で解説したとおり、営業員の攻撃量の法則とは**「攻撃量＝商談時間×商談件数・回数」**です。これをいかにして増やすか。現状を把握し、あるべき姿を描き、取り組んでいきます。

図表は機械設備メーカーの営業員の1日の時間の使い方を示しています。一人の営業員の半年間の勤務の平均です。1日の勤務時間は約10時間（昼食休憩1時間を除く）です。うち20％強が顧客へ訪問している時間です。社内業務時間が40％強、移動時間が40％弱です。

仕事柄、筆者は様々な会社の営業員の時間の使い方を知っています。メーカーの営業員はルート営業であれば25％、案件営業であれば15％くらいしか訪問していません。販売会社の営業員はルート営業であれば30％、案件営業であれば20％くらいしか訪問していません。広いテリトリーを少ない営業員でカバーしている案件営業のメーカーだと10％に満たない営業

【図表6-8】ある営業員の時間の使い方（例）

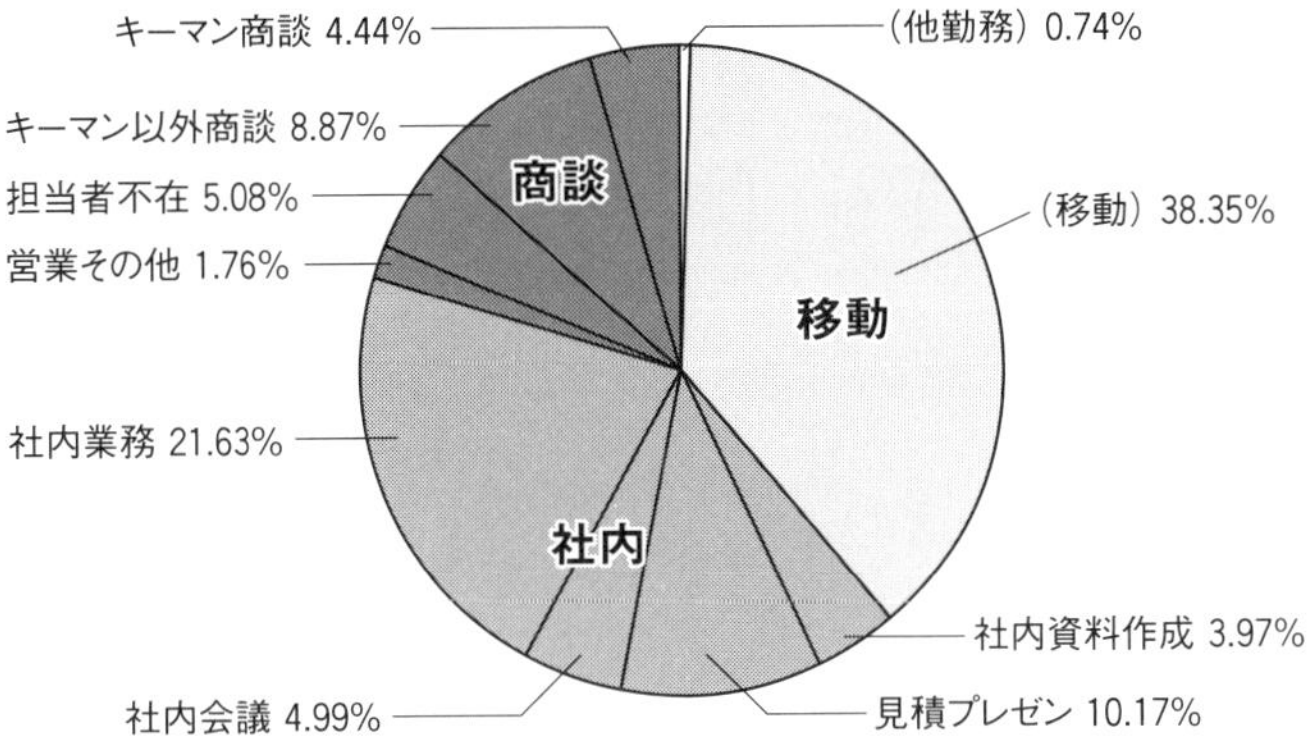

※オビサン株式会社の営業支援システム「スーパーマネジャー」で集計
http://www.supermanager.jp/

員も珍しくありません。

メーカーよりも販売会社が、案件営業よりもルート営業のほうが、それぞれ訪問時間の割合が多いのは販売会社やルート営業は納品や雑用の時間が多いからです。商談なき訪問です。商談時間で比較すると、メーカー・販売会社、ルート・案件営業の差はありません。キーパーソンとの商談ができているかどうかなら、案件営業のメーカーが一番多いくらいです。

営業の仕事は顧客を訪問すればよいというわけではない。訪問はコストなので、社内でしっかりとした準備をして効率よく訪問すべきとの考えもあります。もちろん、活動の「質」が低ければ「量」が多くても成果を生みませんが、**「質」が高ければ「量」が少な**

くてもよいわけではありません。筆者が同じ会社の業績のよい営業員と悪い営業員の時間の使い方を調べると、好業績者は商談時間が長く、低業績者は商談時間が短いです。業績と訪問・商談の量は比例しています。「量」は業績を決定づける重要な要素です。

現状を把握したら、攻撃量の増大に取り組みます。やることが三つあります。**第一に活動の管理**です。**第二にテリトリーの縮小**です。そして**第三に業務改革**です。第一の活動の管理は月間訪問管理表を活用します。次々項の65項で解説します。

第二のテリトリーの縮小については営業地域・移動範囲を狭くすれば移動時間が減り、顧客への訪問・商談時間を増やすことができるということです。第3章で解説しました。**地域戦略とは時間戦略**でもあります。営業所は規模を大きくして拠点数を減らすのがよいのか、規模を小さくして拠点数を増やすのがよいのか。小規模多拠点のほうが移動時間が減り、顧客接点を増やすことができるので正しいです。

テリトリーを自社からの距離や移動時間で1次・2次商圏に区分して、1次商圏内に70%以上の顧客をつくるべきです（32項で解説）。1次商圏の中をさらに細分化し、重点エリアを設定し、ナンバーワンのシェアを目指します（41項で解説）。

営業員の担当は地域別にするのがよいのか、顧客の業種や商品の用途別にするのがよいのか。仕事が大きく違わない限りは地域別にするべきです。

【図表6-9】攻撃量の増大策

1．活動の管理 「月間訪問管理表」	①朝の出発時間
	②１日の訪問件数
	③１客当たりの月間訪問回数
2．テリトリーの縮小	①小規模多拠点主義
	②重点地域の設定
	③地域担当制
3．業務改革	①集客、見込客づくりを営業員からはずす
	②納品を営業員からはずす
	③事務のモバイル化

第三の業務改革とは、営業員以外ができる業務は営業員以外に担当させ、顧客への訪問・商談という営業員以外ではできない仕事に専念させることと事務のモバイル化です。

集客し見込客をつくる仕事は企画部門でやるべき業務です。納品は物流部門でやるべき業務です。納品することで顧客接点が持ちやすい側面もありますが、納品しなければ顧客に会えないようでは営業の仕事になっていません。見積作成・受発注処理、業務・勤怠報告・経費精算といった事務を外出先の空き時間にできるモバイル・タブレットの導入や、提案書の雛型を会社が用意するなどすれば社内業務時間は短縮できます。事務のモバイル化です。以上に取り組めば攻撃量は現状の1・5倍にはなります。

64 定期訪問

商談案件がなくても定期的に訪問すること

増大させた攻撃量は顧客への定期訪問に使います。**定期訪問とは商談案件がなくても定期的に訪問すること**です。商談案件があれば訪問するのは当たり前です。なくても定期的に訪問することを定期訪問といいます。

なぜ商談案件がなくても定期的に訪問するのか。第一に顧客との信頼関係、顧客の担当者との人間関係を築き、**顧客や競合や市場の情報を収集**するためです。62項で解説した情報収集活動です。情報を収集しようと思うなら情報を提供することです。そもそも、商談案件なしでアポをとるのですから、顧客がこちらと会う理由が必要です。顧客のお役に立つ情報を用意することです。顧客の担当者のお役に立つことで人間関係が強化され、プロとして相談できるパートナーとして認められ、情報を提供してもらえるようになるのです。

情報を収集していると、案件が発生する前からそのサインがつかめます。第二に案件に先

【図表6-10】定期訪問

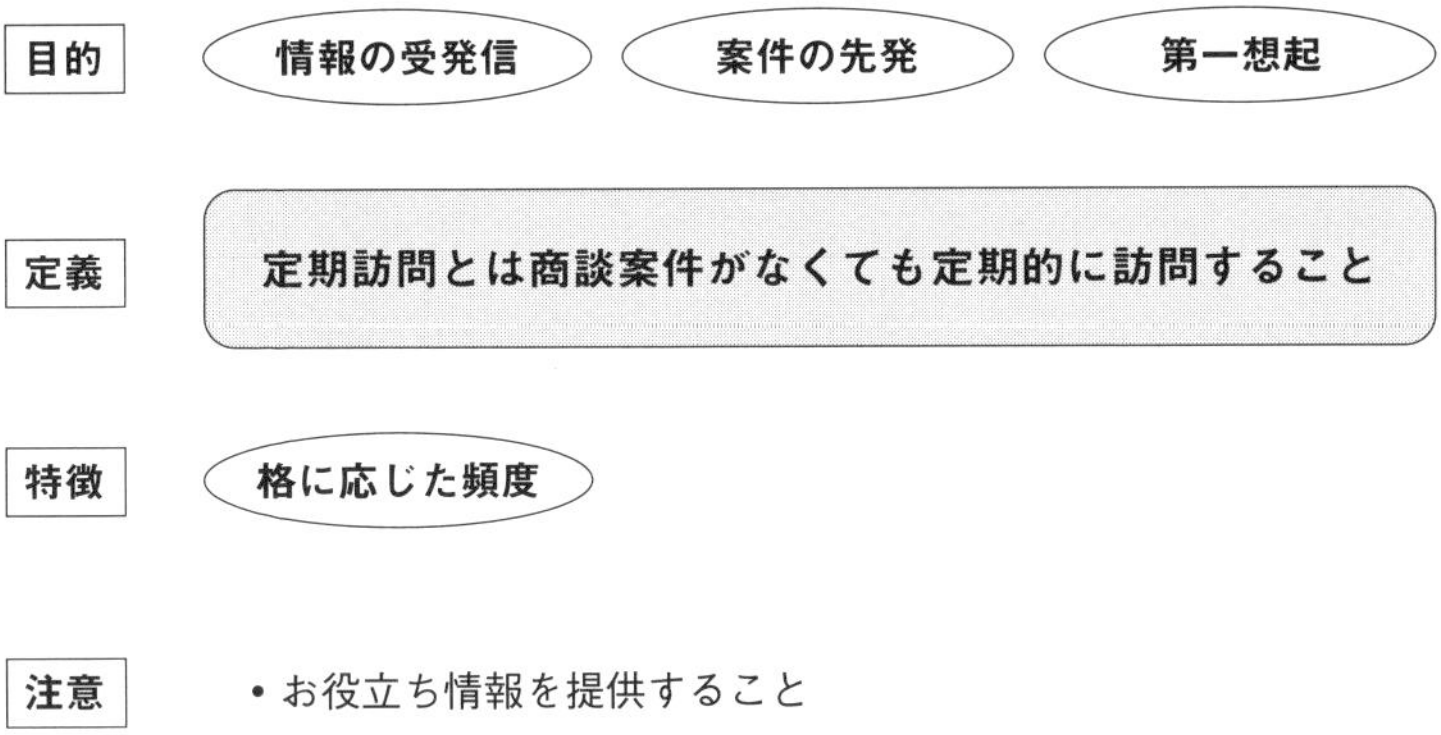

目的	情報の受発信	案件の先発	第一想起

定義	定期訪問とは商談案件がなくても定期的に訪問すること

特徴	格に応じた頻度

注意	・お役立ち情報を提供すること

発して取り組むことができます。**先発は受注の第一条件**です。先発すれば設計の段階で自社製品を仕様に盛り込む（スペックインという）ことも可能です。後発では価格競争になりがちです。信頼関係ができていれば、顧客に案件が発生したときに第一に依頼が来ます。これが定期訪問の第三の目的の**第一想起**です。顧客が一番目に思い起こす存在感を築くという意味です。

こうして案件を発掘し、先発して取り組むことで大型案件を受注し、顧客内シェアを拡大していきます。その可能性の高い顧客には多く時間配分します。56項で解説した顧客の戦略的格付けに基づき、訪問回数を決めます。Aクラス（Aa・Ab・Ba）は多く、Bクラス（Ac・Bb・Ca）は普通、Cクラス（Bc・Cb・Cc）には少なく配分します。

65 活動の管理

月間訪問管理表で活動を管理する

商談案件がなくても定期的に訪問する定期訪問は、訪問計画を立てて管理しなければ実行できません。攻撃力増大には三つの管理項目があります。第一が市場の情報管理です（62項で解説ずみ）。第二に商談プロセス管理です（次の66項以降で解説）。そして第三の管理項目が本項で解説する**活動の管理**です。これを推進するのが**月間訪問管理表**です（以下丸数字は左の図表中の丸数字に連動）。

①②顧客の戦略的格付けに基づき、顧客をAクラス（Aa・Ab・Ba）、Bクラス（Ac・Bb・Ca）、Cクラス（Bc・Cb・Cc）、新規開拓候補の順に並べる。訪問を管理するので、同じ企業の同じ部署であっても発注窓口が別であればそれぞれを顧客とみなす。

③格に応じた定期訪問の標準頻度を決める。案件営業のメーカーならAクラスは月4回（毎週）、Bクラスと新規開拓は月2回（隔週）、Cクラスは月1回。ルート営業の販売会社な

【図表6-11】月間訪問管理表

①格	②顧客	③基準	④計画	⑤予実	1日	2日	3日	4日	5日	6日	⑪ 7日	8日	9日	10日	11日	12日	13日	⑪ 14日	15日	16日	17日	18日	19日	20日	⑪ 21日	22日	23日	24日	25日	26日	27日	⑪ 28日	29日	30日	31日	⑫合計	⑬達成率
				予定																																	
				実績	⑧																																
				予定																																	
				実績																																	
				予定																																	
				実績																																	
				予定																																	
				実績																																	
				予定																																	
				実績																																	
				予定																																	
				実績																																	
				予定																																	
				実績																																	
				予定																																	
				実績																																	
				予定																																	
				実績																																	
定期訪問計				予定	⑥																																
				実績	⑨																																
その他の訪問				予定	⑦																																
				実績	⑩																																

らAクラスは週4回、Bクラスは週2回、Cクラスと新規開拓は週1回などと決める。
④標準頻度を決めたうえで、毎月の訪問回数は調整する（たとえば8月は夏季休暇で稼働日が少ないために4回を3回に減らすなど）。
⑤⑥⑦月間の訪問予定を記載する。月4回なら毎週のペースで。アポがとれていなくても構わず、記載する。1日の定期訪問の予定件数（⑥）も記載する。定期訪問以外の予定訪問件数（⑦）も記載する。ここまでが計画段階。以降は毎日の実績の記載である。
⑧⑨⑩毎日、終業時に訪問実績を記載する。顧客別定期訪問実績（⑧）、1日定期訪問回数（⑨）、1日の定期訪問以外の訪問実績（⑩）を記載する。以上が毎日の実績の記載である。
⑪週末に1週間を振り返り、予実差が気になる顧客は翌週カバーする。営業員は上司のアドバイスを受ける。
⑫⑬月末に1か月の集計。予実差と達成率（⑬）を顧客別、合計で確認。翌月の対策を踏まえた翌月の計画を策定し、上司の承認を得る。

以上が月間訪問管理表の使い方です。図表で示したのはエクセルベースの管理表ですが、営業管理システムを導入すれば同等以上の管理ができます。ただし、これを導入しようとすると拒絶反応を起こす営業員がいます。彼らは「予定を立てても顧客の都合があるのだから予定通りにいかない。だからやる意味がない」といいます。

予定通りにいかないことが多いのは事実です。ですが、だからやる意味がないと考えるのは間違いです。逆です。予定通りにいかないからやる意味があるのです。案件があれば顧客も自社と会う必要がありますが、案件がなくても定期的に訪問しているのは情報収集し、案件に先発し、増注するためです。自社の都合で顧客に会おうとしています。なかなかこちらの予定通りに会えるものではありません。だから今週会えなければ、それを意識し、工夫することで来週会うことができます。計画がなければ顧客の都合でしか会えません。それでは増注しないのです。

拒絶反応を起こす営業員の本音は、会社や上司から見張られているような気がするということでしょう。活動管理は会社や上長による支配的な管理ではなく、**一人ひとりの自己管理であり、営業員自らが主体となって行なうこと**であることを理解してもらいましょう。

月間訪問管理表を活用すれば営業員の攻撃量は増えていきますが、63項図表6-9で触れた3点を意識することが攻撃量を増大させます。一つ目が**朝の出発時間**です。早ければ外勤時間が長くできますし、顧客が重要な商談と位置付けているから午前中にアポがとれるのです。質も高いのです。二つ目が**1日の訪問件数**です。これを気にしていると件数が増えます。三つ目が**1客当たりの月間訪問回数**です。のべ件数が増えても行くべき顧客に行くべきタイミングで行けているのか。顧客の格に応じた攻撃量となっているのかが肝心です。

66 商談プロセス

商談プロセスを定義し、見える化し、進捗を管理する

64・65項で営業活動の「量」について解説しました。本項66項から71項にかけて営業活動の質の第三の要素の「活動の質」について解説します。

次ページの図表の上部をご覧ください。明智さんと木下さんの二人の営業員がいます。二人とも30件のターゲット件数に対して、明智さんは6件を受注しました。木下さんは2件しか受注できませんでした。木下さんがさぼっているわけではありません。努力しましたが成果の差が大きく出ています。

読者は二人の上司だとします。木下さんにどのようなアドバイスをしますか？　もっと頑張れではなく、どのように頑張ればよいのか、具体的にアドバイスしなければ無意味です。むしろ、木下さんのやる気がなくなることもあります。結果だけみても改善策はでません。

プロセスをみれば木下さんの改善点は明らかです。図表の大きな矢印の下部分をご覧くだ

【図表6-12】商談プロセス例

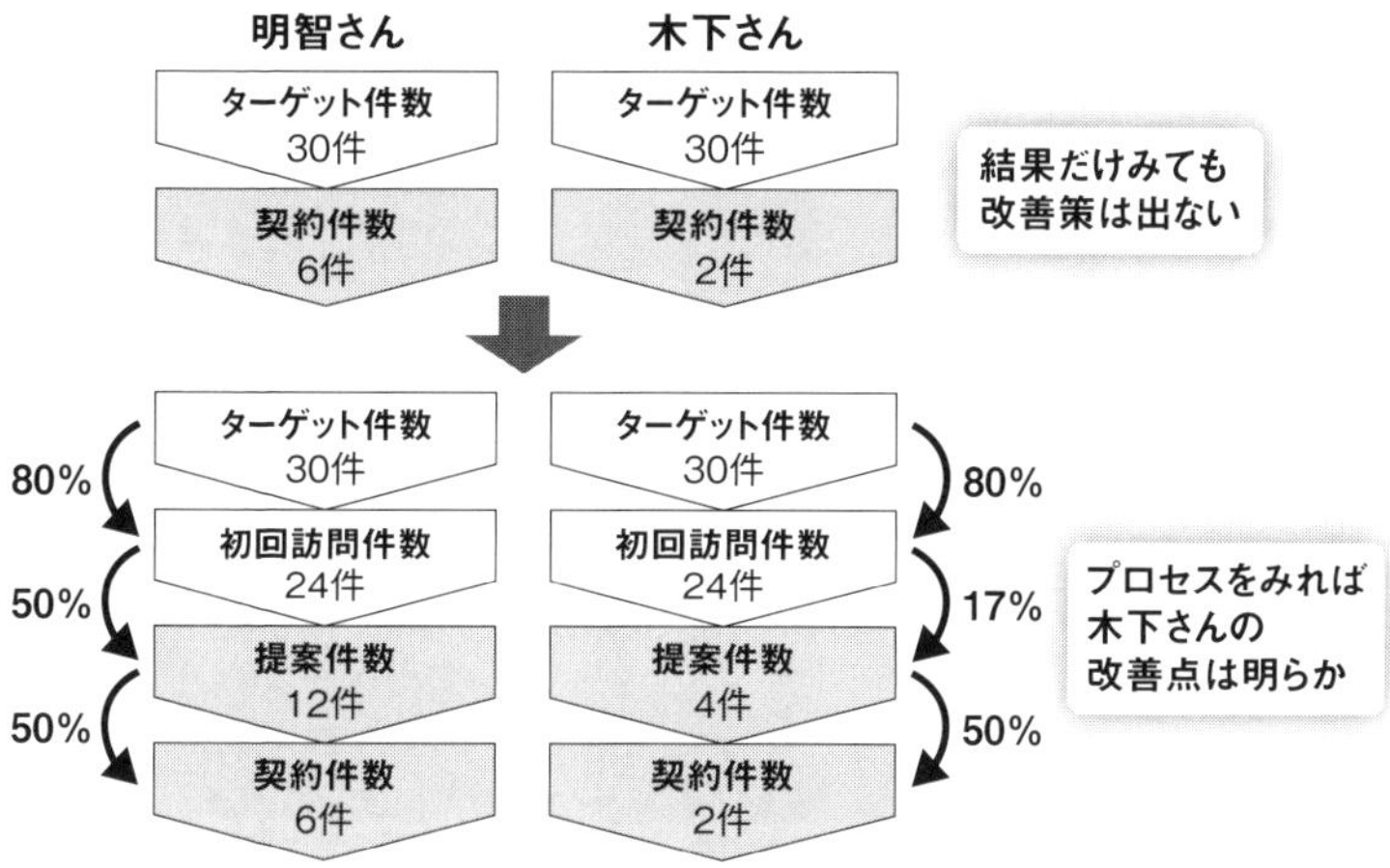

さい。商談のプロセスと進捗数を示しました。リストアップしたターゲット件数→アポをとって初回訪問できた件数→初回訪問したうち提案まで進んだ件数→提案したうち契約した件数。両者を比べると、ターゲット件数と初回訪問件数は同じです。分母は異なりますが提案した件数のうち契約した件数の割合も同じです。違うのは初回訪問から提案に至る割合です。明智さんは24件中12件が提案に至っています。50％の割合です。一方の木下さんは24件中4件で17％と、ここで3倍の差がついています。

木下さんは提案に進む割合が低い。それは初回訪問と、その後の訪問のやり方が悪いから提案まで行きつかないのです。このように商談をプロセスに分けて管理すれば改善のポ

【図表6-13】商談プロセスの「見える化」

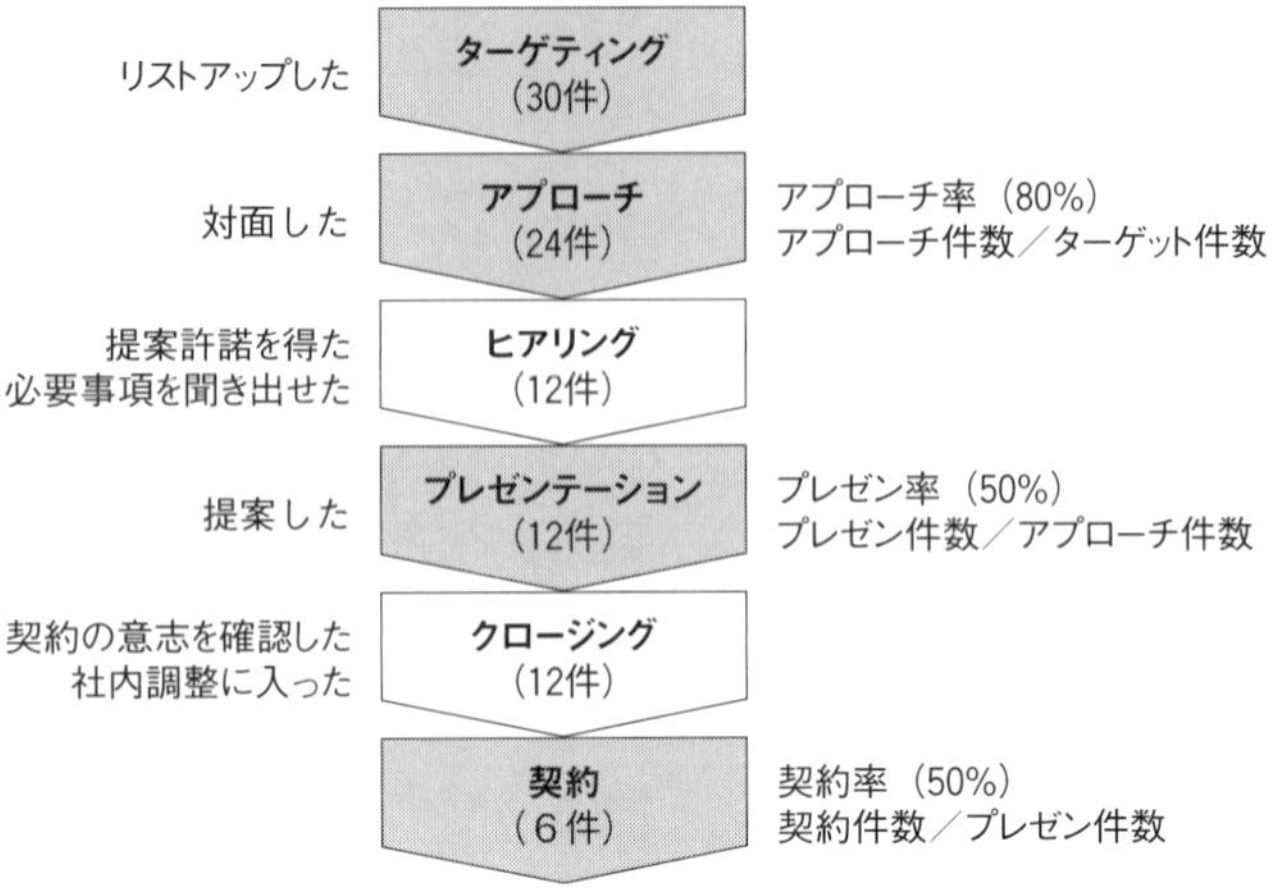

イントが明らかになります。会社としても受注確度が読めますので売上予測が立ちます。

活動の「質」を向上させるとは、**営業活動をプロセスに区分して、その目的・目標・内容を定義して標準化し、進捗を管理すること**です。上の図表は明智さんの商談プロセスをさらに細分化して、その進捗状況を「見える化」したものです。リストアップしたターゲット件数30件→アポをとって初回訪問できた件数（アプローチ件数24件、アプローチ率80%）→初回訪問したうち提案まで進んだ件数（プレゼンテーション《略してプレゼン》件数12件、プレゼン率50%）→提案したうち契約した件数（契約件数6件、契約率50%）。

アプローチとプレゼンの間にヒアリング、プレゼンと契約の間にクロージングというプロ

【図表6-14】案件進捗管理表

18年11月1日更新

案件		案件発掘		案件進捗	受注予定年月	結果	次回アクション
案件名	顧客名	①ターゲティング	②初訪済み	③提案済み			
01 aaa	ZZ	10/01	10/08	10/15	18年10月	10/29受注	11/5再訪
02 bbb	ZZ	10/01	10/08	10/15	18年10月	10/29失注	11/12定訪
03 ccc	ZZ	10/01	10/08	10/22	18年10月	10/22流れた	11/12定訪
04 ddd	YY	10/01	10/15	10/22	18年11月		11/5クロージ
05 eee	YY	10/01	10/08	10/15	18年11月		11/5クロージ
06 fff	XX	10/01	10/22		18年12月		11/5提案
07 ggg	XX	10/01	10/15		18年12月		11/5提案
08 hhh	WW	10/01	10/15		19年1月		11/5再訪
09 iii	VV	10/01	10/08		19年1月		11/5再訪
10 jjj	UU	10/01			19年1月		11/5初訪

セスがあります。

上の図表は別の会社の**案件進捗管理表**です。

10月1日時点でターゲット件数は10件です。1か月後の11月1日時点で、9件が初回訪問済み、うち5件が提案済み、うち1件が受注で1件が失注で1件の案件が流れました。この3件は決着がつき、案件番号04と05の2件がクロージング段階です。10は初回訪問が済んでいません。06・07・08・09は初回訪問は済んでいますが提案まで至っていません。

では、次のアクションはどうするのか。担当者と上司が案件進捗管理表を共有して週一ペースで確認すれば、停滞している案件への対策など、個別具体的なアドバイスができます。進捗状況を一覧できるので、優先順位付け、漏れ・抜けの防止などができます。

67 新規開拓4回訪問の原則

4回までは訪問を続け、4回目に見込度を判定する

新規開拓は1回行ってダメそうなら諦めて、次々と新規先に訪問すべきか。それとも受注できるまで100回でも通い詰めるべきか。この大切なことに多くの会社は基準を設けていません。営業員任せにしています。ランチェスター戦略には「**新規開拓4回訪問の原則**」という考えがあります。取引をしてはいけない先（NG客という）であることが発覚しない限り、できるだけ4回までは訪問を続け、4回目に見込度を判定するやり方です。

三顧の礼という故事がありますが、新規開拓も1回目の訪問時から顧客が前向きに提案を求めてくることは稀です。顧客はまずは信用がおける相手かを見極めようとします。いったんは断って、本気度合いを確かめる顧客もいます。そのうえで業務遂行の能力があるかどうかを確かめます。ここまでに3回くらいかかるものです。

4回目の訪問アポがとれたなら、それは顧客が自分を商談相手として認めつつあるという

【図表6-15】新規開拓の見極め

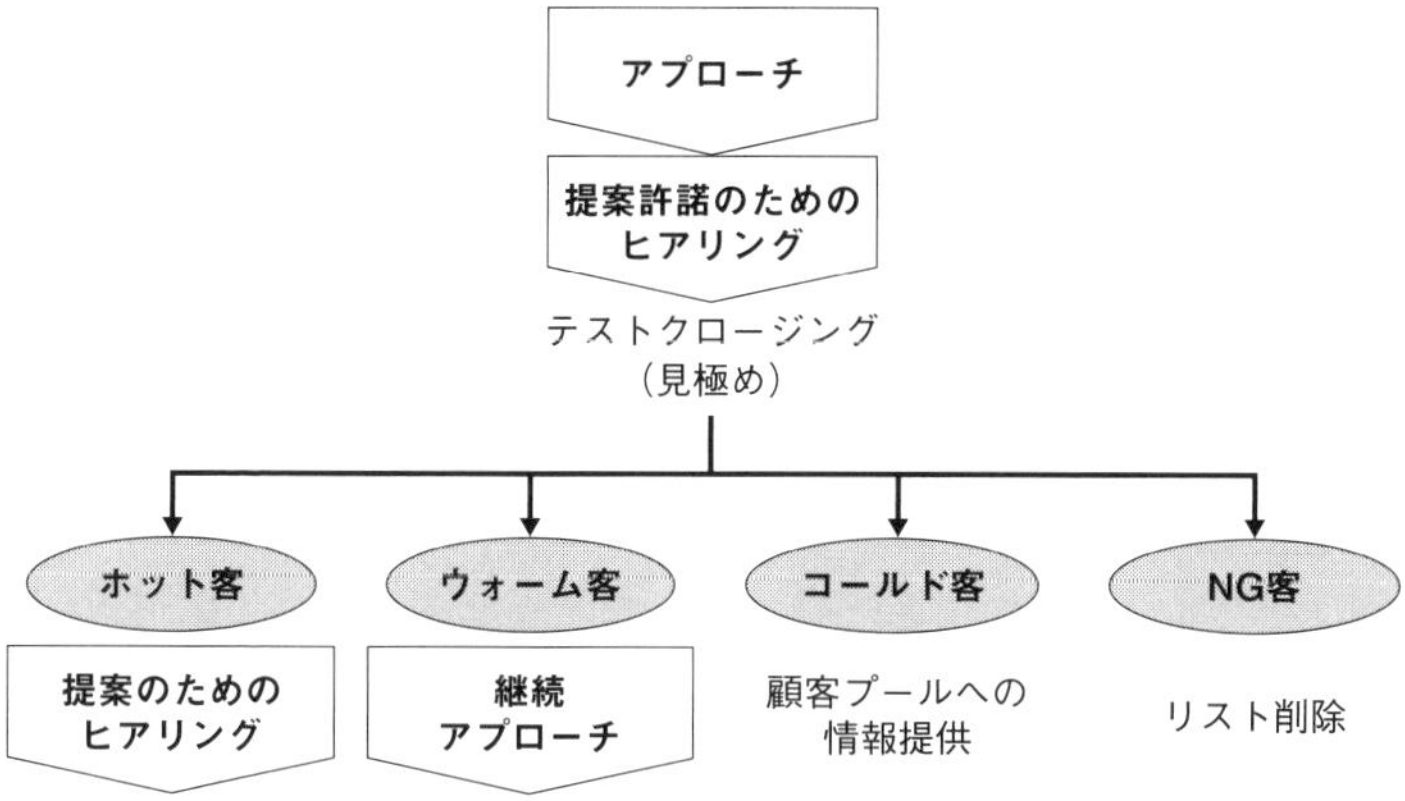

ことです。そこで、営業員は切り出します。「御社のお役に立つ提案をさせていただきたいです。よろしいでしょうか」。相手に提案許諾を求めることを**テスト・クロージング**といいます。この問いへの顧客の反応によって見込度を判定します。

①**ホット客**：提案を受ける意思を示した見込客。「いますぐ客」ともいう。提案するにあたり聞かなければならない項目についてヒアリングする。

②**ウォーム客**：いますぐ提案許諾しないが、提案を不要と断るわけでもない見込客。「まだ先客」ともいう。2回程度継続訪問し、ホットかコールドかを見極める。

③**コールド客**：提案を不要と断った見込客。今回でいったんは訪問を停止する。ただ

し、リストとしては管理する。訪問しない定期的なコンタクト「顧客プールへの情報提供法」を実施（72項で解説）。

④**NG客**：取引をしてはいけない先。リストからはずし、今後はコンタクトしない。

新規開拓は難しいです。既存客で売上を上げるより、はるかに難しい仕事です。だから、営業員が実力をつけるのに、これほど向いている仕事はありません。新規開拓ができるようになった営業員は活動の質が高まっています。高まった質で既存客に接すると大きな仕事がとれるようになるものです。

しかし、難しいので挫折してしまう営業員も出てきます。新規開拓を難しいものにしている要因は結果しか見ていないからです。初回訪問では何をするのか。トークやツールを用意し標準化します。2回目・3回目では何をするのかも同様に標準化し、4回目の訪問まで行きついてテスト・クロージングまでできれば、提案に至らなくてもそれなりの評価をすると、難しさも半減します。営業業務の標準化については74項で解説します。

商談のプロセスは新規開拓・既存客へのリピート受注も、アプローチ、ヒアリング、プレゼンテーション、クロージング、受注、アフターサービスに区分できます。また、案件が具体化していないアプローチ、ヒアリング段階を**案件発掘訪問**といいます。既存客への定期訪問（64項で解説）と、新規開拓4回訪問の原則とは、この案件発掘訪問のことです。テスト・

【図表6-16】商談プロセス

商談プロセス	
案件発掘訪問	アプローチ
	ヒアリング
案件進捗訪問	プレゼン
	クロージング
受注後の業務推進訪問	受注
	アフターサービス

（アプローチ・ヒアリング）
- 既存客への定期訪問
- 新規客への４回訪問

クロージングで提案許諾を得られたら提案に必要な事項を個別具体的にヒアリングします。

具体的な案件を進捗させるプレゼンとクロージングが**案件進捗訪問**です。その結果、受注し、アフターサービスを行なうことを受注後の**業務推進訪問**といいます。顧客へ訪問していても業務推進訪問ばかりでは守りの営業です。攻めていません。案件発掘訪問が少ないと先細りしていきます。

この3種の訪問のうち、特に案件発掘訪問（定期訪問と新規開拓4回訪問の原則）が後回しになりがちです。65項の月間訪問管理表で訪問のプロセスを区分して集計すれば三つの訪問活動のバランスが適正か否かを確認できます。

68 アプローチ

「まともな会社の、感じがよく、役立ちそうな営業員」との印象付け

商談プロセスの第一のアプローチとは新規開拓の場合は初回訪問や、既存客の場合は世間話にとどまった商談のことを示します。新規開拓の場合は、顧客は「あやしい人に売り込まれてはならない」と身構えているものです。自分が発注者の立場になってみればわかります。顧客に役立ち、末永いお付き合いをしていきたいと思う営業員ばかりではありません。残念ながら世の中にはあやしい営業員がいます。悪徳商法は論外ですが、営業員の自己都合で売り込みたいだけの営業員がいるものです。営業員に対する不安や不信は多くの顧客の普通の感情です。だから、顧客は身構えているのです。

それなのに、いきなり売り込もうとすると顧客は拒絶反応を起こしてしまいます。アプローチの目的を売り込むことにしてはなりません。アプローチの目的は商談を次回に進めることです。目標は次回アポをとることです。こう考えるとアプローチで大切なことは、顧客に

【図表6-17】アプローチ

目的 目標	アプローチの目的は商談を次回に進めること 目標は次回アポ
商談前 顧客心理	•不安・不信 •「あやしい人に売り込まれてはならない」
	↓ アプローチ
商談後 顧客心理	•「まともな会社の、感じがよく、役立ちそうな営業員」 •「もう１度会ってもよいかも」

営業員である自分に好印象をもってもらうことです。あやしい会社ではなく、まともな会社の人間であること。感じがよい営業員であること。役立ちそうな営業員であること。このような印象を相手に与えることがアプローチの目的を達成させます。身だしなみやマナーや挨拶などの基本動作が感じがよいか。個人対象の営業員や店販事業者ではロールプレイをやるなど重視しています。良し悪しよりも好き嫌いが重視される業界だからです。法人営業であっても感じが悪いと商談が進まないことは覚えておきましょう。

会社、商品、営業員たる自身のことを顧客がメリットを感じてくれるように伝えるにはどうすればよいのかを研究し、共有することが大切です（74項で解説）。

69 ヒアリング

提案許諾を得ることが山場

ヒアリングするべき事柄は二段階あります。一段目は顧客の一般的な課題・ニーズです。二段目が提案に必要な情報です。二段目の情報をBANT《バント》といいます。①Budget（予算）、②Authority（決裁権）、③Needs（必要性）、④Timeframe（導入時期や商談の時期）。提案するためにはこれらの情報を聞き出す必要があります。ただし、商談のヒアリングはお巡りさんの尋問ではありません。聞きたいことを順に聞いても答えてもらえません。

ヒアリングは対話をしながら顧客の一般的な課題・ニーズを引き出していくことから始めます。それには「顧客の立場」で考え、「顧客の事業や担当者の業務」の課題について**仮説をもち、事例などを用いて仮説検証の対話を行なう**ことです。わが社が顧客の課題を解決できることを認識してもらいます。

これら一段目のヒアリングをした結果、顧客に提案を受ける必然性・動機付け・問題意識

【図表6-18】ヒアリング

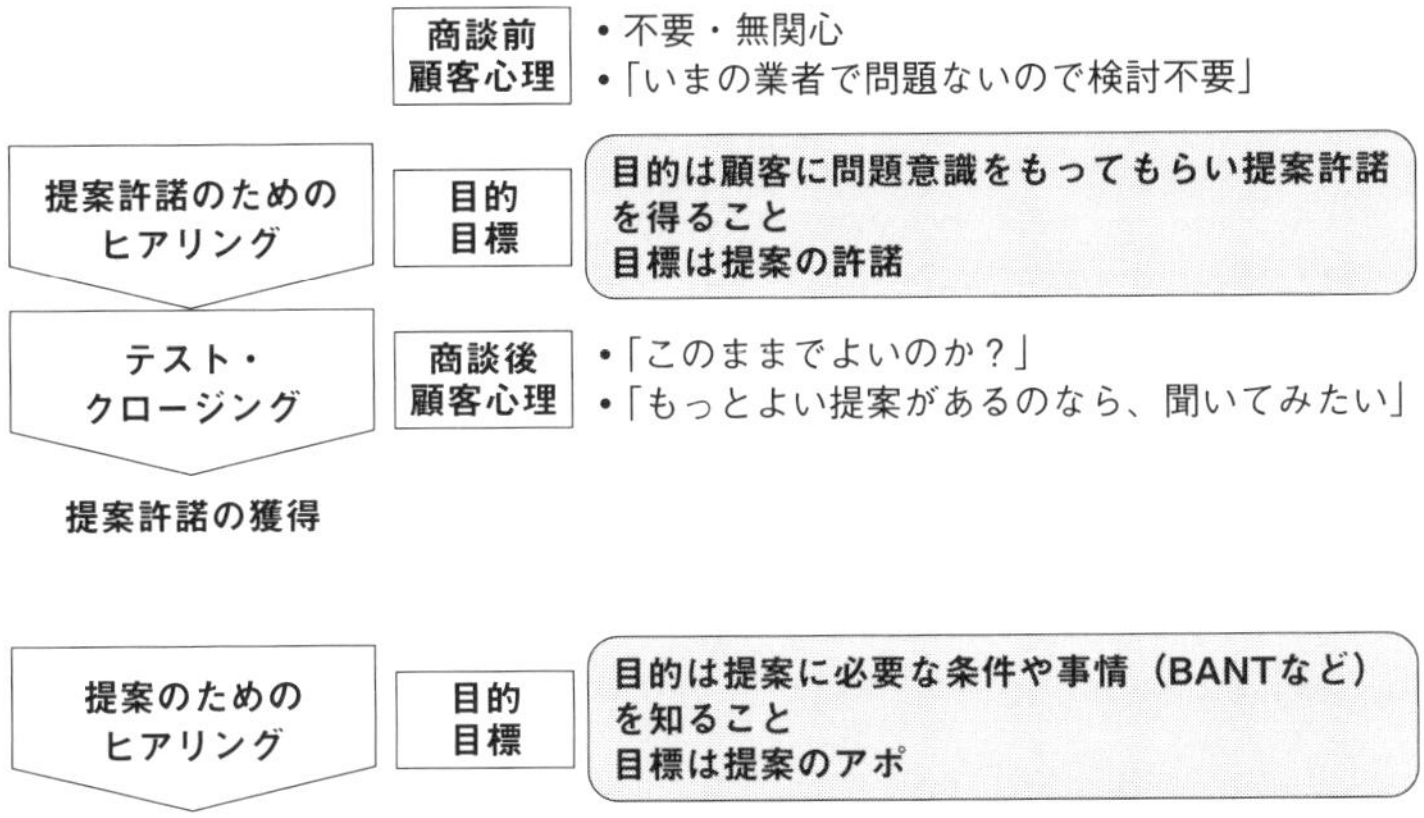
商談前
顧客心理
•不要・無関心
•「いまの業者で問題ないので検討不要」
提案許諾のための
ヒアリング
目的
目標
目的は顧客に問題意識をもってもらい提案許諾
を得ること
目標は提案の許諾
テスト・
クロージング
商談後
顧客心理
•「このままでよいのか？」
•「もっとよい提案があるのなら、聞いてみたい」
提案許諾の獲得
提案のための
ヒアリング
目的
目標
目的は提案に必要な条件や事情（BANTなど）
を知ること
目標は提案のアポ

が生まれ、提案許諾（テスト・クロージング）に至るのです。顧客が提案を許諾すれば、提案に必要なビジネス上の諸条件（これがＢＡＮＴ）を教えてくれるのです。機密性の高い情報の場合は機密保持契約を結ぶ場合もあります。そして聞き出したＢＡＮＴを提案に盛り込めばよいのです。

顧客はいまの業者で問題ないので検討不要と思っています。わが社からの提案は不要であり無関心です。それに対して一段目のヒアリングを通じて、このままでよいのかとの問題意識をもってもらい、もっとよい提案があるなら聞いてみたいと提案を受ける必然性を感じてもらいます。その結果、提案許諾を得れば、二段目のヒアリングであるＢＡＮＴを聞き出します。

70 プレゼンテーション

論理的に正しい提案である前に感情的に好きな提案

プレゼンテーション（プレゼン）とは、営業員の提案を顧客に理解・共感してもらい、提案を採用するように顧客に行動を起こしてもらうことを目的に行ないます。もちろん、強制はできません。顧客が自ら納得しなければ採用へ向けた行動に至りません。

どんな正論を提案しようとも、顧客の担当者自身にそのことの重要性や緊急性を納得してもらわなければ、顧客は採用へ向けた行動は起こしません。まず、顧客企業と自社の信頼関係や顧客担当者と営業員の人間関係が良好であることが前提になります。営業員が熱心に仕事に取り組んでいることを感じてもらうことも大切です。そのうえで、顧客担当者の立場や考えや状況や感情などを踏まえ、顧客企業のニーズに合致する提案である必要があります。**論理的に正しい提案である前に感情的に好きな提案でなければならない**のです。その地ならしをするために定期訪問（64項で解説）をしています。

【図表6-19】プレゼンテーション

目的 目標	プレゼンの目的は提案採用への行動を起こしていただくこと 目標は契約
商談前 顧客心理	・疑問 ・「本当に優れた提案か？」
	プレゼンテーション
商談後 顧客心理	・「採用に値する」 ・「決裁者の承認や関係者との折衝に入ろう」

プレゼンにはＦＡＢＥ《ファブ》の要素が入っていなければなりません。①Feature（フィーチャー、特徴）、②Advantage（アドバンテージ、優位性・利点）、③Benefit（ベネフィット、顧客が得られるメリット）、④Evidence（エビデンス、根拠・証拠）です。

４要素の中で一番大切なのはBenefitです。一番反応がよいのはEvidenceです。多くの発注者は保守的です。実績があるものを採用したがります。実績がなくてもリスクをとって採用するイノベータはごく少数です（22項で解説）。EvidenceとBenefitで興味をもってもらってからFeatureやAdvantageを説明します。興味をもつ前にFeatureを長々と説明しても逆効果です。

71 クロージング

提案後、3営業日内の再訪問

提案が終わると「検討して、追ってこちらから連絡します」とのコメントをもらうことが多いと思います。そのときに、その言葉どおりにおとなしく待っていてはなりません。

筆者のお手伝いした会社では提案後に3営業日内に再訪した場合と、4営業日以降に再訪した場合では受注率が3倍違ったことがありました。当日にお礼のメール、翌日は電話、そして3営業日内に再訪することをおすすめします。

顧客の担当者がよい提案と認めても、社内で反対論が出る可能性があります。そもそも、プレゼンには決裁者、承認者、そのほか決定に影響を与える人物を引っ張り出しておくべきですが、こちらの思いどおりに出席してもらえるとは限りません。プレゼンに出席していない人物にも採用と認めてもらうためには、待っていてはならないのです。

社内の決裁状況がどうなっているのかを確かめるために訪問します。ただし、どうなって

【図表6-20】クロージング

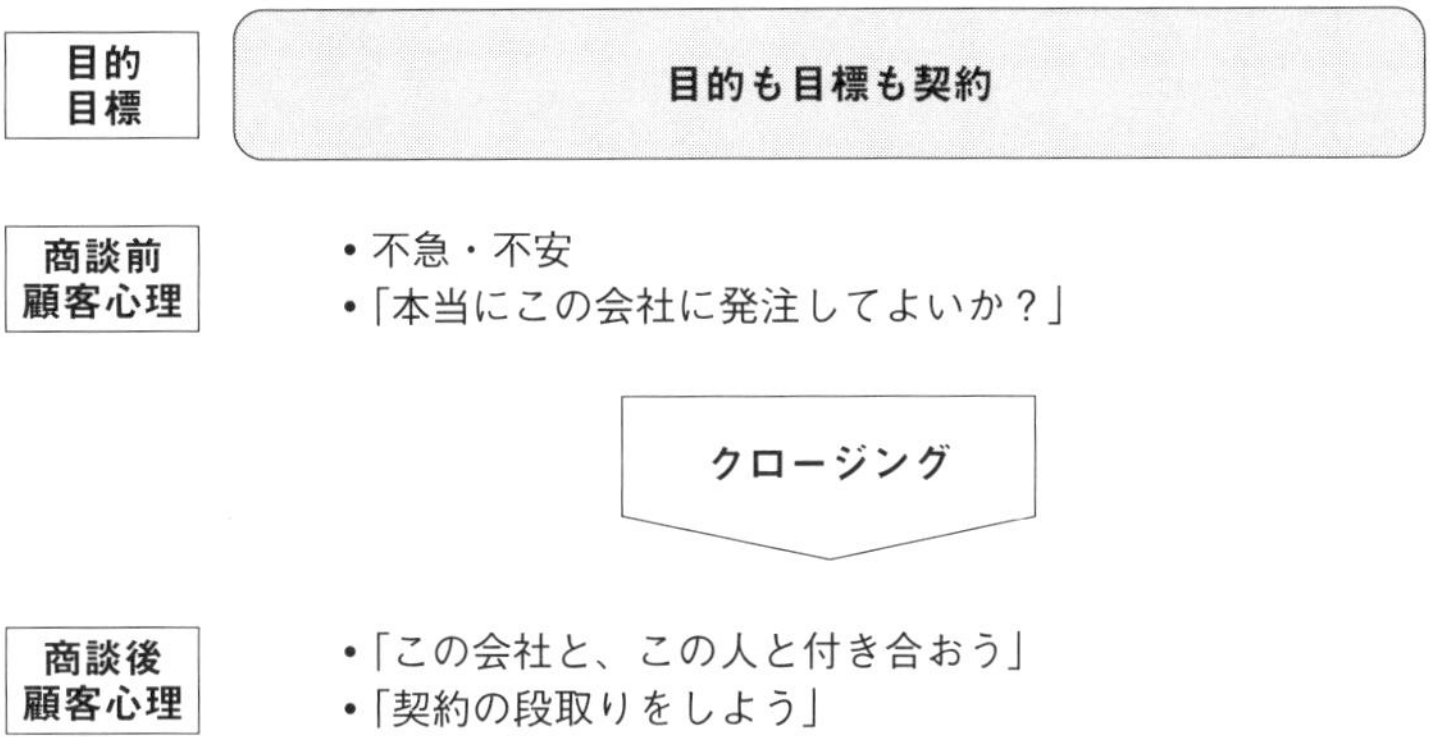
目的
目標
目的も目標も契約
商談前
顧客心理
• 不急・不安
•「本当にこの会社に発注してよいか？」
クロージング
商談後
顧客心理
•「この会社と、この人と付き合おう」
•「契約の段取りをしよう」

いるのかを知りたいと、こちらの都合をむき出しにするのは得策ではありません。追加資料を届ける名目で訪問することで熱心さや、役に立ちたい思いを伝えながら、顧客の担当者の決裁に向けての社内調整で手伝えることがあれば協力する旨を申し出ます。そうして決裁状況や社内の情勢を知り、適宜的確な手立てを講じていきます。

提案内容が好きで良いと考えていても、いざ契約しようとすると不安もあります。ライバルの巻き返しもあるでしょう。先送りされることもあります。そんななか契約を勝ち取るのは、最後は顧客にあなたとあなたの会社に頼もう、付き合おうと思ってもらうことです。熱心さをアピールし、信用できる相手と認めてもらうことが受注の決め手なのです。

72 顧客プールへの情報提供法

訪問せず、売り込まない営業方法

かつて、営業員と顧客との間には情報（知識）格差がありました。顧客より情報を多く持っている営業員は顧客に情報を提供することで、その存在感を確立し商談をリードしていました。ところが、インターネットの普及により情報化社会が到来すると、情報格差は縮まります。顧客はインターネット上の情報や展示会やセミナーなどで情報収集をしています。顧客は営業員と会わずしてわが社と競合他社を比較検討しているのです。

そんな情報化社会のこんにちの顧客は、具体的な商談案件のない営業員の訪問（定期訪問や新規開拓のアプローチ段階の訪問）を嫌がります。アポがとりにくくなりました。しかし、情報は以前にもまして欲しがっています。そんな時代の営業法として近年注目されているのが**リード・ナーチャリング**というものです。リードとは見込客。ナーチャリングとは教育・育成すること。見込客を情報提供により育て、需要を顕在化する活動です。

【図表6-21】顧客プールへの情報提供法

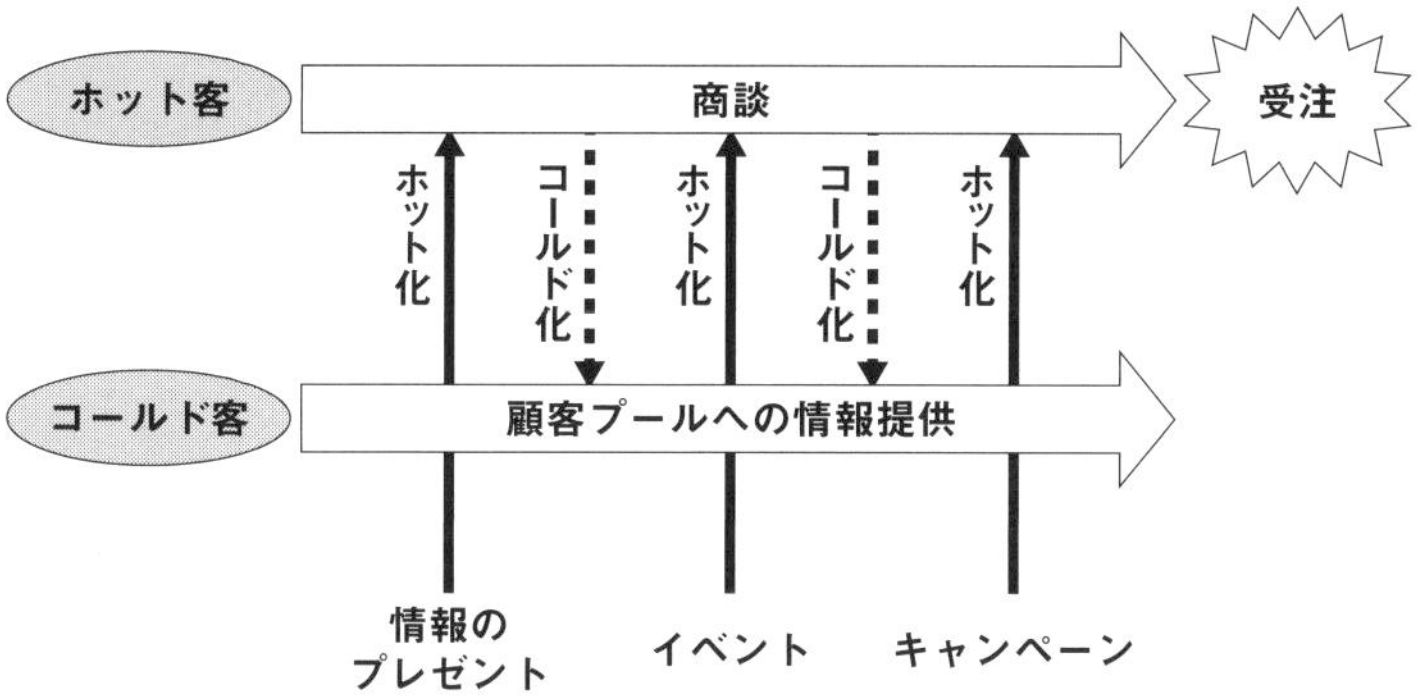

筆者はこの言葉が流行る以前、それこそコンサルタントとして独立した21年前から**「顧客プールへの情報提供法」**としてお手伝い先に導入してきました。67項で解説したコールド客とは自社の提案を望んでいない客です。また、ホット客も案件を失注したり、流れたりして残念ながらコールド化することもあります。それらを捨てるのはもったいない。ただ、訪問するほどの見込みはないし、そもそもアポもとれないでしょう。

そんなコールド客に月1回程度の情報提供をすることを「顧客プールへの情報提供法」と呼んでいます。Eメールまたは郵送でニュースレターを送ります。売込み一辺倒のセールスレターは迷惑がられます。クレームとなることもあるでしょう。ニュースレターは顧客のお役立ち情報でなければなりません。お役立ち情報だから、情報化時代の顧客の情報源として重宝されるのです。内容は次の4項目で構成します。

①お役立ち情報

いま顧客はどのような課題やニーズをもっているのか。それに対してわが社はどのようにお役に立てるか。業界動向に対してわが社の考え。たとえば消費増税対策など顧客企業と顧客の担当者にとって役立つ情報。

②親しみ情報

顧客の声。これが最強のコンテンツ。①のお役立ち情報も、顧客の声で伝えることができたらベスト。社長や社員が顔を出して（イラストでもよい）メッセージを発信すること。仕事への想い、顧客・地域・業界への貢献意欲を伝えることで信頼を感じてもらう。そのほか職場の人間関係のよさが伝わるような行事や、社員の人間味が伝わるプライベートな事柄（子供の運動会など）も親近感が湧くので有効。

③耳寄り情報

ニュースレターはセールスレターではない。だが、顧客の反応が得られる何らかの仕掛けをしなければ送る意味がない。事例集や書籍などの情報をプレゼントする、展示会出展・セミナー開催などのイベント、お得な販売キャンペーンなどを、売込みではなく顧客にと

【図表6-22】ニュースレターの構成例

お役立ち情報	•顧客の課題、ニーズ →わが社がお役に立てること •業界動向 →わが社の考えや対策
親しみ情報	•顧客の声 •社長や社員のメッセージ（仕事への想い、貢献意欲） •社内行事（職場の人間関係の良さが伝わるように） •社員のプライベート（子供の運動会など人間味が伝わるように）
耳より情報 反応を得る仕掛け	•事例集・書籍など、情報のプレゼント •イベント案内（展示会出展、セミナー開催） •お得な販売キャンペーン
ニュース	•連絡事項（新入社員、新商品、営業日・休日など） •ニュース（周年、受賞、資格取得、団体活動など）

•ときには付録（捨てられない工夫、遊び心）を
例：オリンピックの試合日程、わが社近隣の地図（おいしいランチの店や名所旧跡などを入れる）など。

って耳寄りな情報として提供。

④ニュース

新入社員、新商品、営業日・休日など、顧客に伝えておきたい連絡事柄。また、周年、受賞、資格取得、社外の地域団体や業界団体での役職や活動など。売込臭を出さずにニュースとして伝える。

コールド客が突如、ホット客化することがあります。そのとき、ニュースレターが第一想起の役割を果たし、わが社への問い合わせや資料請求やイベント参加などの希望が入ってきます。

「顧客プールへの情報提供法」は見込客のみならず、既存客にも使えます。需要が発生した際に、第一想起され、わが社に問い合わせが一番に来るのです。

73 営業チーム攻撃力の法則

攻撃力＝活動の質×量の2乗

本章「営業戦略編」はここまで、ランチェスター第一法則を応用した「営業員攻撃力の法則：攻撃力＝活動の質×活動の量」をもとに、人材の質、戦略の質、活動の質、活動の量（顧客接点の量）に分けて、営業員一人ひとりの攻撃力をアップさせる方法を解説してきました。

ランチェスター法則には第二法則がありました。集団戦のときに適用する法則ですので、これを営業チームの攻撃力に当てはめると**「営業チーム攻撃力の法則：攻撃力＝活動の質×活動の量の2乗」**と応用できます。

ただし、たとえば某社の東京営業所に10人の営業員がいたら10×10＝100の活動量になれば誰も苦労しません。10人いても個々バラバラに活動していたら足し算にしかなりません。一人でできることを二人でやっていれば半分です。一人ひとりの一つひとつの活動が足し算以上の成果となることを**相乗効果**といいます。チームのメンバーの個々の活動が相乗効果を

【図表6-23】営業チーム攻撃力の法則

ランチェスター第二法則

戦闘力　＝　武器性能　×　兵力数^2

↓

営業チーム攻撃力の法則

攻撃力　＝　活動の質　×　活動の量^2

発揮したときに、はじめて「営業チーム攻撃力の法則」が適用します。

　では、どうすれば個々の活動が相乗効果を発揮するのか？　その答えを経営学者のドラッカーが示唆しています。「オーケストラの指揮者はどうして、タクト一本で大勢の演奏者を完璧にまとめあげられるのか？　それは楽譜があるからである」。演奏者は楽譜で演奏をしています。どんな優れた指揮者も演奏者も楽譜なくして演奏はできません。楽譜は音楽の**共通言語**なのです。**相乗効果を発揮する第一条件が共通言語をもつこと**です。

　読者の会社には楽譜、すなわち営業戦略の共通言語があるでしょうか。戦略の共通言語なき営業活動は楽譜なしのオーケストラのようなもの。演奏として成り立っていません。

ランチェスター戦略には様々な共通言語がありました。ナンバーワンは単なる1位ではなくダントツ。弱者・強者は規模ではなくシェアで判定する。市場の導入期と成長期と成熟期以降ではとるべき戦略が異なる。ラージＡＢＣとスモールａｂｃｄで顧客を戦略的に格付ける……。本書は営業戦略の楽譜です。

また、本書の冒頭に「目標・戦略・戦術」は三位一体で相乗効果を上げると書きました。さらに追加したいことは、目標の前に**「目的」**です。目的の的とはマトです。何のためにそれを行なうのか。事業の目的は企業の理念やミッションの実現ではないでしょうか。目的（理念）を確立し、共有したうえで、目標（目標の標は道標《みちしるべ》の標《しるべ》。目的達成のための中間目標）・戦略・戦術に展開していきます。それらが記された経営計画書を作成し社員に配付し、経営計画発表会を開催する会社のほとんどは好業績企業です。目的・目標・戦略・戦術が共有できているからです。

相乗効果を発揮する**第二条件が業務の標準化**です。工場や建設の現場では業務が標準化されています。さらに日々、生産性向上運動が行なわれて改善されています。一方の営業の現場では業務の標準化がなされていない会社が多いです。「営業は結果がすべて、数字（売上・利益）が人格」などといって、結果さえ出していれば、プロセスのことは問わない会社があります。結果が出せる営業員はそれでもよいのですが、出せない営業員は淘汰されればよい

【図表6-24】顧客の格と商談プロセスの標準化（例）

商談プロセス		顧客の戦略的格付け							
		Aクラス		Bクラス		Cクラス		新規開拓	
		間隔	回数	間隔	回数	間隔	回数	間隔	回数
案件発掘訪問	アプローチ	14日	定訪	30日	定訪	60日	定訪	14日	4回
	ヒアリング	14日	定訪	30日	定訪	60日	定訪		
案件進捗訪問	プレゼン	7日		7日		7日		7日	
	クロージング	7日		7日		7日		7日	
受注後の業務推進訪問	受注	7日		7日		7日		7日	
	アフターサービス	14日	定訪	30日	定訪	60日	定訪	14日	

と本音のところで思っているならば、それは会社ではありません。会社ならば営業業務の標準を定め、標準どおりに活動すれば、標準的な（平均的な）業績を上げられるようにするべきです。標準化の推進により改善と共有化が進むことが相乗効果です。

上の図表は顧客の格の別、商談のプロセス別を掛け合わせて、それぞれ訪問の間隔や回数を標準化した例です。案件発掘段階はAクラスと新規は月2回、Bクラス月1回、Cクラス隔月訪問を続け、案件が発生したら週1回ペースで訪問することを決めています。この間隔が空いていると標準からずれていることに気づきます。改善することで標準的な業績を上げられるようになります。

74 業務の標準化

全員参加型の営業マニュアル

アプローチからアフターサービスに至る**商談は⑴事前準備、⑵商談、⑶報告と事後対応で構成**されています。そして、⑵の**商談は①導入、②本題、③まとめで構成**されています。

何ら準備をせず、行きあたりばったりに商談してもうまくいくはずがありません。商談の前には「事前準備」が必要です。特に新規開拓の初回訪問において、その企業のことを予習せずに訪問してはなりません。自社のことを何も知らず、ただ自分のノルマのために売込みに来たと顧客が思うと、それで終わってしまいます。

商談後は上司に「報告」します。その際、案件進捗段階（プレゼン、クロージング）であれば、案件をどのように進捗していくのかを報告・連絡・相談すればよいのですが、案件発掘段階（アプローチ、ヒアリング）の場合は報告方法を決めておいたほうがよいです。筆者は次の3点報告をおすすめしています。㋑顧客にいわれたこと、㋺営業員が見聞したこと、

【図表6-25】商談の構成の標準化

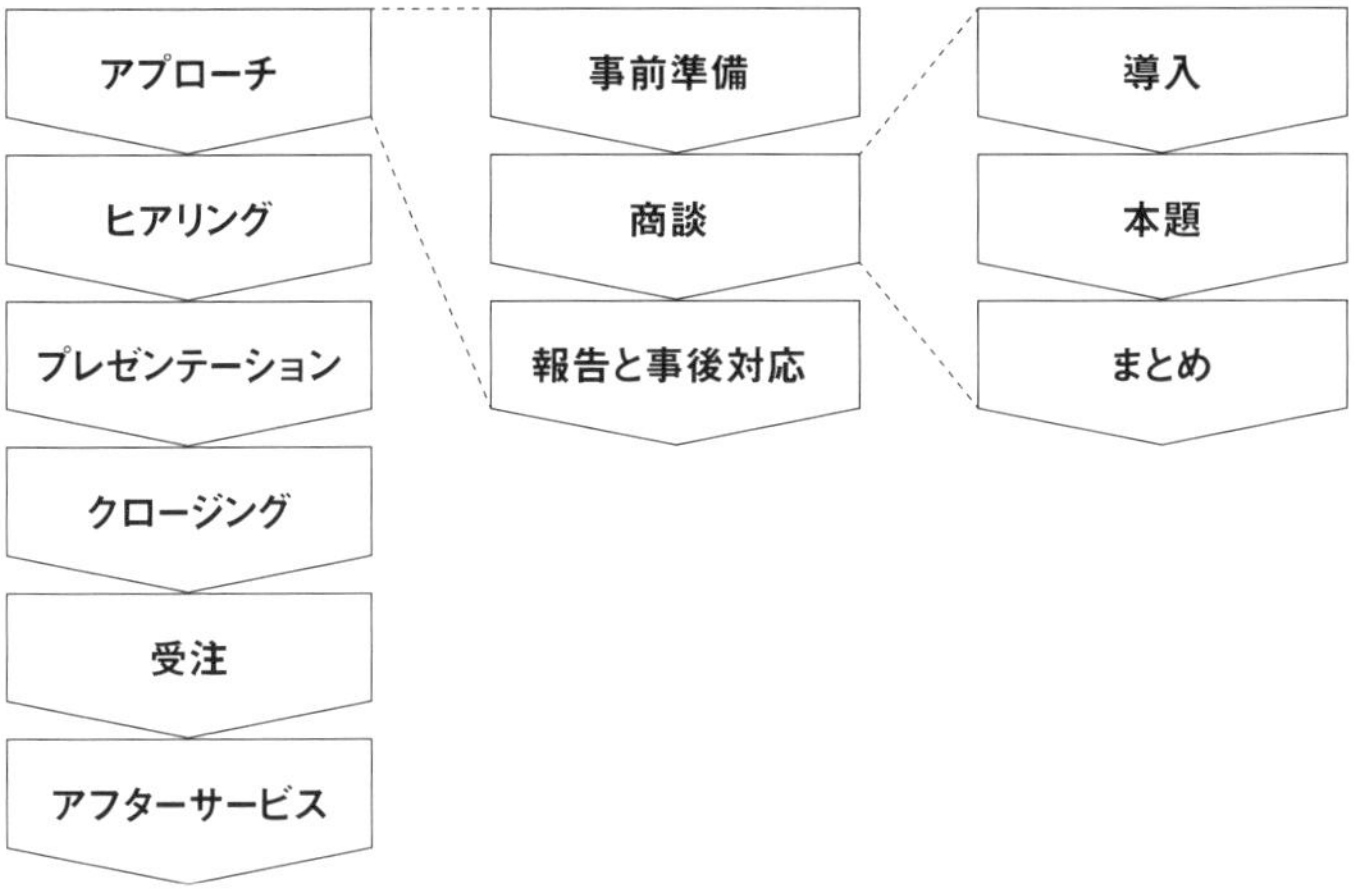

㋩営業員が感じたこと。これらがゴチャゴチャでは上司が間違った判断をしますので注意します。そして、「事後対応」をします。継続訪問の場合の事後対応は次の商談の事前準備です。

商談には場づくりの短い会話の「導入」が必要です。挨拶と世間話です。初回訪問の場合はアプローチトークです。「弊社は顧客のお役に立つことで自らの業績向上を果たそうとしている、私はあなたと御社のお役に立ちたい」旨をコンパクトにインパクトを与えるように伝えます。

そして、「本題」に入ります。本題は商談プロセスによって異なりますが、大切なことは**商談とは対話**であることです。いかに顧客に話をしてもらうようにもっていくかが商談スキルです。商談の最後は「まとめ」です。まとめとは合意事項、本日の結論です。取り決めたことを確認し、次回の約束をします。

これらアプローチからアフターサービスに至る商談プロセスの一つひとつの商談の(1)事前準備、(2)商談、(3)報告と事後対応と、商談の①導入、②本題、③まとめで、それぞれ何をするのかを体系だって整理したものが営業マニュアルです。

世に営業マニュアルは数あれど有効活用されているケースは少ない。それはマニュアル作成に営業員が関与しておらず、マニュアル活用にやらされ感を感じているからです。61項の「やる気」で解説したように、活用すれば自己の成長感を感じ、仕事の達成感が得られると営業員が思うのは、自らが主体的にマニュアル作成に関与したときです。筆者は全員参加型の営業マニュアルの作成をお手伝い先に導入しています。

やり方としてはまず、商談プロセスを定義します。次ページの図表ではアプローチからアフターサービスまでの6プロセスに区分しています。次に、プロセス毎に、事前準備、商談(導入、本題、まとめ)、事後対応に区分します。それぞれに何をするべきかを定めます。以上で6プロセス×5区分=30項目が決まりました。

この30項目について若手営業員・業績下位者がベテラン営業員・業績上位者にインタビューをします。1回1項目を20分くらいかけて聞き取ります。あらかじめ質問項目を伝えてお

【図表6-26】全員参加型の営業マニュアル作成

商談プロセス		事前準備	商談					事後対応
			導入	本題			まとめ	
案件発掘訪問	アプローチ		*					
	ヒアリング							
案件進捗訪問	プレゼン							
	クロージング							
受注後の業務推進訪問	受注							
	アフターサービス							

アプローチ／商談／導入の項目（例）
①あいさつ
②名刺交換
③顧客への関心を示すメッセージ
④自己紹介（自分自身、会社、商品）
⑤顧客との対話の糸口

けばスムーズです。聞き取った者が既定の書式に記載し、マニュアル作成事務局に提出します。たとえば、上の図表の＊印のアプローチの導入部であれば、①あいさつ、②名刺交換、③顧客への関心を示すメッセージ、④自己紹介（自分自身、会社、商品）、⑤顧客との対話の糸口といったことになります。

できるだけ多くの人が聞き役、教え役を担当して項目が埋まったら、事務局がとりまとめて試作版をリリースします。運用しながら加筆修正していき、3か月くらいで今年度版として完成させます。誰かが押し付けたものではない、全員が参加して作成した営業マニュアルですから、活用されます。業務は標準化され相乗効果が発揮されます。

Question 5

定期訪問とは＿＿＿＿がなくても定期的に訪問することである。その推進に月間＿＿＿管理表が有効である。

Question 6

受注までの商談プロセスは①アプローチ、②＿＿＿＿＿、③プレゼンテーション、④＿＿＿＿＿＿である。

Question 7

新規開拓＿＿回訪問の原則とは、新規開拓時に＿＿回目の訪問で提案許諾を求める＿＿＿＿＿を行ない、見込客を＿＿＿＿客、ウォーム客、＿＿＿＿客、NG客に見極めることをいう。

Question 8

顧客プールへの情報提供法とは＿＿＿＿客に対して定期的に情報を提供する訪問しない営業法だが、その情報はセールスレターではなく＿＿＿＿レターでなければならない。

Question 9

営業チーム攻撃力の法則が成立するのはチームが相乗効果を発揮したときだが、相乗効果を発揮させるうえでポイントとなるのは①＿＿＿＿＿、②＿＿＿＿＿である。

Question 10

営業マニュアルは商談をアプローチ、ヒアリングなどのプロセスに分け、プロセスごとに(1)＿＿＿＿＿、(2)商談(①＿＿＿＿＿、本題、②＿＿＿＿＿)、(3)＿＿＿＿＿＿に分けて項目を決め、内容を作成する。

第6章 営業戦略編

理解度テスト

下記の文章の空欄を埋めましょう。答えは286ページです。

Question 1

ランチェスター第一法則を応用した営業員攻撃力の法則とは「攻撃力＝＿＿＿＿＿×＿＿＿＿＿」である。営業員攻撃量の法則とは「攻撃量＝＿＿＿＿＿×＿＿＿＿＿」である。

Question 2

営業管理者に必要な能力は①＿＿＿＿＿・スキル（業務遂行能力、商談スキル）、②ヒューマン・スキル（＿＿＿＿＿能力）、③コンセプチャル・スキル（概念化能力、戦略的思考）である。階層によって三つの能力の割合は異なる。

Question 3

情報収集すべき３Ｃとは①Company（自社）、②＿＿＿＿＿、③＿＿＿＿＿である。自社と③の強み・弱みを分析し、競合時の対策を一騎討ち的に考える。

Question 4

攻撃量を増大するための策は①＿＿＿＿＿、②テリトリーの縮小、③＿＿＿＿＿である。

A 解答

□欄に正解は○、不正解は×をつけます。
×は当該項を復習して、理解を深めてください。

1	□	60参照	ランチェスター第一法則を応用した営業員攻撃力の法則とは「攻撃力＝**活動の質**×**活動の量**」である。営業員攻撃量の法則とは「攻撃量＝**商談時間**×**商談件数・回数**」である。
2	□	61参照	営業管理者に必要な能力は①**テクニカル**・スキル（業務遂行能力、商談スキル）、②ヒューマン・スキル（**対人関係**能力）、③コンセプチャル・スキル（概念化能力、戦略的思考）である。階層によって三つの能力の割合は異なる。
3	□	62	情報収集すべき３Ｃとは①Company（自社）、②**Customer（顧客）**、③**Competitor（競合）**である。自社と③の強み・弱みを分析し、競合時の対策を一騎討ち的に考える。
4	□	63	攻撃量を増大するための策は①**活動の管理**、②テリトリーの縮小、③**業務改革**である。
5	□	64、65	定期訪問とは**商談案件**がなくても定期的に訪問することである。その推進に月間**訪問**管理表が有効である。
6	□	66、68、69、70、71	受注までの商談プロセスは①アプローチ、②**ヒアリング**、③プレゼンテーション、④**クロージング**である。
7	□	67	新規開拓**4**回訪問の原則とは、新規開拓時に**4**回目の訪問で提案許諾を求める**テスト・クロージング**を行ない、見込客を**ホット**客、ウォーム客、**コールド**客、NG客に見極めることをいう。
8	□	72	顧客プールへの情報提供法とは**コールド**客に対して定期的に情報を提供する訪問しない営業法だが、その情報はセールスレターではなく**ニュース**レターでなければならない。
9	□	73	営業チーム攻撃力の法則が成立するのはチームが相乗効果を発揮したときだが、相乗効果を発揮させるうえでポイントとなるのは①**共通言語**、②**業務の標準化**である。
10	□	74	営業マニュアルは商談をアプローチ、ヒアリングなどのプロセスに分け、プロセスごとに(1)**事前準備**、(2)商談（①**導入**、本題、②**まとめ**）、(3)**報告・事後対応**に分けて項目を決め、内容を作成する。

謝辞

ランチェスター販売戦略は、1970年に故田岡信夫先生が、ランチェスターの戦争の法則からはじめて導き出したビジネスの戦略思想です。「勝ち方には一定のルールがある、その基本的思想をランチェスター法則から学び取れ」が先生の一貫した主張でした。

そして先生は、ランチェスター法則をすべての戦略哲学の中核に据え、複眼的で弁証法的な発想と、知的な論理の展開法を重視し、短期間に今日のランチェスター販売戦略の全体系を築きあげました。私は本書を執筆するに当たって、先生の先駆的業績に敬意を払い、ここに衷心より感謝の意を表明します。

巻末付録 4 42%、26%、19%、11%、7%、3%の算出式

■安定目標値42%(41.7%)の導き方

$M_s < M_t \quad \frac{2}{3}(2M-\rho N) > \frac{1}{3}(2\rho N - M)$

$4M-2\rho N > 2\rho N - M \quad 5M > 4\rho N$

$\frac{M}{N} < \frac{4}{5}\rho \qquad \frac{M}{N} > \frac{4}{5}\sqrt[3]{\frac{P}{Q}} \qquad \left(\frac{M}{N}\right)^3 > \frac{64}{125}\cdot\frac{P}{Q}$

企業間競争では$\frac{M}{N} \fallingdotseq \frac{P}{Q}$だから　$\left(\frac{M}{N}\right)^3 > \frac{64}{125}\cdot\frac{M}{N} \quad \left(\frac{M}{N}\right)^2 > \frac{64}{125} \quad \frac{M}{N} > \frac{8}{\sqrt{125}}$

ここでMは1位の市場占有率、Nはその他の企業の市場占有率だから
$M+N=1 \qquad \therefore N=1-M$である。

$\frac{M}{1-M} > \frac{8}{\sqrt{125}} \quad M\sqrt{125} > 8-8M \quad (8+\sqrt{125})M > 8$

$M > \frac{8}{8+\sqrt{125}} = \frac{8}{19.18} \quad M > 0.417$

■下限目標値26%(26.1%)の導き方

1位のシェア(M)が均衡条件の下限($\frac{\rho}{2}N$)を下回るから　$M < \frac{\rho}{2}N$　となる。

$\therefore \frac{M}{N} < \frac{1}{2}\rho \qquad \frac{M}{N} < \frac{1}{2}\sqrt[3]{\frac{P}{Q}}$

企業間競争では$\frac{M}{N} \fallingdotseq \frac{P}{Q}$だから　$\frac{M}{N} < \frac{1}{2}\sqrt[3]{\frac{M}{N}} \quad \left(\frac{M}{N}\right)^3 < \frac{1}{8}\cdot\frac{M}{N} \quad \left(\frac{M}{N}\right)^2 < \frac{1}{8} \quad \frac{M}{N} < \frac{1}{\sqrt{8}}$

Mは1位の企業の市場占有率、Nはその他の企業の市場占有率だから
$M+N=1 \qquad \therefore N=1-M$
これを上の式に代入すると

$\frac{M}{1-M} < \frac{1}{\sqrt{8}} \quad M\sqrt{8} < 1-M \quad (1+\sqrt{8})M < 1$

$M < \frac{1}{1+\sqrt{8}} \quad M < 0.261$

■追加された四つの目標値の導き方

- 上位目標値19%(19.3%)＝26.1×0.739
- 影響目標値11%(10.9%)＝26.1×0.417
- 存在目標値　7%　(6.8%)＝26.1×0.261
- 拠点目標値　3%　(2.8%)＝　6.8×0.417

巻末付録 3 クープマンモデルと74%の算出式

■クープマンモデル

① $\begin{cases} M_t = \frac{1}{3}(2\rho \cdot N - M) \\ M_s = \frac{2}{3}(2M - \rho \cdot N) = 2\rho \cdot N_t \end{cases}$

② $\begin{cases} N_t = \frac{1}{3}\left(\frac{2}{\rho}M - N\right) \\ N_s = \frac{2}{3}\left(2N - \frac{M}{\rho}\right) = \left(\frac{2M_s}{\rho}\right) \end{cases}$

■記号の意味

$M = M_t + M_s$

（味方の戦力）（味方の戦術力）（味方の戦略力）

$N = N_t + N_s$

（敵の戦力）（敵の戦術力）（敵の戦略力）

（戦略係数ロー）$\rho = \sqrt[3]{\frac{P\text{（敵の兵力生産率）}}{Q\text{（味方の兵力生産率）}}}$

■クープマンモデルからの上限目標値74%（73.9%）の導き方

$2\rho < \frac{M}{N}$　ρは$\sqrt[3]{\frac{P}{Q}}$のことだから　$2\sqrt[3]{\frac{P}{Q}} < \frac{M}{N}$

企業間競争では$\frac{M}{N} \fallingdotseq \frac{P}{Q}$だから

$2\sqrt[3]{\frac{M}{N}} < \frac{M}{N}$　$8\frac{M}{N} < \left(\frac{M}{N}\right)^3$　$8 < \left(\frac{M}{N}\right)^2$　$\sqrt{8} < \frac{M}{N}$

Mは1位の企業の市場占有率、Nはその他の企業の市場占有率だから、その合計は

$M + N = 1$　　$\therefore N = 1 - M$

これを上の式に代入すると

$\sqrt{8} < \frac{M}{1-M}$　$\sqrt{8} - M\sqrt{8} < M$　$\sqrt{8} < (1+\sqrt{8})M$

$\frac{\sqrt{8}}{1+\sqrt{8}} < M$　$0.7388 < M$

巻末付録 2

ランチェスター第二法則

集団対集団の戦い、確率兵器、広域戦、遠隔戦の戦いの際に
適用される戦闘の法則

公式……… $M_0^2 - M^2 = E(N_0^2 - N^2)$

M_0：味方の初期兵力数　N_0：敵の初期兵力数
M　：味方の残存兵力数　N　：敵の残存兵力数
E　：Exchange Rate（交換比＝武器効率）
　M軍の武器性能を分母にN軍の武器性能を分子とする
　武器性能の比率

意味……… 同じ武器、腕前の場合の損害量は相手兵力数の２乗となる。
→兵力数が多いほうが圧倒的に有利。

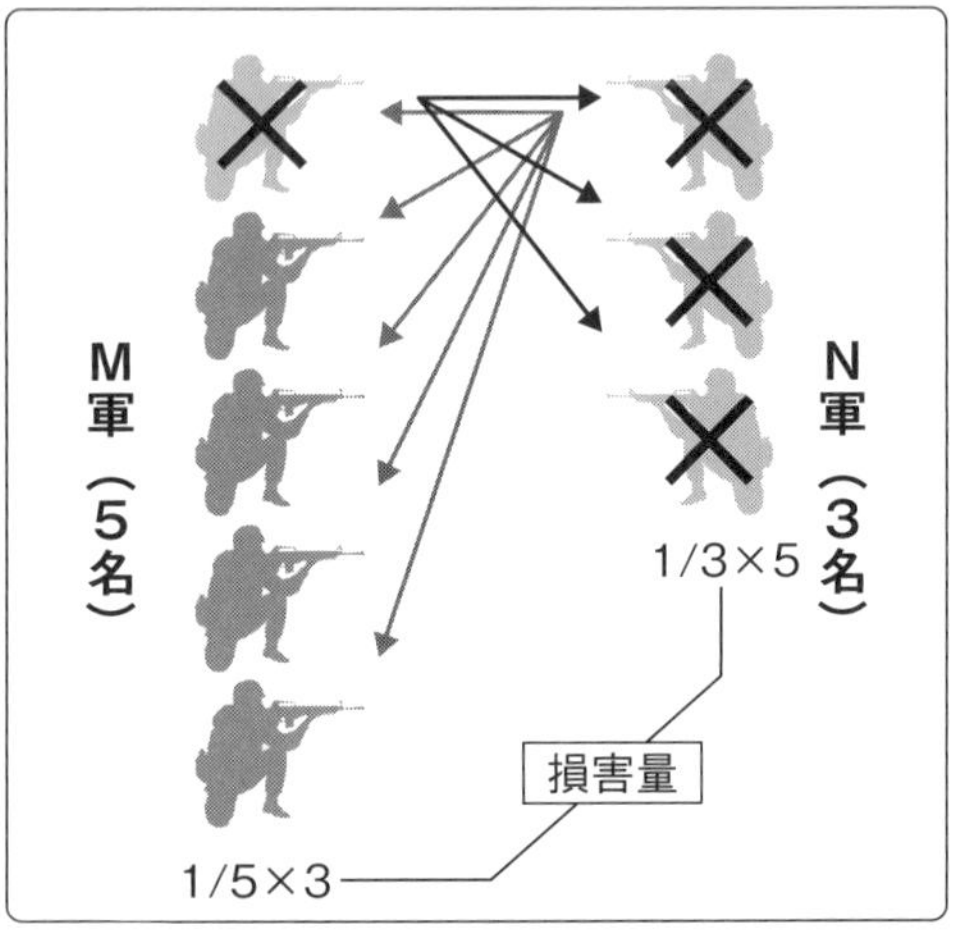

なぜそうなるのか…M軍の損害量＝1/5で当たる攻撃を３人から受ける
＝1/5×３
N軍の損害量＝1/3で当たる攻撃を５人から受ける
＝1/3×５
M軍損害量：N軍損害量＝1/5×３：1/3×５＝3/5：5/3＝9/15：25/15
＝９：25＝3の２乗：５の２乗
∴損害量は相手兵力数の２乗となる
→ Mの２乗＝５の２乗－３の２乗＝25－９＝16
∴M＝４　　∴４人生き残る

結論……… **戦闘力＝武器性能×兵力数²**

巻末付録 1 ランチェスター第一法則

1対1の戦い、単発兵器、局地戦、接近戦の際に
適用される戦闘の法則

公式……… $M_0 - M = E(N_0 - N)$

M_0：味方の初期兵力数　N_0：敵の初期兵力数
M　：味方の残存兵力数　N　：敵の残存兵力数
E　：Exchange Rate（交換比＝武器効率）
M軍の武器性能を分母にN軍の武器性能を分子とする
武器性能の比率

意味……… 同じ武器性能の場合は損害量は同じ。
→兵力数が多いほうが勝ち、多い分だけ生き残る。

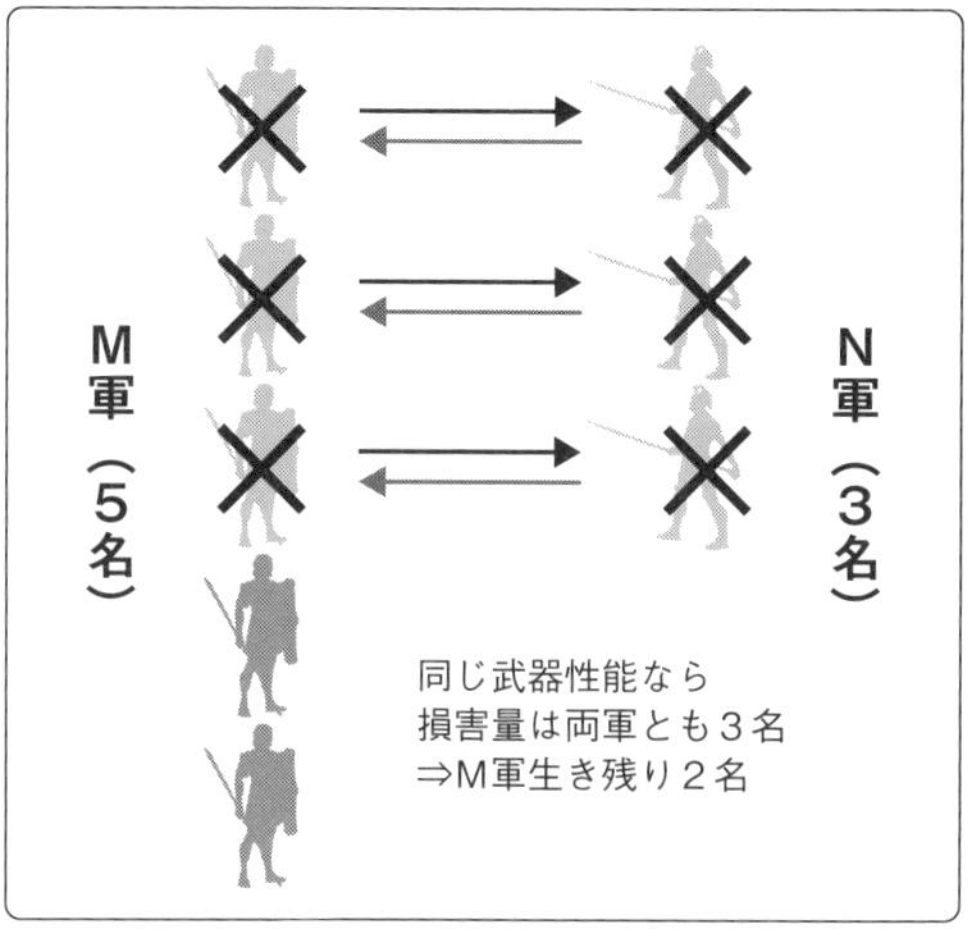

結論……… **戦闘力＝武器性能×兵力数**

参考文献・学習ガイド

書名／著者／出版社／刊行年	学習のポイント
ランチェスター販売戦略（シリーズ5巻） 田岡信夫／サンマーク文庫／ 元本は1972〜73刊、文庫は1992刊	ランチェスター戦略はこの本から始まった。ルーツを知りたい方におすすめ。
総合ランチェスター戦略 田岡信夫遺稿 田岡信夫／ビジネス社／1986刊	1984年の田岡信夫先生没後、遺稿として刊行。田岡先生の著書の到達点。
新版ランチェスター戦略 「弱者逆転」の法則 福永雅文／日本実業出版社／2018刊	「戦略基本編」を豊富な事例でわかりやすく詳しく解説。本書と併せて読むことで理解が深まる。
ランチェスターの法則で読み解く 真田三代 弱者の戦略 福永雅文／日本実業出版社／2015刊	ランチェスター法則の実証実験を報告している。歴史好きにお奨めだがビジネスにも通用する内容。
「営業」で勝つ！ ランチェスター戦略 福永雅文／PHPビジネス新書／2011刊	日本の大企業を対象にしたシェアと利益の相関関係の統計調査を報告している。
ランチェスター戦略 「小さなNo.1」企業 福永雅文／日本実業出版社／2013刊	日本の中小企業を対象にしたシェアと利益の相関関係の統計調査を報告している。中小企業の事例集。でんかのヤマグチのインタビュー記事あり。
ビジネス実戦マンガ 「ランチェスター戦略」 福永雅文／PHP研究所／2009刊	構造シェア、ABC分析をマンガで解説しているのでわかりやすい。ストーリー漫画で解説。
世界一わかりやすい ランチェスター戦略の授業 福永雅文／かんき出版／2012刊	他の経営戦略・マーケティング理論とランチェスター戦略の共通点と相違点を解説。Q&A形式でわかりやすい。
日経 業界地図（各年度版） 日本経済新聞社編／日本経済新聞出版社	市場シェアをはじめ、各業界の勢力関係が整理されている。

な・は

ま・や

ら

英数字

ランチェスター用語 索引

あ

か

さ

た

福永雅文（ふくなが　まさふみ）
ランチェスター戦略コンサルタント。東京在住。1963年広島県生まれ。関西大学社会学部卒。戦国マーケティング株式会社代表取締役。NPOランチェスター協会常務理事・研修部長、ランチェスター戦略学会常任幹事。
広告代理店、コンサルティング会社を経て、99年コンサルタントとして独立。小が大に勝つ「弱者逆転」を使命とし、わが国の競争戦略のバイブルともいわれるランチェスター戦略を伝道する。企業の営業・販売戦略づくりと、その推進を指導・教育する。営業部門・拠点ごとに市場占有率と売上の向上を具体的に指導することを得意とする。『新版 ランチェスター戦略「弱者逆転」の法則』（日本実業出版社）、『「営業」で勝つ！ ランチェスター戦略』『ビジネス実戦マンガ「ランチェスター戦略」』（以上、PHP研究所）など著書多数。歴史研究をライフワークとし、「歴史に学ぶ経営戦略」がもう一つの講演・執筆のテーマ。

戦国マーケティング株式会社
【E-mail】info@sengoku.biz
【URL】http://www.sengoku.biz/

ランチェスター戦略《せんりゃく》「営業《えいぎょう》」大全《たいぜん》

2019年9月20日　初版発行

著　者　福永雅文
発行者　杉本淳一

発行所　株式会社日本実業出版社　東京都新宿区市谷本村町3-29 〒162-0845
大阪市北区西天満6-8-1 〒530-0047
編集部 ☎03-3268-5651
営業部 ☎03-3268-5161　振替 00170-1-25349
https://www.njg.co.jp/

印刷／理想社　製本／共栄社

この本の内容についてのお問合せは、書面かFAX（03-3268-0832）にてお願い致します。
落丁・乱丁本は、送料小社負担にて、お取り替え致します。

ISBN 978-4-534-05718-1 Printed in JAPAN